国家级一流本科专业建设点配套教材

高等院校物流专业"互联网+"创新规划教材

供应链管理（第2版）

陈建岭　主　编

桑惠云　王　锟　副主编

北京大学出版社

PEKING UNIVERSITY PRESS

内 容 简 介

本书为国家级一流本科课程供应链管理的配套教材。本书适应创新型应用人才培养的要求，以理论为基础，注重实际应用。全书共 11 章，内容包括供应链管理概述、供应链需求预测、供应链网络设计、供应链协调管理、供应链合作伙伴关系、供应链管理信息技术、供应链企业生产计划与控制、供应链库存管理、供应链企业组织结构和业务流程再造、供应链绩效评价、供应链风险管理等。

本书既可作为高等院校物流管理与工程相关专业本科生、研究生的教材，也可作为企业和社会培训人员的参考书籍。

图书在版编目（CIP）数据

供应链管理 / 陈建岭主编. —— 2 版. —— 北京 ：北京大学出版社，2025.5. —— (高等院校物流专业"互联网+"创新规划教材). —— ISBN 978-7-301-26738-7

Ⅰ. F252

中国国家版本馆 CIP 数据核字第 202504DQ97 号

书　　　　名	供应链管理（第 2 版）
	GONGYINGLIAN GUANLI (DI-ER BAN)
著作责任者	陈建岭　主编
策 划 编 辑	郑　双
责 任 编 辑	黄园园　郑　双
数 字 编 辑	金常伟
标 准 书 号	ISBN 978-7-301-26738-7
出 版 发 行	北京大学出版社
地　　　　址	北京市海淀区成府路 205 号　100871
网　　　　址	http://www.pup.cn　新浪微博：@北京大学出版社
电 子 邮 箱	编辑部 pup6@pup.cn　总编室 zpup@pup.cn
电　　　　话	邮购部 010-62752015　发行部 010-62750672　编辑部 010-62750667
印 刷 者	北京溢漾印刷有限公司
经 销 者	新华书店
	787 毫米×1092 毫米　16 开本　17 印张　414 千字
	2016 年 6 月第 1 版
	2025 年 5 月第 2 版　2025 年 5 月第 1 次印刷
定　　　　价	49.00 元

第 2 版前言

供应链关系到国计民生，正显示出前所未有的重要性。一方面，从全球范围来看，供应链在许多国家处于战略地位，是驱动国家经济稳定健康发展的新动能和重要保障。美国、德国等西方发达国家制定专项规划或法规，确定供应链的战略地位。我国 2017 年发布了《关于积极推进供应链创新与应用的指导意见》，标志着供应链上升为国家战略。党的二十大报告中也提出"着力提升产业链供应链韧性和安全水平"。另一方面，供应链与平台经济、数字经济等新经济形态有机融合，为大数据、云计算、区块链、人工智能等新技术提供了广阔的应用场景，供应链已与人们的生活密不可分。

供应链管理目前在我国处于快速发展阶段。2017 年，供应链管理服务被纳入国民经济商务服务业，成为新行业。2020 年，供应链管理师纳入国家职业分类大典目录，成为新职业。2017 年，第一个供应链管理专业开设，2020 年正式进入教育部本科专业目录，截至2024 年，供应链管理专业布点数已达 100 个。2021 年 4 月，人力资源和社会保障部发布的《新职业——供应链管理师就业景气现状分析报告》中指出，未来 5 年，我国对供应链管理师的需求总量将达到 600 万人左右。供应链管理具有全局性、系统性和复杂性的特点，需要高素质复合型人才。因此，我们不仅要加大供应链管理人才供给数量，还要提高人才培养质量。

本书第 1 版于 2016 年问世，经过 8 年沉淀，此次再版在保持原有知识主体框架的基础上进行修订，主要有以下改变。

一是坚持"为党育人，为国育才"初心使命，落实立德树人根本任务，强化思政内涵。本书将中国一汽、宝钢、华为、美的、阿里巴巴等优秀中国企业的供应链管理实践案例编入教材，彰显中国方案和中国智慧，弘扬社会主义核心价值观，传承中华民族自强不息的实干精神、创新精神。

二是以全球视野、时代定位和新发展格局阐释供应链管理的学理。本书除了讲解供应链管理思想、基本理论和方法，还注重培养学生的全局视野、创新意识和能力，使学生能够运用系统思维、科学方法解决供应链管理问题。因此，本书在建构供应链管理理论体系的过程中，力求既能让学生运用数量化的方法构建供应链管理的机制，又能够定性地解释供应链管理的本质规律。本书第 2 版增加了供应链管理环境的生产计划案例，补充了供应链安全库存设置方法、供应链风险管理的贝叶斯网络模型和区块链技术等新知识，更新了供应链管理协会发布的 SCOR 数字化标准版模型等，拓展了本书的理论深度和广度。

三是本书支持线上线下混合式教学。编者开发了数字化课程，已在智慧树网站上线，可与本书配套使用。

2023 年，我校（山东交通学院）的供应链管理课程被认定为第二批国家一流本科课程，编者也期待与同行有更多交流和分享，共同推动教学学术发展。

本书由山东交通学院陈建岭教授主编并统稿。山东交通学院桑惠云副教授、喀什大学王锟老师担任副主编。具体分工为：陈建岭负责编写第 1 章、第 3～7 章、第 9～11 章；桑惠云负责编写第 2 章、第 8 章；王锟参与编写第 4 章、第 7 章。

　　本书出版得到济南市市校融合发展战略工程项目（No.JNSX2023071）资助，特别致谢！

　　编者在本书的编写过程中，参阅了大量专家、学者的著作，引用了其中的一些概念和研究成果，已尽可能在参考文献中列出；另外还通过互联网借鉴或引用了一些企业相关报道，在此一并向相关作者表示衷心感谢！

　　由于编者学识所限，书中难免存在疏漏和不足之处，敬请广大读者批评指正。

编者

2025 年 2 月

资源索引

目　　录

第一章 供应链管理概述

【学习目标】

➢ 了解供应链管理产生的背景和发展趋势。

➢ 理解供应链的概念、特征和分类。

➢ 掌握供应链管理的主要内容。

【知识架构】

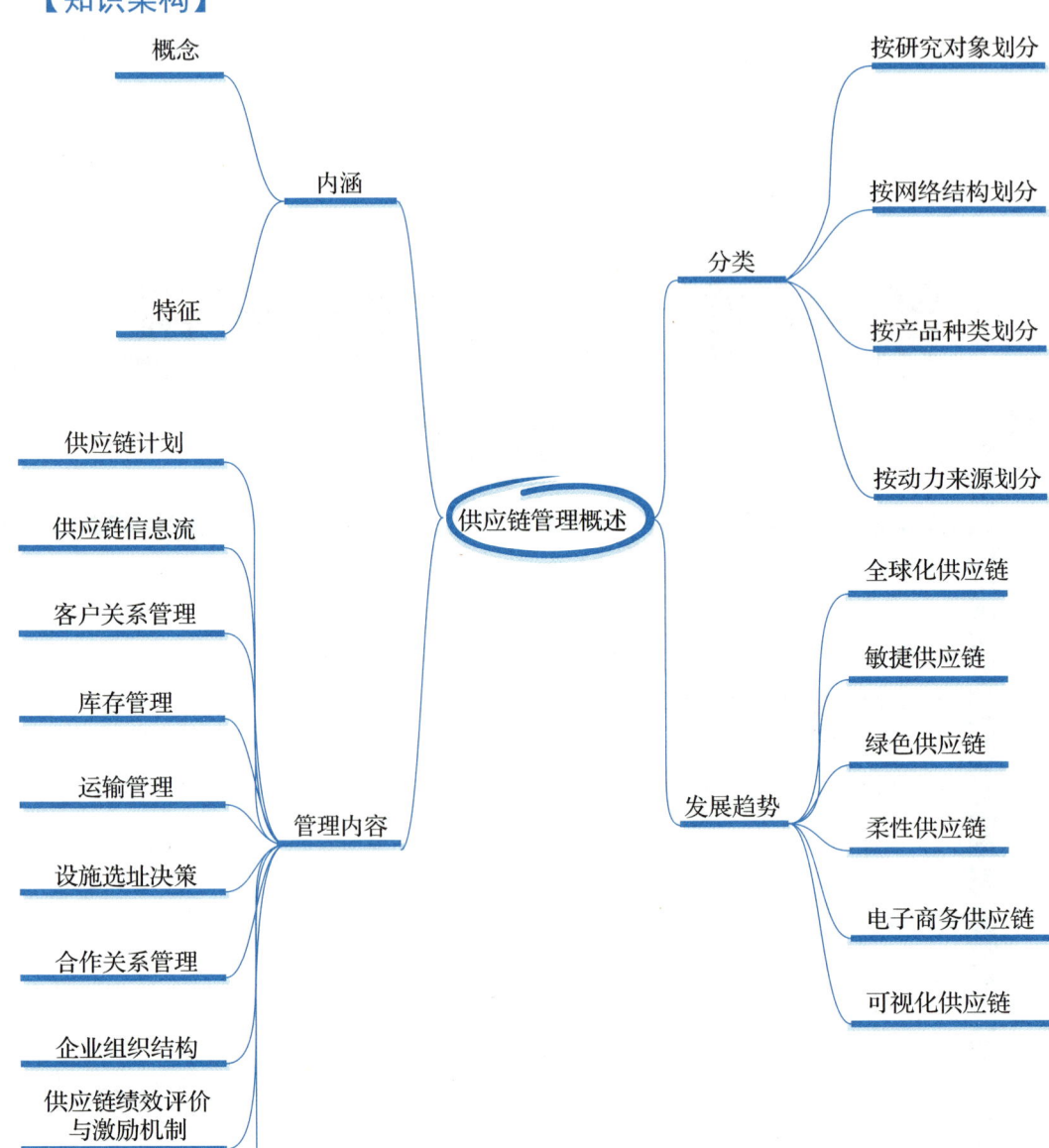

 导入案例

宝洁与沃尔玛演绎的供应链管理

20 世纪 80 年代初，美国宝洁公司接到密苏里州圣路易市一家超级市场的要求，问能不能自动补充架子上的产品，而不必每次都经过订货手续，只要货架上的商品一卖完，新货就能送到，每月结算一次货款。宝洁公司把两家公司的计算机连接起来，开发了一个能够自动连续补货的系统。

之后沃尔玛购买了宝洁公司的这个系统，充分发挥它的作用，逐步发展成为拥有4400家大卖场的全球最大百货零售企业。而宝洁公司也成为沃尔玛坚定的战略合作伙伴，其产品份额占沃尔玛同类商品的 17%，并且还在持续增长。

宝洁公司和沃尔玛的合作，改变了两家企业的营运模式，实现了双赢。与此同时，两家企业合作的四个理念，也演变成如今供应链管理的标准。

第一，合作。零售商与供货商以零售店顾客的满意度为最高目标，通力合作，让双方都成为赢家。这样的合作是长期的、开放的。

第二，规划。两家企业协作制定规划，可以维系共同目标的实现。例如，营运规划涉及产品的类别、品牌、项目等方面，财务规划涉及销售、价格策略、存货、安全存量、毛利等方面。

第三，预测。供货商可能对某一类商品预测得准确，而零售商可以根据实际销售对某项商品预测得准确，但双方必须制定出统一的预测方法。

第四，补货。补货是供应链管理的重要程序。销售预测可以换算成订单预测，而供货商的接单处理时间、待料时间、最小订货量等因素，都需要列入考虑范围之内。

截至 2005 年，沃尔玛在美国有传统连锁店 1702 家，超市 952 家，山姆俱乐部商店 479 家，街区市场杂货店 20 家，在其他国家还有 1088 家连锁店，组建了一个强大的商业帝国。沃尔玛快速成长，得益于高效的供应链管理。有学者认为，沃尔玛是对美国经济最有影响力的企业之一，持续的平价销售对抑制美国通货膨胀起到了积极作用。

资料来源：道客巴巴。

21 世纪，随着经济全球化、市场国际化和电子商务的发展，企业所处的竞争环境发生了根本性的改变。著名供应链管理专家克里斯托弗（Christopher）指出，真正的竞争不是企业与企业之间的竞争，而是供应链和供应链之间的竞争。面对用户需求以及经济的不确定性，任何一个企业只有建立有效的供应链系统才能取得市场竞争的主动权。不仅如此，供应链对国家经济发展和安全也影响甚大，受到许多国家包括我国的重视。党的二十大报告指出，要"着力提升产业链供应链韧性和安全水平"。由此可见，供应链管理是培育企业核心竞争力、维护产业链安全、支撑经济高质量发展、适应时代之需的战略选择。

供应链产生的时代背景

第一节 供应链的内涵

一、供应链的概念

供应链及其内涵

"供应链"一词译自英文"supply chain"，其含义到底是什么呢？下面以社区附近的超市售卖的啤酒为例来说明。陈列于货架的啤酒，在消费者拿到手之前经历了一系列的环节。啤酒制造商生产啤酒，首先要采购大麦、啤酒花等原材料，然后进行酿造。酿造出来的啤酒为了保持鲜度，需要通过各种流通渠道，快速地运送到零售商店。小规模的超市通过批发商进货，大型连锁商场则不通过批发商，而直接从制造商进货。通常，某一商品从生产地到达消费者手中，有如下的企业及相关人员依次参与：供货商、制造商、批发商、零售商、消费者。这些与供货密切相关的企业和人员的链接便是供应链。从另外的角度看，供应链也有其他称谓。例如，从商品的价值是在业务连锁中渐渐增值的角度看，可称为价值链（value chain）；从满足消费者需求的业务连锁的角度看，可称为需求链（demand chain）。

早期的观点认为，供应链是生产企业中的一个内部过程，它是指把从企业外部采购的原材料和零部件，通过生产转换和销售等活动传递到零售商和消费者的一个过程。传统供应链概念局限于企业内部操作层次，注重企业自身资源的利用，并没有注意到与之相关的企业。

随着供应链观念的发展，有些学者把供应链的概念与采购、供应管理相关联，用来表示与供应商之间的关系，这种观点得到了研究合作关系、准时生产、精益生产、供应商行为评估和用户满意度等问题的学者的重视。但这种关系也仅仅局限于企业与供应商之间，而且供应链中的各企业独立运作，忽略了与外部供应链其他成员企业的联系，往往会造成企业之间目标的冲突。

后来供应链的概念开始涉及与其他企业的联系和供应链的外部环境，认为它是一个"通过链中不同企业的制造、组装、分销、零售等过程将原材料转换成产成品，再到最终用户的转换过程"，这是更大范围、更为系统的概念。例如，美国经济学家史迪文斯（Stevens）认为，通过增值过程和分销渠道控制从供应商到用户的流就是供应链，它开始于供应的源头，结束于消费的终点。伊文斯（Evans）认为，供应链管理是通过前馈的信息流反馈的物料流及信息流，将供应商、制造商、分销商、零售商直到最终用户连成一个整体的模式。这些定义都体现了供应链的完整性，考虑了供应链中所有成员操作的一致性（链中成员的关系）。

当今，供应链的概念更加注重围绕核心企业的网链关系，如核心企业与供应商、供应商的供应商及至与一切上游企业的关系，与用户、用户的用户及至与一切下游企业的关系。此时对供应链的认识形成了一个网链的概念。哈里森（Harrison）进而将供应链定义为执行采购原材料，将它们转换为中间产品和成品，并且将成品销售给用户的功能网链。菲利普（Phillip）和温德尔（Wendell）认为供应链中的战略合作伙伴关系是很重要的，通过建立战略合作伙伴关系，可以与重要的供应商和用户更有效地开展工作。根据美国供应链管理专业委员会（Council of Supply Chain Management of Professionals，CSCMP）的定义，供应链起始于原材料采购，结束于最终产品的运送，将所有销售企业、服务企业以及客户连接在一起。

华中科技大学马士华教授认为，供应链是围绕核心企业，通过对信息流、物流、资金流的控制，从采购原材料开始，制成中间产品以及最终产品，最后由销售网络把产品送到消费者手中的将供应商、制造商、分销商、零售商直到最终用户连成一个整体的功能网链结构模式。

我国国家标准《物流术语》(GB/T 18354—2021)在充分吸收相关定义和观点的基础上，将供应链表述为"生产及流通过程中，围绕核心企业的核心产品或服务，由所涉及的原材料供应商、制造商、分销商、零售商直至最终用户等形成的网链结构。"

二、供应链的特征

（1）复杂性。供应链是一个范围更广的企业结构模式，从原材料的供应开始，经过链中不同企业的制造加工、组装、分销等过程直到最终用户，涉及多个企业，比一般单个企业的结构模式更为复杂。

（2）动态性。为企业战略和适应市场需求，供应链节点企业需要进行动态的更新和调整，这就使得供应链具有明显的动态性。

（3）面向用户需求。供应链的形成、存在、重构，都是基于一定的市场需求而发生的，并且在供应链的运作过程中，用户的需求拉动是供应链中信息流、产品流、服务流、资金流运作的驱动源。

（4）交叉性。节点企业可以是一个供应链的成员，同时也可以是另外一个供应链的成员，大多数的供应链形成交叉结构，增加了协调管理的难度。

（5）角色相对性。在这个网络中，每个贸易伙伴既是其客户的供应商，又是其供应商的客户。

（6）风险性。受自然灾害、政治、经济等因素影响，供应链系统存在中断风险。

此外，供应链不仅是一条连接供应商到用户的物料链、信息链、资金链，而且是一条增值链，物料在供应链上因加工、包装、运输等过程而增加其价值，给企业带来收益。

第二节　供应链的分类

一、根据研究对象划分

史蒂芬·纽（Stephen New）将供应链管理的研究对象分为企业供应链、产品供应链和基于契约关系的供应链三种类型，这三种类型分别对应供应链管理的三种研究方法。

这里所说的供应链管理的研究对象是指供应链所涉及的企业及其产品、企业的活动、参与的成员和部门。随着供应链管理问题日益引起人们的关注，相关的研究也越来越多。由于考察角度不同，人们对其进行研究时的侧重点也不尽相同，有的着眼于整个供应链，有的则注重其中的某些部分、某些企业之间或企业内部的问题。企业职能部门往往更注重本部门与其他企业部门的联系。例如，采购部门可能认为供应链管理就是管理供应商，只要供应商能够以适当的形式、时间、地点、数量提供客户或企业所需要的产品和服务就行。另一种考察角度是着眼于供应链管理所包括的职能活动。供应链管理的职能活动主要有信息系统一体化、供应链计划和控制等。也有人认为，市场研究、促销、销售信息采集、产品设计等活动也应包括在供应链管理范围内。例如，一些率先实施供应链管理的企业（如3M、惠普、施乐等），都将产品开发、运作管理、生产管理、客户服务管理包括在供应链管理策略中。

1. 企业供应链

企业供应链管理由供应链中的核心企业主导实施。该核心企业在整个供应链中处于主导者地位，不仅考虑与供应链上其他成员的合作，也较多地关注原材料采购、生产、分销、运输等的优化配置问题。例如，生产企业主导的供应链（如海尔的供应链）、大型零售企业主导的供应链（如沃尔玛的供应链）等。在这样的供应链中，必须明晰主导者的主导权。如果主导权模糊不清，不仅无助于供应链的计划、设计和执行，也无法使整个供应链建立起强有力的组织和有效的运作。主导权是形成一个供应链整体的关键要素。这里供应链的概念更加注重围绕核心企业的网链关系，如核心企业与供应商、供应商的供应商及至一切前向的关系，以及用户、用户的用户及至一切向后的关系。从核心企业来看，供应链包括其上游的供应商及其下游的分销渠道。供应链管理包括对信息系统、采购、生产调度、订单处理、库存、仓储、客户服务、包装物及废料的回收处理等一系列的管理活动。

2. 产品供应链

产品供应链是与某一特定产品或项目相关的供应链，如某种品牌饮料的供应链，又如汽车生产企业庞大的供应商网络，涉及钢材、塑料等原材料，以及变速器、刹车等多种零部件。产品供应链管理是针对客户需求所拉动的整个产品供应链全过程的系统管理。信息技术是提高产品供应链的运作绩效、新产品开发以及提高产品质量的有效手段。在产品供应链上，广告效应和行业的发展会影响产品需求，而仅在物流运输、分销领域进行改进是不够的。例如，衬衣制造商是供应链的一部分，它的上游是化纤厂和纺织厂，下游是分销商和零售商，最后是消费者。按定义，这条供应链上的所有成员都是相互依存的，但实际上彼此并没有太多的协作，因而需要关注衬衣制造商所链接的上下游节点及其运作。

3. 基于契约关系的供应链

供应链管理是对供应商、制造商、分销商、顾客等组成的网络中的物流、信息流、资金流进行管理的过程。供应链的成员可以广义地分为买方和卖方，只有当买卖双方产生正常的交易时，才发生物流、信息流、资金流的流动和交换。表达这种流动和交换的方式之一是建立契约关系，供应链上的成员通过建立契约关系来协调买方和卖方的利益。还有一种契约关系形式是与竞争对手结成战略合作关系。

以上三种供应链管理的对象是彼此相关的，在一些方面是相互重叠的，但对于考察供应链和研究不同的供应链管理方法是有帮助的。

二、根据网络结构划分

供应链根据网络结构可划分为发散型的供应链（V形供应链）、会聚型的供应链（A形供应链）和介于上述两种模式之间的供应链（T形供应链）。

1. V形供应链

物料通常以大批量的形式存在，经过企业加工转换为中间产品，如石油、化工、造纸

和纺织企业生产的产品，提供给其他企业作为生产原材料。生产中间产品的企业往往客户多于供应商，呈发散状，以该类企业为核心的供应链结构类似 V 形。V 形供应链是供应链网络结构中最基础的结构。这类供应链在产品生产过程中的每个阶段都有控制问题。在这种发散的网络上，企业生产的产品品种多、数量大，业务非常复杂。为了满足客户需求，需要库存作为缓冲，但这样会占用大量的资金。这种供应链常常是本地化的，其计划和调度主要依赖对关键性内部能力的合理安排，需要供应链成员制订统一、详细的高层计划。

2. A 形供应链

当核心企业为供应链网络上的最终用户服务时，它的业务本质上是由订单和客户驱动的。在制造、组装和总装时，会出现与 V 形供应链相反的情形，即为了满足相对少数的客户需求和客户订单，需要从大量的供应商手中采购大量的物料。这是一种典型的会聚型的供应链，其结构类似 A 形。例如，航空工业（如飞机制造）、汽车工业、重工业等企业是受服务驱动的，精力集中放在重要装配点上的物流同步。企业资源计划（enterprise resource planning，ERP）成了这些企业进一步发展的阶梯。来自市场缩短交货期的压力，迫使这些企业寻求更先进的计划系统来解决物料同步问题。这类企业拥有由需求量预测决定的公用件、标准件仓库。V 形供应链在接受订单时要考虑供应提前期，并且保证按期完成。因此，关键之处在于精确地计划和分配满足该订单生产所需的物料和能力。

3. T 形供应链

介于上述两种模式之间的供应链是 T 形供应链。这种供应链普遍存在于医药保健品、汽车备件、电子产品、食品和饮料等企业。在那些为总装配提供零部件的企业中也同样存在，如为汽车、电子器械和飞机主机厂商提供零部件的企业。这样的企业从供应商处采购大量的物料，并给大量的最终用户和合作伙伴提供构件和套件。这种企业根据现存的订单确定通用件，并通过对通用件的制造标准化来降低复杂性。T 形供应链是供应链管理中最复杂的，预测和需求管理是此类供应链网络节点成员重点考虑的工作。T 形供应链上企业往往投入大量的资金用于供应链，需要尽可能限制提前期来稳定生产而无须保有大量库存。这种供应链管理需要考虑多种因素，如在哪里生产最好、在哪里开展促销活动、采取什么策略降低分销成本等。管理这种供应链的最好方法是减少产品的品种，或是利用先进的计划工具来维护和加强供应链控制水平。

三、根据产品种类划分

根据产品的生命周期、需求稳定程度及可预测程度等可将产品分为两大类，即功能型产品（functional products）和创新型产品（innovative products）。

功能型产品一般用于满足用户的基本需求，变化很少，具有稳定的、可预测的需求和较长的生命周期，但它们的边际利润较低，如日用百货。创新型产品对市场来说很新，因此需求的不确定性很高，需求一般不可预测，生命周期也较短，如时装。创新型产品一旦畅销，其单位利润就会很高，随之会引来许多仿造者，基于创新的竞争优势会迅速消失。为了避免低边际利润，许多企业在式样或技术上革新以寻求消费者的购买，从而获得高的边际利润。正因为这两种产品的不同，才需要有不同类型的供应链去满足不同的需要。

1. 功能型供应链

对于功能型产品，由于市场需求比较稳定，比较容易实现供求平衡。对供应链各个成员来说，最重要的是如何利用供应链上的信息协调各自的活动，降低生产、运输、库存等方面的费用，即以最低的成本将原材料转化成产品，从而提高效率。

2. 创新型供应链

对于创新型产品，市场的不确定性是关键。为了避免供大于求造成损失，或供低于求而失去机会收益，企业管理者应该将注意力集中在市场调节上。管理者们既要利用供应链中的信息，还要特别关注市场信息。

这类供应链首先应该考虑的是响应速度和柔性，只有响应速度快、柔性高的供应链才能适应多变的市场需求。相对而言，对实现速度和柔性的费用考虑尚在其次。

一种产品在从投放市场到退出市场的生命周期中，一般要经历几个典型的阶段，即引入期、成长期、成熟期、衰退期4个阶段。每个阶段有明显区别于其他阶段的特征，对供应链的要求相应有所不同。因而，对同一种产品在其生命周期的不同阶段，要根据特征采取相应的供应链策略，如表1.1所示。

表1.1　产品生命周期不同阶段的供应链策略

产品生命周期	特征	供应链策略
引入期	无法准确预测需求量；大量的促销活动；零售商可能要在提供销售补贴的情况下才同意储备新货；订货频率不稳定且批量不大；缺货将大大抵消促销所付出的努力；产品未被市场认同而夭折的比例较高	供应商参与产品的设计开发；在产品投放市场前制订完善的供应链支持计划；原材料、零部件的小批量采购；高频次、小批量的发货；保证高度的产品可得性和物流灵活性；避免缺货发生；避免生产环节和供应链末端的大量库存；建立安全追踪系统；及时消除安全隐患；追回问题产品；供应链各环节信息共享
成长期	市场需求稳定增长；营销渠道简单明确；竞争性产品开始进入市场	批量生产；需大批量发货；较多存货；以降低供应链成本和服务水平吸引客户；确定主要客户并提供高水平服务；通过供应链各方协作增强竞争力；成本的合理化
成熟期	竞争加剧；销售增长放缓；一旦缺货将被竞争性产品代替；市场需求相对稳定；市场预测较为准确	建立配送中心；建立网络式销售渠道；利用第三方物流公司；降低供应链成本并增强客户体验；通过延迟制造、本地化生产来改善客户服务；减少库存
衰退期	市场需求急剧下降；价格下降	对是否提供配送支持及支持力度进行评价；调整供应链以适应市场的变化，如供应商、分销商、零售商等数量和关系的调整等

四、根据动力来源划分

根据供应链的动力来源可以划分为推动式供应链和拉动式供应链。推动式供应链管理的出发点是从原材料推到产成品、市场，一直推至客户端。拉动式供应链管理的出发点是以客户及客户满意度为中心的管理，以客户需求为原动力的管理。传统的供应链模式为推动模式，即根据商品的库存情况，有计划地将商品推销给客户。推动式供应链管理以 ERP 为核心，要求企业按计划来配置资源。制造商领导的推动式供应链，要求高度多样化，要求拥有庞大的备用存货。而现今流行的供应链模式是以客户需求为牵引的拉动模式，客户是该供应链中一切业务的原动力。例如，在家电商场的收款台前，扫描器采集到客户所购商品的确切信息，触发商品出库指令，库存数据实时传送给制造商，制造商将调整补货计划和采购计划，同时更新生产计划，以便原材料供应商改变其交货计划。推动式供应链与拉动式供应链的对比如图 1.1 所示。

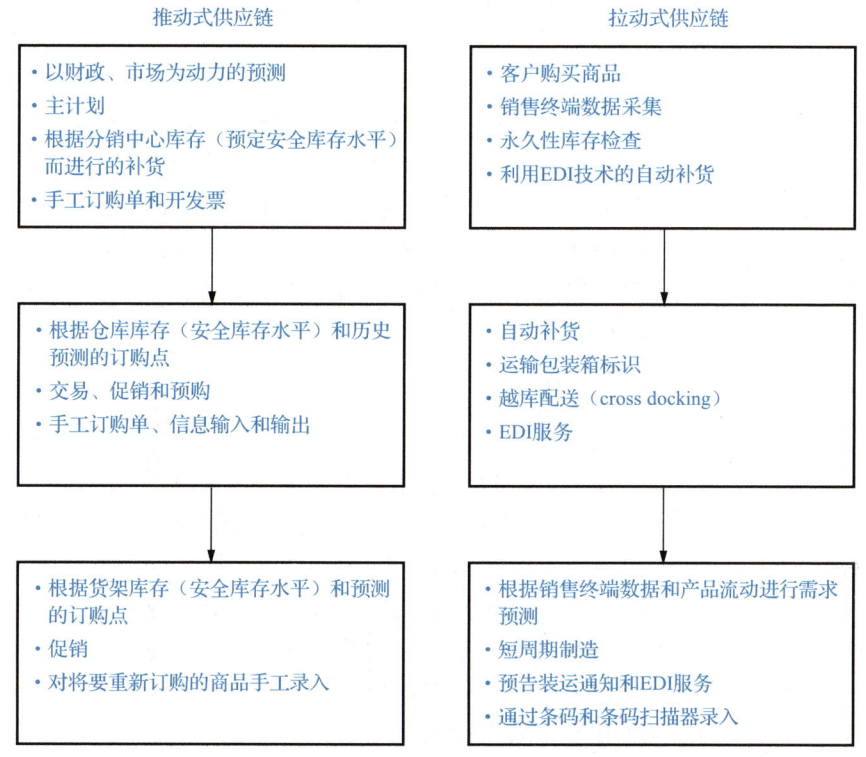

图 1.1　推动式供应链与拉动式供应链的对比

　　企业不应只在质量或价格上获得竞争优势，还应依靠适物、适量、适时的发货能力占领市场。有效的供应链管理需要做到以下几点。

（1）使企业快速、准确地收集客户需求。

（2）尽可能以最低的成本满足客户需求。

（3）从原材料采购到制造、组装产品的所有决策在整个供应链中应是开放的。

（4）将产品分销到客户手中并及时收到货款。

第三节　供应链管理的主要内容

　　供应链管理主要涉及供应链不同主体之间的供应链计划、协作、运行和控制，这也是关键和难度所在。如何管理供应链上的商流、物流、信息流、资金流及增值服务，如何使供应链上的成员都能分享到适时、适质、适量、适价的服务，直接影响供应链综合效果。供应链成员企业正是通过整合客户需求信息、实时制造信息、仓储和运输信息，以及企业的资金和客户信息等，实现物流、信息流、资金流在整个供应链上的优化配置，在更高的战略层次上形成竞争优势。由于不同主体在供应链中所处的地位和作用不同，供应链管理的具体内容会有较大差别。一般而言，供应链管理主要包括以下内容。

1. 供应链计划

供应链计划在整个供应链系统中处于中心位置，是连接所有相关的供应链企业制造系统与外部市场的枢纽，是供应链管理中的关键要素之一。供应链计划一般由核心企业主导，它的主要功能有以下 3 项。

（1）定义供应链。

（2）规划供应链，即供应链企业对客户订货的承诺能力（available to promise）、多供应商物料计划、分销需求计划、集中与分散交货计划、压缩订单交付周期的计划等。

（3）制订主生产计划，包括需求预测和需求管理、主生产计划编制、按订单生产（make to order，MTO）的支持、减少库存资金占用、高级模拟功能、项目制造支持等。

供应链计划着眼于优化整个供应链，涉及从原材料供应、产品制造、订单交付、配送发运直到最终客户的全过程的计划管理。

2. 供应链信息流

信息流是供应链上各种计划、订单、报表、库存状态、生产过程、交付过程等指令和其他关键要素相互之间传递的数据流，包含了整个供应链中有关库存、运输、绩效评价与激励、风险防范、合作关系、设施和客户的信息，以及对信息的分析。由于信息流直接影响物流、资金流、商流及其他关键要素的运行质量，因此它是供应链性能改进中最重要的要素。对信息流的有效管理为供应链企业对市场需求响应更快、资源运用效率更高提供了保障。

信息技术的发展对于供应链具有重大影响，主要表现在以下方面。

（1）有助于建立新型的客户关系管理体系，更好地了解客户和市场需求。

（2）有利于进一步拓宽和开发高效率的营销渠道。

（3）有助于改变供应链的构成，使得商流与物流达到统一。

（4）重新构筑企业或企业联盟之间的价值链。

3. 客户关系管理

当今社会高新技术迅猛发展、市场竞争日益激烈、生命周期缩短和产品结构越来越复杂、用户需求的不确定性和个性化增加。在如此复杂的环境里，供应链管理应以客户为导向。企业应尽可能地掌握客户信息，准确把握客户动态，快速响应个性化需求，为客户提供便捷的购买渠道、良好的售后服务与经常性的客户关怀等，始终如一地为客户提供优质、可靠的服务。

4. 库存管理

供应链中通常需要保有一定量的库存，以克服由于市场需求变化和供应的不确定性带来的不利影响。

供应链管理的主要目的是保证供应链中物流和信息流的有效流动。但在企业的实际管

理活动中，经常由于出现各种不确定性因素而导致物流和信息流出现障碍，如原材料延迟到达、机器故障、交货延期、订单取消等，使企业管理者被迫提高库存水平以缓冲这些因素带来的损失。因此，长期以来，企业为了提高客户订单准时交付率，常常要维持足够的库存量（安全库存）。这样，即使供应链上的某个企业出现了问题也不至于影响整个供应链的服务水平。然而，提高库存水平必然导致成本上升，也会削弱供应链的竞争力。因此，如何控制好供应链中的库存水平，是供应链管理的重要内容。

5. 运输管理

运输的功能是通过供应链物理链路——物流网络，借助运输工具把产品或物料快速、高效地送到客户手中。如果物流网络出现中断，那么整个供应链系统将会瘫痪，无法运作。因此，保证物流网络畅通是供应链运行的关键。

运输管理的一个基本决策问题是要在运输成本（效率）和速度（响应）之间做出选择。同其他关键要素一样，运输模式对供应链效率有很大的影响。因此，在供应链管理的研究与实践中，都将运输管理作为重要内容。

6. 设施选址决策

设施是企业生产和运营得以顺利进行的基础条件，通常指工厂、车间、设备、仓库、配送中心等。设施选址是运用科学的方法确定设施的数量、地理位置、规模，并分配各设施所服务的市场（服务对象）范围，使之与供应链系统有机结合，以实现供应链有效、经济的运作。设施选址对设施建设，以及建成后的生产经营费用、产品和服务质量都有巨大而长久的影响。

7. 合作关系管理

为了降低供应链总成本、降低库存水平、增强信息共享水平、保持运作的一贯性，必须构建供应链企业战略合作关系。供应链上的每个节点企业要想实现财务状况、产品质量和产量、交货及时度、用户满意度的改善，必须与合作企业建立起战略合作关系，而不是停留在一般的交易关系上。只有供应链的整体竞争力提高了，每个节点企业才能从中获益。因此，供应链的绩效是以供应链节点企业相互信任和合作为基础的，可以说，供应链管理就是对合作伙伴的关系管理。

8. 企业组织结构

现代企业管理学认为企业组织优化是企业的核心能力之一，是提高企业的组织效率、管理水平和竞争能力的有效措施。随着互联网及其相关技术的普及，企业供应链管理的内容也相应地发生变化。目前，世界上许多企业为了提高供应链的效率与响应速度，对企业组织结构进行了不断的研究、探索与实践。企业组织优化是供应链管理的重要组成部分，而且这种优化超越了企业的边界，连接供应链的上下游企业，形成一种现代的、能够支持整个供应链的全新组织体系，这不仅对提高供应链整体竞争能力起着非常重要的作用，而且创造了新的组织管理理论。

9. 供应链绩效评价与激励机制

从系统分析的角度来看，供应链绩效评价与激励是供应链管理中的一项综合性活动，涉及供应链的各个方面。供应链绩效评价的目的主要有两个：一是判断供应链的行动是否在满足各种内外约束条件下达到系统的预定目标；二是帮助管理者根据评价结果进行决策。供应链激励的目标主要是通过某些激励手段，调动供应链节点企业的积极性，兼顾彼此共同利益，消除由于信息不对称和失德行为带来的风险，使供应链运作更加顺畅，促进各方共赢。

通过建立供应链绩效评价与激励机制，对供应链整体、各节点企业（尤其是核心企业）的运营状况，以及各节点企业之间的合作等进行事前、事中和事后评价。如果供应链绩效评价与激励机制设置不当，那么管理者将无法准确掌握供应链运行状况，不利于各成员合作关系的协调。

10. 供应链风险防范机制

在供应链管理的实践中，发生过很多起导致供应链中断的事件。例如，2000年3月美国新墨西哥州飞利浦公司第22号芯片厂一个车间发生火灾，2001年9月11日在美国发生的"9·11"恐怖事件，2011年日本福岛核泄漏事件等，都曾经导致供应链中断，给企业、国家甚至全世界造成了很大的创伤。供应链环环相扣，任何一个环节出问题，都可能影响整体的正常运行。而这些事件具有极大的不确定性和偶然性，是无法预知的。因此，管理者必须充分重视供应链风险防范机制建设。有效的风险防范机制，能够应对无法预测的风险，以可接受的成本保证整个供应链正常运行。

第四节　供应链管理的发展趋势

随着市场环境的改变，供应链管理也出现了一些新的发展趋势。

1. 全球化供应链

经济全球化的浪潮使国际市场竞争日益激烈，企业面临着严峻的生存和发展问题，以往那种企业单打独斗的竞争形式已不复存在，取而代之的是以由供应商、制造商、经销商和服务商等企业组成的供应链与供应链之间的竞争，或者是跨国集团与跨国集团之间的竞争。在这种趋势下，全球化供应链管理越来越受到重视。

全球化供应链管理就是以全球化的观念，将供应链的触角延伸至整个世界范围，在全面、迅速地了解世界各地消费者需求偏好的同时，对供应链进行组织、协调和控制，在供应链核心企业与其上下游企业之间，依靠现代信息技术，实现供应链的一体化，达到物流、资金流和信息流的协调通畅，以满足全球客户需求。

全球化供应链管理是一种综合性的、跨国跨企业集成化的管理模式，也是适应全球化下企业跨国经营的管理模式，包括市场与营销策略、价格策略、全球采购策略、产品与制造管理、虚拟制造、本地组装、全球补货策略与体系、快速反应系统、电子商务、合同管理、配送策略等内容。

党的二十大报告明确提出，"加快建设贸易强国""推动共建'一带一路'高质量发展""维护多元稳定的国际经济格局和经贸关系"。这必将推动全球化供应链的快速发展，而后者也必将能为前者提供有效的支撑。

2. 敏捷供应链

敏捷供应链是在 20 世纪 90 年代末提出的。所谓敏捷供应链，是指以核心企业为中心，通过对物流、资金流、信息流的控制，将供应商、制造商、分销商、零售商及最终消费者整合到一个统一的、无缝化程度较高的功能网络，以形成一个极具竞争力的战略联盟。

敏捷供应链以增强企业对市场需求的适应能力为导向，以动态联盟的快速重构为基本着眼点，致力于支持供应链的迅速结盟、联盟运行优化和联盟平稳解体。强调从整个供应链的角度进行决策和绩效评价，使企业与合作者共同降低产品成本，并追求快速响应市场需求，提高供应链各环节边际效益，实现共赢。

敏捷供应链是一种全新理念，从以下几个方面为企业带来全新竞争优势。

（1）速度优势。网络经济时代，企业实行敏捷供应链的一个重要竞争优势就是速度。企业如果按敏捷供应链观念组织生产，其独特的订单驱动生产组织方式，在敏捷制造技术支持下，可以最快速度响应客户需求。

（2）顾客资源优势。企业在实行敏捷供应链过程中，提供个性化订购服务，客户可在网页上自己选择零部件，设计产品的款式、颜色、尺寸，需求信息直接反映到产品设计、规划阶段，成为企业最直接也是最有价值的信息资源。企业能够迅速、准确地满足客户个性化、多样化的需求，不断地提高客户满意度，从而拥有较为稳定的客户资源。

（3）个性化产品优势。依靠敏捷制造技术、动态组织结构和柔性管理技术，敏捷供应链解决了传统流水线生产方式难以解决的品种单一问题，实现了多产品、少批量的柔性化生产，使个性化产品生产成为现实。

（4）成本优势。通常情况下，产品的个性化生产与产品成本是负相关的。然而，在敏捷供应链中，这种矛盾却得以化解，在获得多样化产品的同时，由于零库存成本和环节简化，使企业获得了较大的成本优势。

3. 绿色供应链

党的二十大报告提出"加快发展方式绿色转型"。实施全面节约战略，发展绿色低碳产业，倡导绿色消费，推动形成绿色低碳的生产方式和生活方式。实施绿色供应链管理（green supply chain management，GSCM），将"绿色"或"环境意识"理念融入整个供应链管理过程，使整个供应链的资源消耗和对环境的负面影响降到最小，是现代企业实现可持续发展的一条有效途径。

美国密歇根州立大学的制造研究协会于 1996 年提出绿色供应链的概念，并将绿色供应链管理作为一个重要的研究内容。1996 年，国际标准化组织（International Organization for Standardization，ISO）推出了 ISO 14000 系列标准，使绿色供应链管理的研究更加活跃。

绿色供应链管理是指从社会和企业的可持续发展出发，引入全新的设计思想，对产品从原材料购买、生产、消费，直到废物回收再利用的整个供应链进行生态设计，通过供应链中各个企业内部部门和各企业之间的紧密合作，使整条供应链在环境管理方面协调统一，达到系统环境最优化。目前，一些汽车制造商（如大众、通用等）正在重新整合传统的供应链，要求供应商按"绿色"模式进行供货，构建绿色供应链。

实施绿色供应链管理应该遵循共生原理、循环原理、替代转换原理与系统开放原理等。一般来说，绿色供应链可以产生以下管理优势。

（1）可从经营战略上加强企业的竞争优势。

（2）有利于规避绿色技术贸易壁垒。

（3）有利于从源头上解决生产制造对环境的影响。

（4）有利于资源的合理高效配置。

4. 柔性供应链

复杂多变的市场环境给供应链管理带来了问题和挑战。在这种情况下，供应链管理要灵活、开放、动态和敏捷，而建立柔性供应链（flexible supply chain，FSC）就是解决问题的重要途径之一。

所谓柔性，是指企业快速地响应变化的环境的能力。柔性管理是以柔性理论为基础，通过提高企业各种资源的柔性实现灵活、敏捷的管理。柔性供应链更能适应快速变化的市场需求。

柔性供应链有三种柔性：产品柔性、时间柔性和数量柔性。其中，产品柔性是指供应链在一定时间内引进新产品的能力；时间柔性是指供应链响应客户需求的速度；数量柔性是指供应链对客户需求数量变化的响应能力。

构建柔性供应链，首先应该从供应链上的各个节点企业内部抓起，通过建立以需求为导向的企业战略和与之相适应的组织结构，采用先进的生产管理方式和技术，加强企业内部各个部门的信息共享和沟通，不断提高各个节点企业自身实力和柔性；其次，要加强供应链上各个节点企业之间的联系，建立可靠的信息共享平台，选择信誉好、竞争力强的企业进行合作，避免供应链各环节出现问题；最后，供应链上的各个节点企业都应用系统思维来分析、解决供应链中发生的问题，用合作共赢的思想来促进有效信息共享，加快物流速度，使供应链高效运作。

5. 电子商务供应链

按照世界贸易组织电子商务专题报告的定义，电子商务是通过电信网络进行生产、营销、销售和流通活动，它不仅指基于互联网的交易，也指所有利用电子信息技术来解决问题、降低成本、增加价值的商务活动，包括通过网络实现从原材料查询、采购、产品展示、订货，到生产、储运以及电子支付等一系列的贸易活动。

电子商务对企业供应链具有以下影响。

（1）企业内部。企业内部通过互联网自动处理商务工作流，实现对关键数据的存取，共享经验，共同解决客户问题，并保持各部门之间的联系，可以提高商务活动的敏捷性，对市场变化做出更快速的反应，更好地为客户提供服务。

（2）企业与合作伙伴之间。在电子商务中，企业之间可以通过网络将关键的商务处理节点连接起来，形成一个虚拟企业。信息的畅通有利于合作伙伴之间高度的信息共享，共同为整体供应链提供增值服务。

（3）企业与客户之间。企业开设网上商店，与客户能够交互通信，节省了时间，跨越了空间阻隔，提高了交易效率。更为重要的是，互联网和电子商务也使企业与客户的关系发生重大的改变，其关系将不再局限于产品的销售，更多的是以服务的方式满足客户的需求。越来越多的客户不仅以购买产品的方式来实现其需求，更看重未来应用的规划与实施、系统的运行维护等。从本质上说，客户需要的是某种效用或能力，而不是产品本身，这将极大地改变企业与客户的关系。企业必须更加细致、深入地了解每一个客户的需求，才能维系客户关系。这是一种长期的有偿服务，而不是产品时代的一次或多次性的购买。

由此可见，电子商务带来了供应链管理的变革。它运用供应链管理思想，以制造商为核心，将上游供应商，下游经销商、物流服务商、零售商进行垂直一体化的整合，消除了整个供应链网络上不必要的运作和消耗，促进了供应链向动态、虚拟、网络化的方向发展。

6. 可视化供应链

可视化供应链能够提高库存和运输资源管理效率，进而提高需求响应速度。利用物联网技术，可为供应链中的每一个物品贴上电子标签。电子标签里包含该物品的所有相关信息，通过红外感应技术、信息采集技术和视频监控技术，让每个人通过信息系统都可以追溯产品的成本、生产地、生产日期、加工过程、流通详情及原材料来源。这种价值信息链通过互联网在企业内部网络以及外部网络进行共享和交换，从而实现了供应链管理的可视化。随着新一代信息技术的应用普及，云计算、大数据和人工智能已经成为供应链解决方案中的一部分。移动计算和移动设备由于即时响应性等特点，在供应链管理中发挥越来越重要的作用。更有价值的是，这些技术将企业资源计划和运营系统更好地整合，以多样化的形式实现数据共享。未来，供应链将向全面数字化、智能化方向演化，实现数据驱动、业务连续、供需平衡和绿色低碳。

本 章 小 结

本章首先从概念、特征角度分析了供应链的内涵，强调了它是一个跨越企业边界，集成各个商业流程的模式，它将供应商、制造商、销售商及物流服务商连接在一起，形成一条价值链。其次，按研究对象、网络结构、产品种类及动力来源对供应链进行分类，应重点把握基于按照产品种类和动力来源划分的供应链的特点。再次，阐述了供应链管理的主要内容，这也是构成供应链管理理论体系的主体。最后，介绍了供应链管理的发展趋势。

 关键术语

供应链 supply chain
供应链管理 supply chain management
价值链 value chain
承诺能力 available to promise
企业资源计划 enterprise resource planning，ERP
绿色供应链管理 green supply chain management，GSCM
客户关系管理 customer relationship management，CRM
推式供应链 push supply chain
拉式供应链 pull supply chain
核心企业 core company

功能型产品 functional products
创新型产品 innovative products
需求链 demand chain
提前期 lead time

按订单生产 make to order，MTO
柔性供应链 flexible supply chain，FSC

习　题

一、填空题

1. 供应链不仅是一条连接供应商到用户的物料链、_____、_____，而且是一条_____，物料在供应链上因加工、包装、运输等过程而增加其价值，给相关企业带来收益。

2. 供应链的特征有_____、_____、_____、_____。

二、判断题

1. 供应链是一个静态系统。　　　　　　　　　　　　　　　　（　　）

2. 供应链管理中的各个节点企业都是相互独立的，不能形成一个整体。（　　）

3. 供应链管理的目标在于提高用户服务水平和降低总的交易成本，并且寻求两个目标之间的平衡。　　　　　　　　　　　　　　　　　　　　　　　　　（　　）

4. 供应链管理是对从最终客户直到原始供应商的关键业务流程的集成，它为客户和其他有关者提供价值增值的产品、服务和信息。　　　　　　　　　　　　　　（　　）

三、简答题

1. 简述物流和供应链的关系。

2. 供应链管理有哪些特点？

3. 简述推式供应链和拉式供应链的特点。

四、思考题

根据生物链和工业生态学知识，分析绿色供应链的要求。

 案例分析

"宜家"背后的整个供应链运转

1. "宜家"的背后

宜家（IKEA）于1943年创建于瑞典。目前，宜家已成为全球最大的家居商品零售商，主要销售座椅/沙发系列、办公用品、卧室系列、厨房系列、照明系列、纺织品、炊具系列、房屋储藏系列、儿童产品系列等产品。

如今，宜家的价值已经远远不是表面上看到的那些摆着精致又便宜的沙发和书柜等家居商品的连锁店，它的背后是一整套难以模仿的高效精良的商业运作系统。这个系统维持了宜家高效率、低成本的商业价值链条，那才是值得全球连锁零售商学习的真实的宜家。

2. 管理内核

商店开到哪里，宜家就把一整套的管理模式和组织形式复制到哪里。这些管理和保障职能包括财务、零售、物流、物业、风险管理、法律、社会环境、公关和人力资源等。宜家的商店在这个"大管家"的协助下，维持每天的运转。宜家支持机构则为商店提供专业

的服务支持，包括信息服务、餐厅运营、设备供应、原料采购、产品画册制作、配件供应、货运方案、公务出行等。整个组织被完全"扁平化"。例如，北京的宜家商店想改变"样板间"的设计，就要征求宜家内务系统的意见；需要法律服务，则由宜家集团安排；需要新的产品画册，就需要宜家支持系统的帮助；需要商品，则由宜家贸易公司协助，当然这一切交易都需要成本。在宜家的管理系统中，设计、生产、采购、销售的每个环节，都可能发生有关联的协议或交易，但都被安排得井井有条。

在这种极度扁平和权力分散的管理架构下，谁也不能完全管理宜家，更不要说控制它了。

3. 供应链条

这种周密的管理体系更重要的作用是让宜家拥有了高效率、低成本运转的供应链。

为了控制产品的成本、取得最初定价权，并且控制产业链的上游，宜家一直坚持自己设计产品并拥有专利。设计师在设计新产品的时候竞争激烈，竞争主要体现在同样价格的产品"谁的设计成本更低"，这甚至包括是否多用了一颗螺丝钉或一根麻绳，或者更经济地利用了一块塑料板等。

产品设计确定之后，设计研发机构将和宜家在全球各个国家设立的几十家贸易代表处共同确定哪些供应商可以在成本最低而又保证质量的情况下生产这些产品。2000 多家供应商将展开激烈的竞争，得分高的供应商将得到大订单。通常，宜家为了促销某种产品，会降低价格，这必然会促使进一步降低生产成本，许多供应商也会被迫提高生产效率，压缩生产成本。所以，劳动力成本更加低廉的供应商，会经常出现在宜家的采购名单上。

所有的供应商在接到宜家贸易公司下达的订单之后，都会努力工作并保证按时交货。实际上，宜家为其所有的供应商设定了不同的标准和等级，并且会时常考核。

宜家严格地控制着物流的每一个环节，以保证成本最低。1956 年开始推行至今的"平板包装"有效降低了运输成本和提高了装卸效率，同时也为宜家节省了大笔产品组装成本。为了进一步降低运输成本，宜家不断在产品上做文章，这包括设计适合用托盘运输的杯子，或者抽掉空气的枕头。宜家的全球配送中心和一些中央仓库大多建在海、陆、空的交通要道，以便节省物流时间。

产品生产出来后被运送到全球各地的中央仓库和分销中心，通过科学的计算，决定哪些产品在本地制造并销售，哪些出口到海外的商店。每家宜家商店根据自己的需要向宜家贸易公司购买这些产品，通过与这些贸易公司的交易，宜家可以顺利地把所有商店的利润转移到国外低税收甚至是免税收的国家和地区。

整个供应链的运转，从每家商店提供的实时销售记录开始，反馈到产品设计研发机构，再到贸易机构、代工生产商、物流公司、仓储中心，直至转回到商店。当然这个供应链的运转，是在宜家服务集团的支持下才能完全奏效的。供应链的高效率和低成本成为明显的优势，这直接决定了宜家可以在必要的情况下降低价格，促进销售。

4. 销售引擎

宜家有很多的"销售引擎"，吸引着越来越多的顾客走进宜家的商店购物。

价格是这个致力于"为大众提供买得起的家具"的公司的重要营销手段。宜家对价格是天生敏感的，"定价"算得上是宜家的精髓，它直接决定着销售状况。

在宜家的商店里，没有"销售人员"，只有"服务人员"。他们不允许向顾客推销某件产品，而是由顾客自己决定和体验，除非顾客需要向其咨询。那宜家靠什么促进销售呢？宜家为每一个产品制定了精致的"导购信息"，顾客可以自己了解每一个产品的所有信息，包括价格、功能、使用规则、购买程序等。商店还设立了各式样板间，把各种产品进行组合。样板间成为宜家的"产品模特"，它在营销方面功不可没。由于控制了销售渠道，许多时尚消费品公司（包括苹果、飞利浦等）看中了宜家，希望把自己的产品摆在宜家的样板间里展览。这不但有利于宜家销售自己的家居产品，而且让宜家赚取了一笔可观的展览收入。

许多不买东西或者只买打折产品的顾客光顾宜家，不能给商店带来利润，相反却增加了商店的运营负担。索性放弃这些顾客吗？当然不是。宜家在所有的商店设立了餐厅，这些顾客很可能会消费一把，宜家餐厅全球的年收入高达16亿美元。而且，这些顾客客观上也帮助宜家进行了产品的销售测试，因为宜家的产品在展览时都安装了电子检测仪器，能够记录这种产品的抗疲劳能力，比如抽屉开关的次数、沙发的承载力等。

由于集团内部管理权限的复杂，并为了保证对产品价格、销售记录及专利权的保护，宜家拒绝批发，坚持商店直销，对大宗采购客户也不提供"让利"服务。

实际上，这个全球最大的家居商品零售商并不满足于仅仅控制全球最大的家居产品渠道，最终覆盖全球的不仅是宜家专有的商店，也包括宜家专利的产品，以及宜家机构的品牌。从这个意义上说，宜家是全球唯一这么干并且取得成功的营销机构。另外，宜家也不仅是销售家居产品，它还涉足金融、房地产等，赢利状况也都不错。谁知道未来它的"胃口"有多大呢！

资料来源：中研普华财经。

讨论题：

1. 宜家高效率、低成本的商业价值链带给我们哪些重要启示？
2. 分析宜家的"销售引擎"对供应链管理的启发意义。

第二章 供应链需求预测

【学习目标】

➢ 了解供应链中的需求特点。
➢ 理解供应链需求预测的作用。
➢ 掌握常见需求预测的方法和步骤。
➢ 能够根据供应链需求特点灵活选择合适的需求预测方法。

【知识架构】

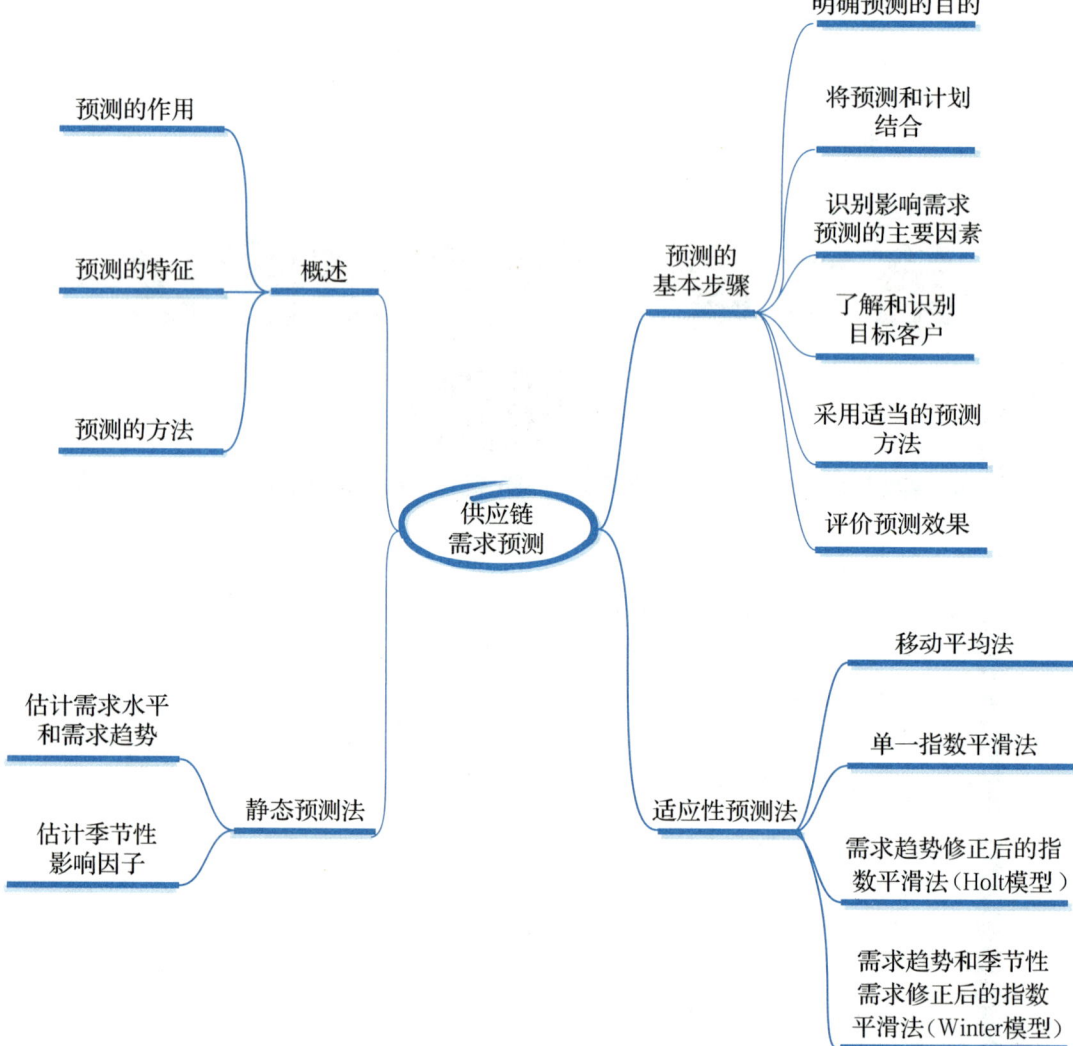

如何实施供应链协作计划、预测和补货？

行业数据显示，消费品行业 50%的缺货现象都是由于零售订货和补货、预测流程的不到位造成的，25%是由于总体需求计划和上游的短缺引起的，还有 25%是由于货物上架和补货等店内流程的不足引起的。在手机行业中，精确预测是至关重要的。缺货所产生的成本会给企业带来极为负面的影响。大约有一半的缺货现象会导致销售收入的损失。

M 公司在全球范围内同时有 120 个型号的手机产品在销售。M 公司想知道各类型的手机生产和销售情况，以便对零售商货架上的手机精确补货。如果一个顾客看中了 M 公司的某款手机，但在零售商那里没有货的话，就有可能去购买一家竞争对手的产品。在这种情况下，M 公司会面临失去这位顾客的风险。更何况，一个手机型号可能会因为颜色、配置的不同而出现多个包装，因此精确预测的难度就变得更高了。此外，新产品的快速推出也增加了精确预测的复杂性：手机的生命周期平均只有一年多一点，有一些甚至只有 6 个月。

M 公司的手机部门开始利用协作计划、预测和补货方法（collaborative planning,forecasting and replenishment，CPFR）同零售商一起改进销售策略。CPFR 的实施几乎立刻就使预测的准确率发生了很大的变化。平均绝对百分比误差比以前小了很多。零售商配送中心的存货也因 CPFR 而迅速减少，因为对缓冲存货的需求更少了。缺货率现在则只有以前的 1/3。

资料来源：CEDERLUND J P, 2007. How Motorola put CPFR into action[J]. Supply Chain Management Review.

预测未来的需求，对于供应链管理者制定决策和规划流程都十分重要。本章介绍如何利用历史上的需求数据来预测未来的需求，以及描述需求预测和评估预测准确性的几种方法。学完本章后，读者能够理解预测在供应链中的作用；识别需求预测的组成部分；已知历史需求数据，运用时间序列法预测供应链需求；分析需求预测，估计预测误差。

第一节　预 测 概 述

一、预测的作用

对未来需求的预测构成了供应链中所有战略性和规划性决策的基础。让我们回顾在第 1 章讨论的供应链的"推/拉观点"，所有的推动流程都是根据对客户需求的预测来运行的，而所有的拉动流程又都是根据对市场需求的反应来运行的。对于推动流程来说，供应链管理者必须规划产品生产能力；对于拉动流程而言，供应链管理

预测在供应链中的应用

者必须想办法提高产品需求水平。在上述两种情况下，供应链管理者采取的第一个步骤，都是预测客户未来的需求量。

以戴尔公司为例来分析。戴尔公司根据客户订单生产个人计算机，又根据对客户需求的预测来订购零部件并安排生产线。生产经理必须根据客户需求预测来订购适当数量的零部件，还必须确保生产线具备装配需要的生产能力。

供应链管理者对所有供应链活动的规划都是以预测客户最终购买行为发生的时间为基础的。在戴尔公司的案例中，供应商（如英特尔公司）为戴尔公司的个人计算机提供处理器。英特尔公司需要几周的时间来生产这些处理器，但是，戴尔公司不能等那么久，因为客户已经下了订单。客户要求在几天内（而不是几周内）拿到计算机。因而，英特尔公司必须在顾客订货之前就生产出处理器。这就需要戴尔公司和英特尔公司共同预测未来对处理器的需求，并据此制订生产计划。英特尔公司的供应商也必须预测未来的需求并据此安排生产，来满足英特尔公司的生产计划。

除了生产和分销决策外，供应链"推动阶段"的其他决策也要以预测为基础。以预测为基础的重要决策主要有以下几项。

（1）生产决策——日程安排、库存管理、总体计划等。

（2）营销决策——销售资源配置、促销计划、新产品开发等。

（3）财务决策——生产线（设备）的投资和预算规划等。

（4）人事决策——招聘计划、培训计划等。

理想状态下，供应链中的这些决策不应被分割开来，因为它们是互相影响的，最好结合起来考虑。例如，可口可乐公司正在考虑下一个季度的需求预测和何时进行促销活动。在需求预测的基础上，可口可乐公司将为下一个季度制订生产计划。该生产计划需要额外的投资、雇用新员工或者将生产外包出去。可口可乐公司必须以生产计划和现有生产能力为基础，在实际生产开始之前做出这些决策。从这个例子中我们可以看到，所有的决策都是互相联系的。拥有稳定需求的"成熟"产品最容易预测，如日用品（牛奶、纸巾等）。当原材料的供给与最终产品的需求变化幅度较大时，预测与相应的管理决策就变得十分困难。例如，滑雪装备、羽绒服等产品的需求有季节性特点。对于这些产品而言，准确预测十分重要，原因在于其销售期非常短，如果生产过剩或不足，都会造成损失。

二、预测的特征

预测通常具有以下特征。

（1）预测经常会出错，因而要包括预期价值和对误差的测量。为了理解预测误差的重要性，我们以两个汽车交易商为例说明。其中一个交易商的销售量预计是 100～1900 辆，而另一个交易商的销售量预计是 900～1000 辆。尽管这两个交易商预计的平均销售量都是 1000 辆，但由于预测准确性的不同，每个交易商所采取的策略各不相同，因而，必须在供应链规划中把预测误差（或需求的不确定性）考虑进去。

（2）长期预测通常没有短期预测精确，原因是相对于短期预测，长期预测误差的标准差要大一些。日本的 7-11 公司已经利用这一特征来改善自己的经营业绩，公司建立了一个补给流程，在数小时之内就能对顾客订单做出反应。例如，连锁店经理在 10 点以前发出订单，这批货会在当天 19 点以前送到。因此，这个连锁店经理必须在实际销售之前 12 小时内预测出当天的销售量。这比连锁店经理提前一周进行预测准确得多。

（3）综合预测通常比独立预测准确得多，因为综合预测相对于均值的标准差要小。例如，以小于 2% 的误差预测一个国家的国内生产总值要容易一些，但以小于 2% 的误差预测一家公司的年收入要困难一些，而以相同的误差预测指定产品的需求则更加困难。以上预测的区别就在于其综合程度不同。国内生产总值是对多个公司综合计算的结果，公司的年收入是对全部产品综合计算的结果。综合程度越高，预测就越准确。

三、预测的方法

预测方法

预测通常是很困难的，特别是对未来较长一段时间的预测。了解客户过去的购买行为，有助于公司预测客户将来会采取的行动，并对该行动做出适当的反应。需求不是凭空产生的，客户需求受多种因素的影响。公司只有处理好这些因素的现有价值和未来需求之间的关系，才能更准确地预测需求。公司首先要识别影响未来需求的因素，然后确定这些因素与未来需求之间的关系。

当预测需求时，公司必须平衡主观和客观两方面因素。例如，日本的 7-11 公司为连锁店经理进行需求预测提供了一套决策支持系统，由这个系统做出预测并给出建议性的订单。连锁店经理只是负责做出最后的决策并下达订单，这是因为只有连锁店经理才了解那些通过历史数据也得不到的市场条件信息。对市场条件的了解有助于改进预测精度。下面以冰淇淋为例，说明主观因素的重要性。如果连锁店经理知道明天可能会下雨或变得很冷，就能利用这个信息，降低冰淇淋的订购数量，即使前几天天气很热，需求量很大。在这个例子中，市场条件（天气）的变化是不能通过历史数据得到的。因而，在供应链管理中，适当的人为干预对预测效果十分重要。

在公司选择预测方法之前，必须明确地知道供应链的反应时间，因为这将决定何时进行预测。例如，一家邮购公司要利用预测来决定某种特定产品的订购数量，就必须知道供应链响应这个订单的时间有多长。如果需要 6 个月，那么该公司必须在需要产品之前的 6 个月就对需求量做出预测。

公司还必须了解下列可能影响需求预测的因素：①过去的需求；②计划的广告或营销策略；③在产品目录中的排列位置；④经济状况；⑤计划的价格折扣；⑥竞争对手采取的行动。

公司在选择一个合适的预测方法之前，必须了解上述影响因素。例如，公司过去可能有过这样的经历：某产品在 10 月份市场的需求少，而 12 月份市场的需求大。如果公司决定在 10 月份对该产品降价出售，情况可能会发生变化，因为未来需求的一部分可能会提前到 10 月份发生，公司在进行预测时必须考虑这个营销因素。

预测的方法主要有以下 4 种。

1. 定性预测法

定性预测法基本上是主观的，主要依赖于人们的判断和意见做出预测。在缺少历史数据或专家关于市场的见解时，定性预测法就很适用。对于一个新产业来说，要对未来几年的需求进行预测，这种方法必不可少。起初互联网的需求预测就是采用定性预测法，因为互联网可供预测的历史数据很少。

2. 时间序列法

时间序列法是利用历史数据来预测未来需求。它依赖于这样一个假设：历史需求是对未来需求的一种很好的暗示。当外界环境稳定、基本需求模式变动不大时适合用这种方法。这是一种简便可行的方法，它可以作为需求预测的一个好的起点。

时间序列法基本上可以分为两类：静态预测法和适应性预测法。

（1）静态预测法。在静态预测法中，公司只对需求中系统需求部分的各个要素（如需求水平、需求趋势、季节性需求）预测一次，今后就算有新的需求也不更新这些预测值。静态预测法将预测误差看作随机需求的一部分，因而它不会根据观察到的新需求来更新系统部分的需求。

（2）适应性预测法。在适应性预测法中，公司根据观察到的新的需求更新对系统需求部分的各个要素（如需求水平、需求趋势、季节性需求）的预测。这种方法假定：一部分误差将会导致对系统需求部分预测的不准确，而另一部分误差将会影响随机需求部分。因而，这种方法会在每一次对需求的预测后，更新对系统需求部分的预测。

静态预测法主要用于预测需求水平和需求趋势。适应性预测法包括移动平均法、单一指数平滑法和修正指数平滑法。详细内容将在后面几节中介绍。

3. 随机预测法

随机预测法是假定预测的需求与有关外界因素（如经济环境、利率等）高度相关，因而利用对外界因素的预测，来预测未来需求。例如，产品定价与需求高度相关，因此公司可以利用随机预测法，分析价格上升对需求的影响。

4. 模仿预测法

模仿预测法是通过模仿消费者的选择来进行需求预测。例如，当低价位机票卖完后，航空公司会模仿消费者购买行为来预测高价位机票的购买需求。

通常公司可能很难决定哪种方法适合用来预测。研究显示，运用复合型的预测方法进行预测，并将各种预测结果结合起来作为最终的预测结果，会比单独运用某种方法更为有效。公司可以将时间序列法和随机预测法结合起来考虑问题，如价格促销会带来什么影响，一个竞争者在附近开了一家店会有什么影响等。

企业可能很难确定采用哪种方法进行预测才是最合适的。研究表明，与单独使用任何一种方法相比，使用多种预测方法得到的综合预测结果更为有效。当未来需求与历史需求、增长模式和任何季节性模式相关联时，最适合采用时间序列法。无论采用哪种预测方法，都会存在无法用以往的需求模式来解释的随机因素。因此，任何被考察的需求都可以分为系统需求部分和随机需求两部分。

被考察需求=系统需求+随机需求

系统需求由以下几部分组成：需求水平，指扣除季节性因素影响后的目前需求；需求趋势，指下一时期需求的增长率或衰减率；季节性需求，指受季节性因素影响的需求。公司可利用历史数据预测需求水平、需求趋势和季节性需求，以此求得系统需求。

随机需求是指偏离系统需求的那部分需求，公司不能也不必预测。公司能预测的只是估计的需求规模和变化，可用来衡量预测误差。随机因素还意味着公司不能预测这部分的变动方向。一般来说，预测误差和随机需求的大小有关。预测的目的是剔除随机因素的影响，估计出系统需求。预测误差是用来衡量预测需求和实际需求之间的差值。

第二节　需求预测的基本步骤

需求预测的基本步骤有以下六步。

一、明确预测的目的

预测的目的是提供以预测为基础的决策支持。所有受供应链决策影响的各方都应该明确决策和预测之间的关系。例如，沃尔玛公司计划 7 月通过降价进行洗涤剂促销，那么，生产商、承运商和其他相关方必须知道这个信息，并达成一个共同的销量预测结果，再以此为基础制订一个行动方案。

如果预测不准确，将会导致供应链各环节库存过剩或不足，也可能导致运输和仓储的混乱。在这一阶段，公司应详细说明是否要求在地理位置、产品、客户群或总体规划的基础之上进行预测。

公司还应该明确预测期限。预测期限是从做出预测到预测事件发生的时间间隔。例如，公司要为某个既定生产环节分配资源，并且改变生产能力的时限为两个月，那么就应该在改变生产能力之前的两个月做出预测。

二、将预测和计划结合

公司应该将预测与供应链中所有使用预测或影响需求的计划活动联系起来。这些计划包括生产能力计划、生产计划、促销计划和采购计划等。这种联系应该建立在信息系统和人力资源管理层次上。由于许多职能受计划影响，将预测引入职能流程是非常有必要的。例如，营销部门为了制订促销计划采用了一种预测方式，而生产部门依赖历史数据进行预测，再据此制订生产计划，并没有考虑营销部门制订的促销计划。结果，导致促销效果不理想。

公司应从与需求预测有关的部门选调人员，建立一个跨部门的团队开展预测工作，并指定统筹预测和计划制订的负责人。这样就能充分考虑到预测和计划阶段可能出现的问题。

三、识别影响需求预测的主要因素

公司应识别影响需求预测的主要因素，而对这些因素的恰当分析是做出合理预测的关键。影响需求预测的主要因素包括需求、供给及与产品有关的因素。

1. 需求方面

从需求方面来讲，公司要弄清楚需求是在增长、减弱还是呈季节性变动。预测必须以需求而不是以销售数据为依据。例如，一家超市今年 7 月对某品牌食品进行了促销。当月，消费者对该品牌食品的购买需求旺盛，而对其他品牌食品的购买需求很低迷。然而，超市不应据此推测该品牌食品需求在下一年 7 月仍会很旺盛。因为只有当下一年 7 月仍对该品牌食品进行促销而效果与今年一样时，这个结论才成立。在进行预测时，超市必须知道在没有促销的情况下的真实需求是多少，同时了解促销对需求的影响。

公司还应明确不同产品之间是否存在某种联系（互补或替代）。如果对一种产品的促销会导致对另一种产品的需求下降，公司在预测时就必须考虑这个因素。此外，公司还要考虑供货期内任何产品政策变动对需求的影响。

2. 供给方面

从供给方面来讲，公司应考虑可利用的供给资源以确保预测的准确性。如果可替代的供给资源在短期内可用，那么准确的预测并不太重要。但是，如果在较长的供货期内只有一种可用的资源，那么，准确的预测就非常重要了。

3. 产品方面

从产品方面来讲，公司应知道产品在销售期间的变化因素。这些变化因素是否可互相替代或补充。如果一种产品的需求影响另一种产品的需求或反过来被其影响。那么对于这两种产品的预测就应该合并。例如，当公司推出一种既有产品的改进型产品时，客户很大可能会购买改进型产品，从而导致对既有产品的需求减少。尽管对既有产品需求的减少不能通过历史数据显示，公司仍能通过历史数据来预测这两种产品的需求总和。显然，对这两种产品的需求应该联系起来进行预测。

四、了解和识别目标客户

公司要了解客户的服务要求、需求数量、订货频率、需求的变动性和季节性特点，并按此分类成不同的客户群。通常来说，公司针对不同的客户群，采取不同的预测方法，能够更准确地预测客户需求。

五、采用适当的预测方法

公司首先需要明确与预测有关的因素，包括地理区域、产品组和目标客户。公司应该知道不同因素对应的需求的差异性。针对不同的因素，选用不同的预测方法。可在前面提到的4种预测方法（定性预测法、时间序列法、随机预测法和模仿预测法）中进行选择，也可将这些方法结合起来运用。

六、评价预测效果

公司应对预测的准确性和时效性进行评价。预测效果评价方法应和公司制定的经营目标密切相连。下面举例说明，邮政公司销售纪念品，纪念品由供应商提供，供货期为两个月。邮政公司开展了订购活动，目的是获得一个预期的销售量。这样能使销售季末剩余产品的数量最小，同时减少由于货源不充足所导致的销售损失。因为供应商需要两个月的时间才能供货，邮政公司必须在销售季开始之前两个月做出预测。在销售季末，邮政公司必须比较实际需求和预测需求，估计预测的准确性。预测的准确性也应该与希望达到的准确性相比较，用两者的差值来制订预测修正方案。

第三节 静态预测法

本节将讨论需求有趋势和呈季节性变化的静态预测法。静态预测法的主要特点在于，对系统需求中的需求水平、需求趋势和季节性影响因子的参数估计值，不随新出现的需求而变化。在这种情况下，可以历史数据为基础估计这些参数，然后用这些参数进行未来的预测。假定系统需求部分是混合型的，即

系统需求=（需求水平+需求趋势）×季节性影响因子

符号定义如下。

L 为基期的需求水平（基期剔除季节性影响后的需求）。

T 为需求趋势（每个时期需求的上升或下降）。

S_t 为时期 t 的季节性影响因子。

D_t 为时期 t 的实际需求。

F_t 为时期 t 的预测需求。

在静态预测法中，在时期 t 预测时期 $t+l$ 的需求的计算公式为

$$F_{t+l} = [L + (t + l)T]S_{t+l} \tag{2.1}$$

举例来说，天然气公司利用现有的管道设施供应天然气，同时满足各个分销商的紧急订购需求。天然气公司自成立以来，需求一直呈增长势头。天然气公司的计划年度是从某给定年度的第二季度开始，延续到下一年的第一季度。天然气公司正在规划生产能力及从 2024 年第二季度到 2025 年第一季度的天然气需求量。未来需求趋势和季节性变化规律和过去相同。过去 3 个计划年度的季节需求见表 2.1 和图 2.1。

表 2.1　天然气公司过去 3 个计划年度的季度需求

年份	季度	时期 t	需求量 D_t
2021	2	1	8000
2021	3	2	13000
2021	4	3	23000
2022	1	4	34000
2022	2	5	10000
2022	3	6	18000
2022	4	7	23000
2023	1	8	38000
2023	2	9	12000
2023	3	10	13000
2023	4	11	32000
2024	1	12	41000

从图 2.1 中可以看出，天然气的需求呈季节性变动，需求量从当年的第二季度到下一年的第一季度持续增长。每年第二季度的需求量都是在这一年各个季度中最低的。过去 3

个计划年度，天然气需求量呈上升趋势。公司预计，下一年仍会继续保持如此态势。下面估计需求水平、需求趋势和季节性影响因子的参数值，主要分为以下两个步骤：①剔除季节性需求的影响，用线性回归法来估计需求水平和需求趋势；②估计季节性影响因子。

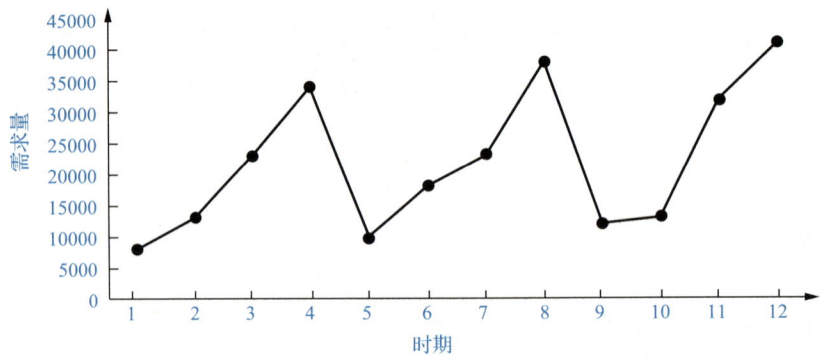

图 2.1　天然气公司过去 3 个计划年度的季度需求

一、估计需求水平和需求趋势

在估计需求水平和需求趋势之前，先对需求数据进行处理，以剔除季节性影响。对于天然气公司的需求来说，需求变化规律每隔 4 个季度重复一次，即一个周期为 4 个季度。假设以季度为需求时期单位，用 p 表示一个周期的时期数，则表 2.1 中的天然气需求的时期数 $p=4$。

为使在剔除季节性需求后每一个季度都占有相同的权重，采用连续几个时期需求的平均值作为对应时期的需求，从 $l+1$ 到 $l+p$ 这段时期的平均需求是 $l+(p+1)/2$ 时期剔除季节性影响后的需求。如果 p 是奇数，这种方法可以给出当前一个时期剔除季节性影响后的需求；如果 p 是偶数，这种方法给出了在 $l+(p/2)$ 和 $l+1+(p/2)$ 之间某一点剔除季节性影响后的需求。通过对从 $l+1$ 到 $l+p$ 时期和从 $l+2$ 到 $l+p+1$ 时期剔除季节性影响后的需求取平均值，得到 $l+1+(p/2)$ 时期剔除季节性影响后的需求。剔除季节性影响后的需求可用下面的公式（给定一个周期 t）计算。

$$\bar{D}_t = \begin{cases} \dfrac{D_{t-\left(\frac{p}{2}\right)} + D_{t+\left(\frac{p}{2}\right)} + \displaystyle\sum_{i=t+1-\left(\frac{p}{2}\right)}^{t-1+\left(\frac{p}{2}\right)} 2D_i}{2p}, & \text{如果} p \text{为偶数} \\[4mm] \dfrac{\displaystyle\sum_{i=t-\left(\frac{p-1}{2}\right)}^{t+\left(\frac{p-1}{2}\right)} D_i}{p}, & \text{如果} p \text{为奇数} \end{cases} \tag{2.2}$$

在本例中，$p=4$ 是偶数。对于 $t=3$，利用式（2.2）获得剔除季节性影响后的需求为

$$\bar{D}_3 = \frac{D_1 + D_5 + \displaystyle\sum_{i=2}^{4} 2D_i}{8}$$

利用该方法，可以获得时期 3 和时期 10 之间的剔除季节性影响后的需求，如表 2.2 和

图 2.2 所示。一旦剔除了季节性影响，需求就以一个固定的比值变化。因而剔除季节性影响后的需求与时期 t 呈线性关系。这种关系可用公式表示为

$$\bar{D}_t = L + tT \tag{2.3}$$

式（2.3）中，$\bar{D}_t$ 表示在时期 t 内剔除季节性影响后的需求，而不是时期 t 的需求。

表 2.2　天然气在线公司剔除季节性影响后的需求

时期	需求	剔除季节性影响后的需求
1	8000	—
2	13000	—
3	23000	19750
4	34000	20625
5	10000	21250
6	18000	21750
7	23000	22500
8	38000	22125
9	12000	22625
10	13000	24125
11	32000	—
12	41000	—

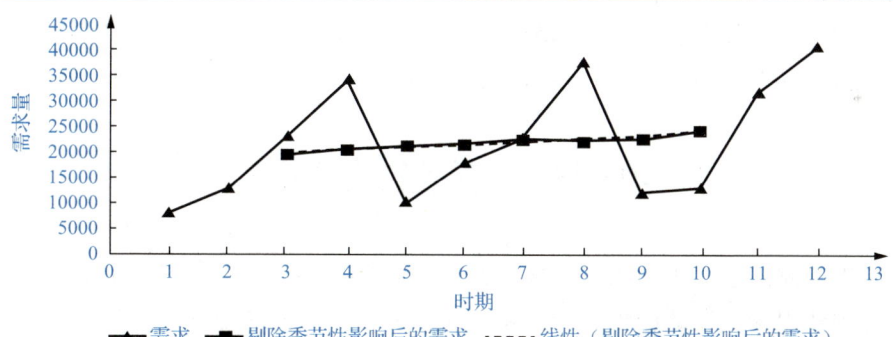

图 2.2　天然气公司剔除季节性影响后的需求

将剔除季节性影响后的需求作为因变量，将时期作为自变量，通过两者之间的线性回归来估计 L 和 T 的值。以天然气公司为例，得到 $L=18439$ 和 $T=523.8$。在本例中，任何时期 t 剔除季节性影响后的需求可用下述公式求出。

$$\bar{D}_t = 18439 + 523.8t \tag{2.4}$$

由此可见，通过对初始的需求数据和时期进行线性回归，来预测需求水平和需求趋势，这种做法是不合适的。这是因为，初始的需求不是线性的，因而线性回归的结果也是不准确的。在进行线性回归之前，要剔除季节性需求的影响。

二、估计季节性影响因子

利用式（2.4）获得各个时期剔除季节性影响后的需求。季节性影响因子 S_t（时期 t 内）

是实际需求 D_t 与剔除季节性影响后的需求 $\overline{D}$ 之间的比值，公式为

$$S_t = D_t / \overline{D}_t \tag{2.5}$$

通过将相似时期的季节性影响因子加以平均来得到某一季度的季节性影响因子。举例来说，如果 $p=4$，时期 1、5 和 9 都对应第二季度，将上述 3 个时期的季节性影响因子取平均值就得到了第二季度的季节性影响因子。假定数据中有 r 次的季节性循环，对于时期 $jp+i$，其中 $1\leq i\leq p, 0\leq j\leq r-1$，得到以下季节性影响因子。

$$\overline{S}_i = \frac{\sum\limits_{j=0}^{r-1} S_{jp+i}}{r} \tag{2.6}$$

以天然气公司为例，总共有 12 个时期，时期数 $p=4$，表明数据中的季节性循环次数 $r=3$。利用式（2.6），可以得到以下季节性影响因子。

$$\overline{S}_1 = (S_1 + S_5 + S_9) / 3 = (0.42 + 0.47 + 0.52) / 3 = 0.47$$

$$\overline{S}_2 = (S_2 + S_6 + S_{10}) / 3 = (0.67 + 0.83 + 0.55) / 3 \approx 0.68$$

$$\overline{S}_3 = (S_3 + S_7 + S_{11}) / 3 = (1.15 + 1.04 + 1.32) / 3 \approx 1.17$$

$$\overline{S}_4 = (S_4 + S_8 + S_{12}) / 3 = (1.66 + 1.68 + 1.66) / 3 \approx 1.67$$

至此，已经得到需求水平、需求趋势和季节性影响因子的估计值。然后，利用式（2.1），得到接下来 4 个季度的需求预测值。

$$F_{13} = (L + 13T)S_{13} = (L + 13T)\overline{S}_1 = (18439 + 13 \times 523.8) \times 0.47 \approx 11867$$

$$F_{14} = (L + 14T)S_{14} = (L + 14T)\overline{S}_2 = (18439 + 14 \times 523.8) \times 0.68 \approx 17539$$

$$F_{15} = (L + 15T)S_{15} = (L + 15T)\overline{S}_3 = (18439 + 15 \times 523.8) \times 1.17 \approx 21574$$

$$F_{16} = (L + 16T)S_{16} = (L + 16T)\overline{S}_4 = (18439 + 16 \times 523.8) \times 1.67 \approx 30793$$

第四节　适应性预测法

在适应性预测法中，需求水平、需求趋势的预测值在每一次观测需求之后都要更新。本节讨论几种能用来进行适应性预测的基本框架和方法。其中基本框架特指系统需求是混合型的情况，包含需求水平、需求趋势和季节性需求。假定有一组 n 时期的历史数据，需求每隔 p 时期需求趋势就变动一次。如果时期单位是季度，需求趋势每年变动一次，则 $p=4$。

符号定义如下。

L_t 为第 t 期期末的需求水平。

T_t 为第 t 期期末的需求趋势。

S_t 为第 t 期期末的季节性影响因子。

F_t 为第 t 期的预测需求（在第 $t-1$ 期或更早以前制订）。

D_t 为第 t 期的实际需求。

E_t 为第 t 期的预测离差。

A_t 为第 t 期的绝对离差。

MAD 为平均绝对离差。

在适应性预测法中，在第 t 期预测 $t+l$ 期的需求为

$$F_{t+l} = (L_t + lT_t)S_{t+l} \tag{2.7}$$

适应性预测法的步骤主要有以下四步。

（1）自动创建。计算机从给定的数据中自动创建需求水平 L_0、需求趋势 T_0 和季节性影响因子 $S_l,\cdots,S_p$。这和前文介绍的静态预测法是一样的。

（2）预测。利用式（2.7），根据对第 t 期的预测，来进行第 $t+1$ 期的预测。第一个预测是针对第 1 期的，它是通过对第 0 期的需求水平、需求趋势和季节性影响因子的预测完成的。

（3）预测误差。记录下一期的实际需求，然后计算第 $t+1$ 期的预测误差 E_{t+1}，也就是实际需求与预测值之间的差值。第 $t+1$ 期的误差可由下式求出。

$$E_{t+1} = F_{t+1} - D_{t+1} \tag{2.8}$$

（4）修正误差。用已知的预测误差 E_{t+1}，对需求水平 L_{t+1}、需求趋势 T_{t+1} 和季节性影响因子 S_{t+p+1} 的预测进行修正。如果实际需求低于预测值，最好将预测值降低；反之，则提高预测值。经过修正的结果就会更接近实际值。

修正后的第 $t+1$ 期的预测值，接下来会被用来预测第 $t+2$ 期的需求，然后重复步骤（2）～（4），直到用完第 n 期的历史数据。第 n 期的预测又被用来进行未来的需求预测。

下面介绍几种适应性预测方法。实际应用时可根据需求的特征和系统需求的构成来选择合适的方法。假设当前时期为第 t 期。

一、移动平均法

当系统需求没有明显趋势或季节性变动时，可以用移动平均法来预测。在这种情况下，有以下等式。

系统需求=需求水平

移动平均法将最近 N 期的需求平均值作为第 t 期的需求水平。计算公式为

$$L_t = (D_t + D_{t-1} + \cdots + D_{t-N+1}) / N \tag{2.9}$$

这种方法对未来各期的预测是一样的，都是以当前的需求水平为基础，预测公式为

$$F_{t+1} = L_t \text{ 和 } F_{t+N} = L_{t+N-1} \tag{2.10}$$

当预测完第 $t+1$ 期的需求后，将预测值修正为

$$L_{t+1} = (D_{t+1} + D_t + \cdots + D_{t-N+2}) / N$$

$$F_{t+2} = L_{t+1}$$

也就是说，为了计算新的移动平均值，只加入最新的观测值而放弃旧的观测值。修正后的移动平均值是为下一期预测服务的。移动平均法赋予过去 N 期数据同样的权重，同时忽略所有比新的移动平均数据陈旧的数据。当 N 增加时，移动平均值就越和最新的观测值无关。下面举例说明移动平均法的运用。

【例 2-1】 根据表 2.1 中的天然气公司的需求数据，用 4 期的移动平均来预测第 5 期的需求。

解 在第 4 期期末预测第 5 期的需求。首先，计算前 4 期的移动平均值。利用式（2.9），可得

$$L_4 = (D_4 + D_3 + D_2 + D_1) / 4 = (34000+23000+13000+8000)/4 = 19500$$

第 5 期的需求预测利用式（2.10）可得

$$F_5 = L_4 = 19500$$

因为第 5 期的需求 D_5 为 10000，所以第 5 期的预测误差为

$$E_5 = F_5 - D_5 = 19500 - 10000 = 9500$$

得到第 5 期的需求观测值后，将需求预测值修正为

$$L_5 = (D_5 + D_4 + D_3 + D_2)/4 = (10000+34000+23000+13000)/4 = 20000$$

二、单一指数平滑法

当系统需求没有明显趋势或季节性变动时，采用单一指数平滑法较合适。在这种情况下，有以下等式。

系统需求=需求水平

因为需求没有趋势或季节性变动，对需求水平的初始值 L_0 就被认为是所有历史数据的平均值。假定需求数据从 1 期到 n 期，则需求水平初始值的计算公式为

$$L_0 = \frac{1}{n}\sum_{i=1}^{n} D_i \tag{2.11}$$

对未来各期需求的预测等于对当前需求水平的估计值，表示为

$$F_{t+1} = L_t \text{ 和 } F_{t+n} = L_{t+n-1} \tag{2.12}$$

利用第 $t+1$ 期的实际需求 D_{t+1}，修正需求水平预测值为

$$L_{t+1} = \alpha D_{t+1} + (1-\alpha)L_t \tag{2.13}$$

式中，α 为需求水平的平滑常数，$0<\alpha<1$。

修正过的需求水平是第 $t+1$ 期的实际观测需求 D_{t+1} 和第 t 期需求水平估计值 L_t 的加权平均数。式（2.13）表明，给定时期的需求水平是当期需求和过去需求水平的函数。将式（2.13）改写为

$$L_{t+1} = \sum_{n=0}^{t} \alpha(1-\alpha)^n D_{t+1-n} + (1-\alpha)^{t+1} L_0$$

当期需求水平的估计值是过去需求观测值的加权平均值。α 值越高，说明预测值和最近的观测值相关；相反，α 值越小，说明预测值与观测值的关系越小。α 值小代表一种稳定的预测。下面举例说明指数平滑法的运用。

【例 2-2】 根据表 2.1 中的天然气公司的需求数据，用单一指数平滑法来预测第 1 期的需求。

解 在表 2.1 中，共有 12 期数据。利用式（2.11），得到需求水平的初始值为

$$L_0 = \frac{1}{12}\sum_{i=1}^{12} D_t \approx 22083$$

利用式（2.12），得到第 1 期的需求预测为

$$F_t = L_0 = 22083$$

第 1 期的需求观测值是 $D_1=8000$，则第 1 期的预测误差为

$$E_1 = F_1 - D_1 = 22083 - 8000 = 14083$$

假定平滑常数 $\alpha = 0.1$，利用式（2.13），得到第 1 期需求水平的修正值为

$$L_1 = \alpha D_1 + (1-\alpha)L_0 = 0.1\times8000 + 0.9\times22083 \approx 20674$$

可见，第 1 期的需求水平低于初始值，这是因为第 1 期的实际需求低于第 1 期的预测需求。

三、需求趋势修正后的指数平滑法（Holt模型）

当系统需求有明显趋势但没有季节性变动时，运用需求趋势修正后的指数平滑法最为合适。在这种情况下，有以下等式。

$$系统需求 = 需求水平 + 需求趋势$$

在需求 D_t 和时期 t 之间进行线性回归，得到对需求水平和需求趋势的初始值，公式为

$$D_t = a + bt$$

由于假设需求有趋势变动而没有季节性变动，在需求和时期之间进行线性回归是合适的。也就是说，需求和时期之间是线性关系。常数 a 衡量需求水平初始值 L_0，斜率 b 衡量每期需求的变化率和需求趋势 T_0 的初始预测值。

在第 t 期，给定需求水平 L_t 和需求趋势 T_t，对未来需求的预测可表示为

$$F_{t+1} = L_t + T_t \text{ 和 } F_{t+n} = L_t + nT_t \tag{2.14}$$

利用第 t 期的需求，修正需求水平和需求趋势为

$$L_{t+1} = \alpha D_{t+1} + (1 - \alpha)(L_t + T_t) \tag{2.15}$$

$$T_{t+1} = \beta(L_{t+1} - L_t) + (1 - \beta)T_t \tag{2.16}$$

式中，α 是需求水平的平滑常数，$0 < \alpha < 1$；β 是需求趋势的平滑常数，$0 < \beta < 1$。

可见，修正过的预测值（需求水平或需求趋势）是观测值和过去预测值的加权平均数。下面举例说明需求趋势修正后的指数平滑法的应用。

【例 2-3】 根据表 2.1 中的天然气公司的需求数据，用需求趋势修正后的指数平滑法来预测第 1 期的需求。

解　利用线性回归得到初始需求水平和需求趋势的预测值。将需求和时期进行线性回归（可利用 Excel 工具中的回归工具）。

对初始需求水平 L_0 的估计以截取系数的形式得到，需求趋势 T_0 以变量 X 系数（或斜率）的形式得到。

$$L_0 = 12015 \text{ 和 } T_0 = 1549$$

利用式（2.14），得到第 1 期的需求预测值为

$$F_1 = L_0 + T_0 = 12015 + 1549 = 13564$$

第 1 期的需求观测值是 8000，第 1 期的预测误差为

$$E_1 = F_1 - D_1 = 13564 - 8000 = 5564$$

假定平滑常数 $\alpha = 0.1$，$\beta = 0.2$，利用式（2.15）和式（2.16），采用需求趋势修正后的指数平滑法，对第 1 期的需求水平和需求趋势进行修正，得到

$$L_1 = \alpha D_1 + (1 - \alpha)(L_0 + T_0) = 0.1 \times 8000 + 0.9 \times 13564 \approx 13008$$

$$T_1 = \beta(L_1 - L_0) + (1 - \beta)T_0 = 0.2 \times (13008 - 12015) + 0.8 \times 1549 \approx 1438$$

可见，初始预测过多地估计了第 1 期的需求，使得更新的数据将第 1 期的预测需求水平从 13564 降为 13008，预测需求趋势也从 1549 降为 1438。利用式（2.14），得到第 2 期的预测需求值为

$$F_2 = L_1 + T_1 = 13008 + 1438 = 14446$$

四、需求趋势和季节性需求修正后的指数平滑法（Winter模型）

当系统需求有明显趋势和季节性变动时，运用需求趋势和季节性需求修正后的指数平滑法较为合适。对于这种情况，有以下等式。

$$系统需求＝（需求水平＋需求趋势）×季节性影响因子$$

假定需求的时期数为 p，采用静态预测法，先进行需求水平 L_0、需求趋势 T_0 和季节性影响因子 $S_1,\cdots,S_p$ 的估计。

在第 t 期，给定需求水平 L_t、需求趋势 T_t 和季节性影响因子 $S_t,\cdots,S_{t-p+1}$，未来各期需求的预测值为

$$F_{t+1} = (L_t + T_t)S_{t+1}$$
$$F_{t+n} = (L_t + nT_t)S_{t+n} \tag{2.17}$$

利用第 $t+1$ 期的实际观测需求，修正需求水平、需求趋势和季节性影响因子为

$$L_{t+1} = \alpha(D_{t+1} / S_{t+1}) + (1-\alpha)(L_t + T_t) \tag{2.18}$$
$$T_{t+1} = \beta(L_{t+1} - L_t) + (1-\beta)T_t \tag{2.19}$$
$$S_{t+p+1} = \gamma(D_{t+1} / L_{t+1}) + (1-\gamma)S_{t+1} \tag{2.20}$$

式中，α 是需求水平的平滑常数，$0 < \alpha < 1$；β 是需求趋势的平滑常数，$0 < \beta < 1$；γ 是季节性影响因子的平滑常数，$0 < \gamma < 1$。

可见，修正后的预测值（需求水平、需求趋势或季节性影响因子）是观测值和过去预测值的加权平均数。下面举例说明需求趋势和季节性需求修正后的指数平滑法的应用。

【例 2-4】 根据表 2.1 中的天然气公司的需求数据，用需求趋势和季节性需求修正后的指数平滑法来预测需求。

解 用静态预测法得到需求水平、需求趋势和季节性需求的初始值为

$$L_0 = 18439, \ T_0 = 523.8, \ S_1 = 0.47, \ S_2 = 0.68, \ S_3 = 1.17, \ S_4 = 1.67$$

利用式（2.17），得到第 1 期的需求预测值为

$$F_1 = (L_0 + T_0)S_1 = (18439 + 523.8) \times 0.47 \approx 8913$$

第 1 期的需求观测值是 8000，则第 1 期的预测误差为

$$E_1 = F_1 - D_1 = 8913 - 8000 = 913$$

假定平滑常数 $\alpha = 0.1$，$\beta = 0.2$，$\gamma = 0.1$，利用式（2.18）～式（2.20），得到第 1 期修正后的需求水平和需求趋势，以及第 5 期的季节性需求为

$$L_1 = \alpha(D_1 / S_1) + (1-\alpha)(L_0 + T_0) = 0.1 \times \left(\frac{8000}{0.47}\right) + 0.9 \times (18439 + 523.8) \approx 18769$$

$$T_1 = \beta(L_1 - L_0) + (1-\beta)T_0 = 0.2 \times (18769 - 18439) + 0.8 \times 523.8 \approx 485$$

$$S_5 = \gamma(D_1 / L_1) + (1-\gamma)S_1 = 0.1 \times (8000 / 18769) + 0.9 \times 0.47 \approx 0.48$$

利用式（2.17），得到第 2 期的需求预测值为

$$F_2 = (L_1 + T_1)S_2 = (18769 + 485) \times 0.68 \approx 13093$$

前面讨论的几种预测方法和适用情况总结如表 2.3 所示。

表 2.3　几种预测方法和适用情况的总结

预测方法	适用的情况
移动平均法	系统需求没有明显趋势或季节性变动
单一指数平滑法	系统需求没有明显趋势或季节性变动
需求趋势修正后的指数平滑法 （Holt 模型）	系统需求有明显趋势但没有季节性变动
需求趋势和季节性需求修正后的指数平滑法 （Winter 模型）	系统需求有明显趋势和季节性变动

另外，对预测误差的衡量也很重要，因为误差是对需求中的随机需求部分的估计。它还有助于识别预测方法运用不恰当的情况。

第五节　预测误差的测定方法

误差测定

正如前面所介绍的，每一个需求都包含随机需求部分。一个好的预测方法应该反映系统需求部分而不是随机需求部分。随机需求部分会以预测误差的形式表现出来。预测误差包含有重要的信息，管理者要对预测误差进行认真分析，主要原因有以下两个。

（1）管理者可以利用误差分析，来判断目前的预测是否准确地预测了系统需求部分。例如，如果预测误差持续出现正值，管理者可据此判断预测方法过高地预测了系统需求，应采取恰当的修正方法予以修正。

（2）由于误差一般用来解释意外事件，管理者应该估计误差。例如，一家公司在外地有一家供应商（提前两个月订货），在本地也有一家供应商（提前一个星期订货）。本地供应商的价格较高，而外地供应商的价格较低。如果需求超过了外地供应商的供给，该公司则与本地的供应商签订供货合同，由这个供应商提供超过的供给。与本地供应商签订多少供货数量与预测误差密切相关。

如果误差值在历史数据的误差范围内，公司可以继续使用当前的预测方法。如果误差值大大超过了这个范围，就说明该预测方法已经不再适用。

第 t 期的预测误差 E_t 的计算公式为

$$E_t = F_t - D_t$$

即第 t 期的误差是该期预测需求与实际需求的差值。对管理者来说，在采取预测的行动前估计误差是十分重要的。例如，如果预测是用来决定订货数量的，而供应商的供货期是 6 个月，那么管理者就要在需求产生前 6 个月估计出误差是多少。在这种情况下，提前 1 个月估计误差是没有意义的。

用均方误差（mean squared error，MSE）衡量预测误差，计算公式为

$$\text{MSE}_n = \frac{1}{n} \sum_{t=1}^{n} E_t^2 \tag{2.21}$$

MSE 表示误差的离散程度。

将第 t 期的绝对离差（absolute deviation）A_t 定义为第 t 期误差的绝对值，计算公式为

$$A_t = |E_t|$$

将平均绝对离差（mean absolute deviation，MAD）定义为各期绝对离差的平均值，计算公式为

$$\text{MAD}_n = \frac{1}{n} \sum_{t=1}^{n} A_t \qquad （2.22）$$

假定随机需求部分是正态分布的，MAD 可以用来预测随机需求部分的标准差。在这种情况下，随机需求的标准差可表示为

$$\sigma = 1.25\text{MAD} \qquad （2.23）$$

平均绝对百分比误差（mean absolute percentage error，MAPE）是平均绝对误差与需求的比值，计算公式为

$$\text{MAPE}_n = \frac{\sum_{t=1}^{n} \left| \frac{E_t}{D_t} \right| 100}{n} \qquad （2.24）$$

为了判断预测方法是否持续低估或高估了需求，可以利用预测误差之和来衡量偏差（bias），计算公式为

$$\text{bias}_n = \sum_{t=1}^{n} E_t \qquad （2.25）$$

如果误差是随机的，不朝任何方向偏离，偏差就为 0。在理想情况下，如果将所有的误差绘成点图，从误差点中穿过的直线的斜率应该为 0。

跟踪信号（tracking signal，TS）是偏差与 MAD 的比值，可表示为

$$\text{TS}_t = \frac{\text{bias}_t}{\text{MAD}_t} \qquad （2.26）$$

如果任何一个时期的 TS 在 -6～+6 的范围外，则说明预测出现了偏差，说明低估（TS<-6）或高估（TS>+6）了需求。在这种情况下，可以考虑采用一种新的方法来预测。例如，当需求呈现上升的趋势，管理者采用移动平均法来预测时，TS 就会出现一个比较大的负值。这是由于没有考虑需求趋势，历史需求的平均值通常低于未来需求。

本 章 小 结

供应链的设计和规划都是以客户需求预测为基础的。因此，好的需求预测对供应链运营绩效有重大影响。

需求由系统需求和随机需求两部分组成，系统需求部分衡量需求的预期值。随机需求部分衡量需求偏离预期值的波动。系统需求部分由需求水平、需求趋势和季节性需求组成。需求水平衡量的是剔除了季节性影响后的需求，需求趋势衡量的是需求当前变化的速度。季节性需求表示受季节性影响的需求。

预测的时间序列法可分为静态预测法和适应性预测法两种。在静态预测法中，需求水平、需求趋势和季节性影响因子并不随需求数据变动而变动。在适应性预测法中，上述参数会随需求数据变动而变动。适应性预测法包括移动平均法、单一指数平滑法、Holt 模型

和 Winter 模型。当需求没有明显趋势或季节性变动时，利用移动平均法和单一指数平滑法较为合适；当需求有明显趋势但没有季节性变动时，应用 Holt 模型最为合适；当需求有明显趋势和季节性变动时，应用 Winter 模型最为合适。

预测误差用于衡量需求的随机需求部分。因为误差可以反映预测准确性，并且影响公司对意外情况的处理，所以预测误差很重要。平均绝对离差和平均绝对百分比误差常用来衡量预测误差的大小。

 **关键术语**

需求预测 demand forecast	均方误差 mean squared error
季节性需求 seasonal demand	需求趋势 demand trend
平均绝对百分比误差 mean absolute percentage error	
绝对离差 absolute deviation	移动平均法 moving average method
平均绝对离差 mean absolute deviation	指数平滑法 exponential smoothing method

习　　题

一、选择题

1. 不属于定量预测方法的是（　　）。
   A. 简单移动平均法　　　　　　B. 加权移动平均法
   C. 特尔菲法　　　　　　　　　D. 以上都不是

2. 需求没有明显趋势和季节性变动，可用（　　）预测。
   A. 移动平均法　　　　　　　　B. 单一指数平滑法
   C. Holt 模型　　　　　　　　　D. Winter 模型

3. 系统需求包括（　　）。
   A. 需求水平　　　　　　　　　B. 需求趋势
   C. 季节性需求　　　　　　　　D. 随机需求

4. 下列说法正确的是（　　）。
   A. 系统需求可以预测，随机需求不可以预测
   B. 系统需求不可以预测，随机需求不可以预测
   C. 系统需求不可以预测，随机需求可以预测
   D. 系统需求可以预测，随机需求可以预测

5. 下列说法正确的是（　　）。
   A. 静态预测法能够持续更新系统需求
   B. 适应性预测法能够持续更新系统需求
   C. 静态预测法认为误差属于系统需求的一部分
   D. 适应性预测法认为误差属于系统需求的一部分

二、讨论题

1. 举几个需求表现出季节性变动的例子。

2. 当管理者用上一年的销售数据而不是需求数据预测下一年的需求时，会出现什么问题？

3. 静态预测法与适应性预测法有什么区别？

三、练习题

1. 考虑表 2.4 中 ABC 公司的每月需求，利用静态预测法预测 2025 年每月的需求。评价偏差、跟踪信号（TS）、平均绝对离差（MAD）、平均绝对百分比误差（MAPE）和均方误差（MSE），然后评价预测的质量。

表 2.4　ABC 公司的每月需求

月份	年份				
	2020	2021	2022	2023	2024
1	2000	3000	2000	5000	5000
2	3000	4000	5000	4000	2000
3	3000	3000	5000	4000	3000
4	3000	5000	3000	2000	2000
5	4000	5000	4000	5000	7000
6	6000	8000	6000	7000	6000
7	7000	3000	7000	10000	8000
8	6000	8000	10000	14000	10000
9	10000	12000	15000	16000	20000
10	12000	12000	15000	16000	20000
11	14000	16000	18000	20000	22000
12	8000	10000	8000	12000	8000
总计	78000	89000	98000	115000	113000

2. 一个批发商每季度的鲜花销售额如表 2.5 所示。

表 2.5　鲜花销售额

年份	季度	销售额/万元	年份	季度	销售额/万元
2021	I	98	2022	I	130
	II	106		II	116
	III	109		III	133
	IV	133		IV	116

续表

年份	季度	销售额/万元	年份	季度	销售额/万元
2023	I	138	2024	I	144
	II	130		II	142
	III	147		III	165
	IV	141		IV	173

利用单一指数平滑法（$\alpha = 0.1$）和 Holt 模型（$\alpha = 0.1$，$\beta = 0.1$），预测 2025 年每季度的销售额。以上两种预测方法，你觉得哪一种更准确？

 **案例分析**

直播带货是冲动消费

2020 年 4 月 1 日，快手、淘宝、抖音 3 个平台首次正面竞赛。

某知名网络人士直播时长总计 3 小时，直播观看人数 4892.17 万人，获得音浪 3632.73 万（折合人民币约为 360 万元），带货 23 种商品共计 1.21 亿元销售额。

某带货主播直播时长 3 个半小时，直播观看人数 1905 万人，带货 27 件商品共计 3485 万元销售额。

《2020 年中国直播电商行业研究报告》指出，直播电商平均退货率为 30%～50%，高于传统电商退货率的 10%～15%。而京东美妆品类退货率约为 5%，3C、数码和家电品类仅为 3%左右。

直播电商的退货率居高不下，最根本的原因在于直播电商是一门注意力经济。短平快节奏下的直播间，营造着一个让人肾上腺素飙升的氛围。"好价错过不再来""便宜不捡白不捡"，在种种心理暗示下，消费者被主播"催眠"，爽快地买单。一旦脱离直播间的亢奋氛围，消费者冷静反思的心理开始占据主导。及时退货，是止损最简单直接的路径。

资料来源：电商报。

讨论题：

请分析针对直播销售模式，如何做好供应链需求管理。

第三章 供应链网络设计

【学习目标】

➢ 了解供应链上不同角色的企业对网络的需求。
➢ 理解供应链网络设计的影响因素。
➢ 掌握供应链网络设计的步骤。
➢ 掌握供应链网络设施布局和能力配置的建模方法。

【知识架构】

制造商对供应链网络的需求
分销商对供应链网络的需求
零售商对供应链网络的需求
物流服务商对供应链网络的需求

供应链网络需求分析

供应链网络设计的影响因素
战略因素
技术因素
宏观经济因素
政治因素
基础设施因素
竞争性因素
客户需求响应时间
物流和运营成本

供应链网络设计

分析市场竞争环境
分析企业现状
提出供应链网络设计目标和策略
分析和评价可能性
设计和产生新的供应链网络
检验供应链网络

供应链网络设计的步骤

设施布局和能力配置模型
重心法选址模型
确定条件下的供应链网络优化模型
不确定条件下的供应链网络优化模型

 导入案例

华为供应链网络优化：贪婪的未必是最优的

2018 年，华为供应链管理部安排 Tang 博士估算一下国内暂存仓究竟设置多少个合适。他花了一两周时间做了一个数学模型，来模拟显示暂存仓的数量对整体配送时效的影响。随后，他意识到这个模型可以继续拓展应用于华为在其他国家的物流网络规划上。

这要综合考虑综合成本和配送时效，在短时间内完成多级物流网络，包括港口、一级物流节点、二级物流节点、客户，并给出最优结果。这是一个很难的组合数学问题，如果用常规的方法，可能会陷入僵局，如贪婪算法容易陷入局部最优，而精确求解算法可能导致求解效率过低。

经过一段时间的思考和讨论，Tang 博士团队创造出一种基于改进变邻域搜索的多级物流网络规划方法。该方法的思路是兼顾时间和成本，取得一个接近最优的解。他们还为此申请了专利。

该方法使华为的全球物流网络布局不再是按照经验"拍脑袋"，而有了数字化算法引擎作为依据。对比业界同类型算法软件，一次建模分析从原来的 2~3 天缩短至 10 分钟，求解速度大大提升。

物流网络规划问题是一类 NP-hard 问题，而 Tang 博士团队通过巧妙的方式相对快速地获得了比较令人满意的解决方案。这件事让 Tang 博士很有成就感。贪婪的未必是最优的，最优的未必是最快的，真正好的算法，是要在众多约束条件之下取得一个相对的平衡。

资料来源：搜狐网。

第一节　供应链网络需求分析

一、制造商对供应链网络的需求

供应链网络设计
基础理论

制造商面临的供应链物流问题不仅与原料、配件供应紧密相关，而且与最终消费者息息相关。

由于供应链由消费者驱动，制造商往往对销售网络部分更为关注，如应该在什么时候生产什么产品，选择什么样的方式、什么样的渠道把生产好的产品按照客户的要求在适当的时间交付到客户手上。

制造企业供应链的节点包括供应商的仓库，制造商的工厂，销售商的商店、仓库、零售商店等，在外包物流条件下，还包括第三方物流服务商的仓库、中转仓、配送作业点等。企业在确定销售网络时，往往是根据产品销售市场的定位、各地的销售量确定业务点。制造商若将产品定位于高档产品，并优先选择大城市销售时，则销售网络以中心城市为节点；若定位于中低档产品，则销售网络以中小城市为节点。

一些大型企业自办物流，建有物流中心或配送中心，而中小企业则利用第三方物流服务商的公共物流设施为节点。为了形成较大且稳定的销售网络，有的制造厂家还在相关中心城市设置分公司管辖业务点。

二、分销商对供应链网络的需求

分销商大致可以分成两类：一类是纯粹为某一个生产商做分销的企业，具有强烈的排他性，这类分销商只起中间分销产品的作用；另一类是为多个生产商做产品分销，销售网络具有兼容性，同时满足不同产品的需要。

对供应链分销渠道来讲，分销商主要关心以下问题。

（1）把商品分销业务做得越多越好、越大越好，其前提就是分销商必须了解下游零售商的要求，如零售商到底要什么货，什么人、什么地区会要这个货，然后再组织分销。

（2）分销商的商品存货量越少越好、销售周转越快越好。

三、零售商对供应链网络的需求

零售是供应链网络中经营主体和客户交互的末端环节。零售商所关心的是产品的销售和使用，主要包括以下问题。

（1）应该进什么样的商品？应该卖什么样的商品？怎样选择商品组合不仅能带来营业额，还能带来效益？

（2）怎样使客户所需要的商品能够在商店里适时适量地得到？货进多了成本就高，可能卖不出去，货进早了或晚了都不行，都无法满足客户的需求。

（3）零售商向什么样的厂商、什么样的分销商去采购更合适？

（4）实行连锁经营的企业通过大批量采购和销售来降低成本，需要了解各个连锁店每天的销售情况和缺货情况，然后由配送中心补货、配货，并保证成本最低。因为零售商出售多个厂家的商品，所以采购环节相对来说对其更重要，哪家的商品好卖，哪家的商品提供得及时，这是零售商最关心的。

配送中心是从事配送业务的物流场所或组织，是典型的连锁经营网络节点。它一般符合以下要求：主要为特定的用户服务，配送功能健全，具有完善的信息网络，作业辐射范围小；主要进行多品种、小批量物流配送作业，以配送为主、储存为辅。

连锁经营通过配送中心与供应商、制造商和连锁店之间的关系支撑起完整的供应链网络。上海华联、联华、农工商超市集团等都建立有自己的配送中心，并利用外部力量形成连锁经营供应的配送体系，支持连锁经营的供应链运作。

四、物流服务商对供应链网络的需求

第三方物流服务商是专业化、网络化和现代化的供应链物流服务提供者。第三方物流服务商本身不从事货物、商品经营，而是通过客户的供应链提供系统化、个性化的物流服务，注重与客户建立长期合作关系，因而关心以下问题。

（1）客户物流的主要问题是什么？如何利用第三方物流服务的长处满足客户需求？

（2）解决物流成本居高不下的关键问题是什么？如高库存产生的费用、未形成规模经济、物流管理过程质量差造成的损失等。

（3）客户满意度下降的原因是什么？如不能准时交付商品、库存缺货等，如何去解决？

（4）客户销售停滞时，应用什么方式协助解决分销渠道不畅、供应链缺乏竞争力、新的区域市场缺乏渗透力等问题？

第三方物流网络节点一般有三层结构：全国性物流中心、区域物流中心（或配送中心）和客户销售（仓储）点。其典型的网络节点是物流中心。物流中心是从事物流活动的场所或组织，一般应符合如下要求：主要面向社会服务，物流功能健全，具有完善的信息网络，作业辐射范围大；主要进行少品种、大批量物流作业，存储、吞吐能力强，物流业务统一经营、管理等。

第二节　供应链网络设计的影响因素

战略因素、技术因素、宏观经济因素、政治因素、基础设施因素、竞争性因素、客户需求响应时间、物流和运营成本，都会影响供应链的网络设计决策。下面将详细分析这些因素的影响。

一、战略因素

企业的竞争战略对供应链网络设计有重要影响。强调生产成本的企业，趋向于在成本较低的地区布局生产设施，尽管这样做会使生产工厂远离其市场。例如，20 世纪 80 年代前期，许多服装生产厂为了降低成本而将工厂迁到了美国以外的国家，因为那里的劳动力成本更低廉。

强调反应能力的企业，趋向于在市场附近布局生产设施。如果这种布局能使企业对市场需求变化迅速做出反应，甚至不惜以高成本为代价。例如，意大利的服装生产厂家拥有弹性生产设施，能够迅速提供种类繁多的服装。一些注重反应能力的服装销售企业就不惜以较高的成本，来购进意大利生产厂家的服装。

跨国企业构建全球化的供应链网络，能更好地实现战略目标。例如，耐克公司在亚洲很多国家都建有工厂，设在中国和印度尼西亚的工厂具有成本优势，着眼于大批量生产廉价产品，而设在韩国的工厂具有快速反应能力，着眼于价格较高的新产品生产，这种差异化使耐克公司能够满足变化的市场需求，获得高额利润。

在设计全球化的供应链网络过程中，明确每一类设施的使命和战略作用非常重要。弗尔道斯（Ferdows）将全球供应链网络设施分为以下几类。

（1）沿海设施，以出口为目的的低成本生产工厂。对于布局国外市场的企业而言，沿海设施起到了低成本供应源的作用。沿海设施的位置选择，必须考虑劳动力成本和其他支出费用，以保证低成本。此外，一些亚洲发展中国家对出口产品有关税优惠政策，这些国家成为沿海设施的最佳选择地。

（2）原料地设施，着眼于全球制造的低成本工厂。原料地设施的首要作用仍然是低成本，但其重要性比沿海设施扩大了。作为整个全球网络的主要生产基地，原料地设施通常倾向于布局在生产成本较低、基础设施较好且熟练劳动力充足的地方。一个运行良好的沿海设施要经历一段时间才能演化为原料地设施。例如，耐克在韩国建设了沿海设施，然而，一段时间以后，随着新产品的开发和生产，产品销往世界各地，这些沿海设施将发展成为原料地设施。

（3）隔离性设施，地区性生产厂。隔离性设施的目标是为当地市场服务。其出现的原因是满足地方性需求、享受税收政策或降低采购成本。20世纪70年代后期，日本铃木公司与印度政府合作建立了马鲁帝公司。起初，该公司是作为一个隔离性生产基地建立的，只为印度市场生产汽车。马鲁帝公司生产的产品使用铃木商标，规避了在印度进口汽车的高额关税。

（4）贡献者设施，拥有技术开发能力的地区性生产基地。贡献者设施服务于当地市场，同时也承担着产品本地化、进行改良加工、产品革新和产品开发的责任。大多数隔离性设施经过一段时间的发展后，会成为贡献者设施。马鲁帝公司为印度和海外市场开发了许多新产品，已经发展成为一个贡献者设施。

（5）前哨型设施，为获取地方知识和技术而建立的区域性生产基地。虽然前哨型设施也起着隔离性设施的作用，但其定位主要是作为整个供应链网络的知识和技术的发源地。许多全球化公司不顾较高的成本，在日本设立了前哨型设施，主要是为了获取专业的知识和技术。

（6）领先型设施，在技术开发和加工中起先导作用的生产基地。领先型设施为整个供应链网络创造出新产品、新工艺和新技术。领先型设施通常布局在便于获取熟练劳动力和技术资源的地区。

二、技术因素

产品技术特征对供应链网络设计有显著影响。如果生产技术能带来显著的规模经济效益，那么布局少数大容量的设施是最有效的。计算机的芯片生产就是这样，由于生产建设投资巨大，因而大多数公司都建立数量极少但规模很大的芯片生产厂。

相反，如果设施建设的固定成本较低，就可以建立大量的地方性生产设施，这样做有助于降低运输成本。例如，可口可乐瓶生产厂的固定成本较低，可口可乐公司在世界各地都建有可口可乐瓶的生产厂，每个生产厂都能满足其周围地区的市场需求，从而节省了大量运费。

生产技术的灵活性也会影响供应链网络的集中程度。如果企业生产技术很稳定，但生产的产品具有国家或地区差异性，就需要在当地建立生产基地服务本地市场需求。相反，如果生产技术富有灵活性，在少数几个大生产基地生产产品，也能满足国际市场需求。

三、宏观经济因素

宏观经济因素包括税收、关税、汇率和其他经济因素。随着全球贸易增长和市场格局变化，宏观经济因素对供应链网络运行产生了很大影响。因此，企业在进行供应链网络设计时必须考虑这些因素。

1. 关税和税收减让

关税是指一国海关根据该国法律规定，对通过其关境的进出口货物征收的一种税收。

关税对供应链网络布局决策有很大影响。如果一个国家的关税高，企业要么放弃这个国家的市场，要么就在该国建设生产厂以规避关税。高关税导致供应链网络较为分散，如在更多的地方建立生产厂，配置在每个地方的生产厂的生产能力都较小。目前，在世界贸易组织和地区性协议（如北美洲的 NAFTA 和南美洲的 MERCOSUE 等）框架下，关税已经下降，企业通过在一国以外的生产厂向该国提供产品，无须支付高额的关税。因此，全球性企业可以集中布局生产和配送基地，这样虽然减少了生产基地数量，但生产能力却能得到保证。

2. 汇率和需求风险

在全球化背景下，汇率波动对供应链利润有显著影响。一家公司在美国销售其在日本生产的产品，就面临着日元升值的风险。在这种情形下，生产的成本用日元衡量，而收益却用美元衡量。因此日元升值将造成生产成本的增加，从而减少企业的利润。在 20 世纪 80 年代，许多日本厂商都面临着这一问题，这些厂商的生产厂大部分布局在日本，并服务于广阔的海外市场，但日元升值减少了这些厂商的收益，利润也随之下降。为此，许多日本厂商计划在世界各地建立生产基地，来应对日元升值带来的不利影响。

人们可以运用金融工具来化解汇率风险，因为金融工具可以限制或规避汇率波动带来的损失。而设计弹性的供应链网络，则提供了利用汇率波动增加利润的机会。一个有效的方法是，在供应链网络中配置一定冗余的生产能力，以使生产具有灵活性，从而满足不同市场的需求。这种灵活性使企业可以在供应链中改变产品的流向，并在当前汇率下在成本较低的生产基地生产更多的商品。

企业还必须考虑由于经济波动而导致的需求波动。举例来说，亚洲经济在 1996—1998 年增速放缓，在亚洲拥有生产基地的企业，如果供应链网络缺乏弹性，那么这些企业在亚洲地区的大量生产基地就会闲置。而具有较大灵活性的企业，却能利用这部分闲置的生产能力来满足其他地区的需求。1997 年之前，丰田在亚洲的装配线只能为当地市场提供产品，而亚洲危机促使丰田利用自己的生产基地满足其他国家的市场需求。

因此，在进行供应链网络设计时，企业必须使之具有弹性，以应对汇率波动和不同国家的经济波动。

四、政治因素

政治因素对供应链网络起着重要作用。企业倾向于将供应链网络设施布局在政局稳定的国家，因为这些国家的经济贸易规则较为完善、法制较为健全，有利于吸引国外企业投资建厂。由于政治稳定性很难量化评价，因此企业在设计供应链网络时大多只能进行主观评价。

五、基础设施因素

良好的基础设施是在特定区域进行供应链网络布局的先决条件，而不理想的基础设施会使企业的运营成本增加。例如，我国的北京、上海、广州等地的劳动力成本不菲、地价较高，但基础设施较为完善，这促使许多全球化大企业在这些地方设立总部或分支机构。关键的基础设施因素包括场地供给、劳动力供给、交通运输和地方性公共服务等。

六、竞争性因素

设计供应链网络时，企业必须考虑竞争对手的战略、规模和布局，一项基本的决策是：邻近还是远离竞争对手布局。

1. 积极外部性

积极外部性是指许多企业邻近布局使其均受益。积极外部性促使企业相互靠近布局。例如，加油站和肯德基零售店倾向于靠近布局，因为这样增加了客户总需求，使双方都受益。通过在一条商业街上集中布局品类相似的零售店，能方便顾客，使顾客只需要到一个地方，就可以买到他们需要的所有东西。这增加了这条商业街的客流量，进而增加了客户总需求。

另外，市场先入者建立的产业基础以及获得的市场机会，将会吸引其他企业进入市场，促进当地产业集群发展。例如，日本铃木公司率先在印度设立生产基地，付出很大努力在当地建立了供应链网络。其竞争对手了解到铃木公司在印度的设施布局，发现在印度生产汽车更划算，也随之在印度建立了装配厂。这些企业入驻印度后，有力带动了印度本土汽车制造业发展。

2. 为抢占市场而布局

在积极外部性不存在时，企业也可以集中布局，以攫取最大可能的市场份额。当企业不能控制价格，而只是在与客户距离的远近上互相竞争时，他们就能通过邻近布局方式获取最大的市场份额。假设客户均匀地分布在（0,1）区间上，两个企业通过与客户距离的远近进行竞争。客户总是愿意光顾最近的一家企业，并且当与两家企业的距离相等时，客户则在二者之间平均分配。如果总需求为1，企业1布局在点 a，企业2布局在点 b，那么两个企业的需求 d_1 和 d_2 分别为

$$d_1 = \frac{1-b+a}{2}, \quad d_2 = \frac{1-a+b}{2}$$

显然，如果两家企业能更近地布局，最终使得 $a=b=1/2$ 时，两家企业就能将自身的市场份额最大化。

如果企业在价格上进行竞争，而且承担向客户送货的成本，那么最优的布局应该是竞争者相互之间尽可能离得远一些。相互远离的布局模式减少了价格竞争，有利于企业瓜分市场，实现利润最大化。

七、客户需求响应时间

设计供应链网络时，企业必须考虑客户需求的响应时间。客户若能容忍较长的响应时间，那么企业就能集中力量提升设施的生产能力。相反，如果客户认为较短的响应时间很重要，那么企业的生产厂或仓库就必须布局在离客户较近的地方，以此来缩短响应客户的时间。

举例来说，如果便利店距离顾客较远，顾客可能就不会光顾。因此，便利店最好能在区域内分散布局，以便让更多的人靠近。相反，购买较多东西的顾客可能会去超级市场，尽管需要走很长一段路才能到达。因此，超级市场一般比便利店规模要大，分布上也不那

么密集。大多数情况下，便利店的数目比超级市场多。

八、物流和运营成本

当供应链网络中的设施数量、设施布局和生产能力配置发生变化时，企业的物流成本也会发生变化。进行供应链网络设计时，企业必须考虑库存成本、运输成本和其他成本。

1. 库存成本

当供应链设施数量增加时，库存及由此引起的库存成本就会增加。为减少库存成本，企业经常会尽量合并设施，以减少设施数量。

2. 运输成本

进货运输成本是指向生产厂运进原材料时发生的成本。送货运输成本是指从生产厂送出货物时发生的成本。单位送货成本一般比单位进货成本高，因为进货量一般较大。举例来说，在进货方面，亚马逊公司的仓库会收到整车装运的书，但送货时却只向顾客寄出一个小包裹，一般只有几本书。增加仓库数量就能离顾客更近，从而缩短送货距离。因此，增加仓库数量就能减少运输成本。但是，如果仓库数量增加到一定数目，使得批量进货规模很小时，仓库数量的增加也会使运输成本增加。

一般情况下，随着加工过程的深化，原材料的重量和体积显著减小，那么能在靠近原材料供应地处布局生产厂将比靠近客户处布局好。例如，利用铁矿石炼钢，生产出的产品重量只是投入的铁矿石的很小一部分。因此，在原材料供应地附近布局炼钢厂更具经济性，这样减少了大量铁矿石需要运输的距离。

3. 设施建设和运营成本

企业的生产成本一般分为两类：固定成本和可变成本。设施建设成本和租赁成本被当作固定成本，因为短期内它们不随产量或物流量改变。与生产或仓库运营相关的成本随加工数量的变化而变化，因此被当作可变成本。一般来说，设施成本随着设施数量的减少而减少。

第三节　供应链网络设计的步骤

一、分析市场竞争环境

分析市场竞争环境就要分析目前市场需要什么产品、需求有多大，决定是开发功能性产品，还是开发革新性产品。如果开发功能性产品，则要进行竞争对手分析，包括了解谁是竞争对手，竞争对手的实力如何，竞争对手能做什么、正在做什么和将要做什么，以及本产品未来可能的市场占有率等；如果开发革新性产品，则要注重分析客户需求偏好。分析市场竞争环境是供应链网络设计的第一步，它需要花费相当大的人力、财力和时间。在进行分析时，要善于利用先进的数据处理软件，如经营环境扫描、技术跟踪软件包等，在复杂的市场环境中发现具有前瞻性的规律。分析的输出结果是按需求量排列的产品

供应链网络构成

类型和每一类产品按重要性排列的市场特征，同时应对市场不确定性和需求变化趋势做出分析和评价。

二、分析企业现状

分析企业现状主要是分析企业当前的管理状况。如果企业本身已在供应链中，则重点分析所处的供应链状况，包括供应链的管理、效率和所带来的利润，以及发展前景，如现有的供应链能否实现最快的客户响应、最小的成本、最高的效率和最优的资产使用结构。此外，还要分析企业在供应链中的地位、企业自身的适应能力和发展能力。如果对一个企业来说，它加入某个供应链比不加入该供应链更糟糕，或者某个供应链可以用另外一个更好的供应链来替代，那么可以认为，该供应链的现状是令人不满的。

三、提出供应链网络设计目标和策略

供应链网络一旦构建完成，应在一定时期内具有稳定性。为此，应当预先提出明确的设计目标。供应链网络的设计目标主要包括：①进入新市场；②开发新产品；③客户关系管理；④市场营销分析；⑤降低成本。

但这并不意味着供应链网络设计完成后，企业就可万事大吉。在竞争激烈的市场环境下，为了向客户提供差异性产品以获取利润，供应链的变动和发展在所难免。目标设定好后，要根据特定的目标制定相应的策略。

四、分析和评价可能性

在制定了供应链网络设计目标和策略后，要结合企业的实力，对设计方案进行可行性分析。这需要一个过程，如果认为可行，则继续往下执行；如果认为不可行，则要反馈到上一个环节重新设计供应链的目标和策略。

五、设计和产生新的供应链网络

新的供应链网络主要解决以下问题。

（1）供应链的成员结构，包括供应商、制造商、分销商和用户的选择和定位。

（2）用户需求和产品销售能力分析。

（3）原材料的采购，包括数量、价格、运输方式的确定。

（4）生产设计，包括生产工艺流程、生产能力、生产计划、作业计划、库存管理的确定。

（5）信息系统设计。供应链是通过信息系统集成的一个整体。信息系统则是确保产品从原料到生产再到送达用户手中的全流程畅通无阻的保障。

供应链网络设计
优化方法（1）

供应链网络设计
优化方法（2）

六、检验供应链网络

供应链网络设计出来后，应通过一定的方法进行测试、试运行，如果发现结果与设计目标不一致，则需重新设计。如果没有问题，则可以用于实践。

以上各步骤都会用到相应的信息技术和工具。信息技术为供应链网络设计打下了良好的基础。另外，在供应链网络设计过程中的每一步，都要不断地与现有的供应链网络进行比较，通过这种反馈，能保证供应链网络设计的先进性、前瞻性和经济性。

综上所述，供应链网络设计流程如图 3.1 所示。

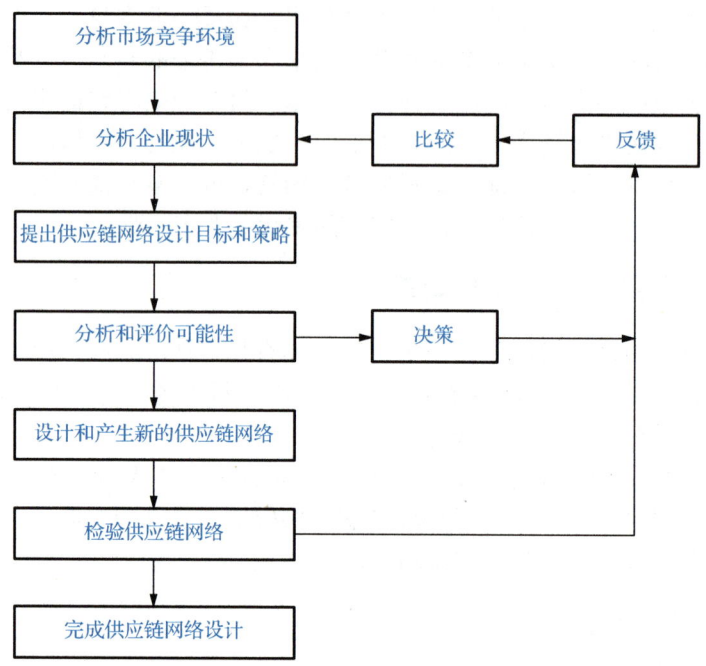

图 3.1　供应链网络设计流程

第四节　设施布局和能力配置模型

供应链网络中心的设施布局和能力配置的目标应当是使整个供应链网络效益最大化。在进行设施布局和能力配置前，应当获取以下信息。

（1）供应源和市场的位置。

（2）潜在的设施地点。

（3）市场需求预测。

（4）每一地点的设施成本、劳动力成本和原材料成本。

（5）任意两个设施之间的运输成本。

（6）每一地点的库存成本及其与设施数量的关系。

获得这些信息后，就可以运用重心法选址模型和网络优化模型进行设施布局和能力配置了。

一、重心法选址模型

某一生产工厂从供应商处获得原材料，并向市场提供最终产品。可以运用重心法选址模型为该生产工厂选定地址。重心法选址模型用于选择一个位置，使从供应商处运来原材料的运输成本以及向市场提供最终产品的运输成本之和最小。假设供应商和市场的位置都可以在坐标系中用点表示，并且运输成本随运输量的增加呈线性增加。

符号定义：

k 为迭代次数；

N 为供应商或市场的数量；

x_n 和 y_n 为供应商或市场 n 的坐标；

F_n 为运输单位产品的单位距离运输价格；

D_n 为供应商或市场 n 与生产工厂之间的运输量；

d_n 为生产工厂与供应商或市场 n 之间的距离；

TC 为总运输成本。

如果点 (x, y) 是为选定的生产工厂位置，则总运输成本可以表示为

$$TC = \sum_{n=1}^{N} d_n D_n F_n \tag{3.1}$$

其中

$$d_n = \sqrt{(x - x_n)^2 + (y - y_n)^2} \tag{3.2}$$

要想使总运输成本最小，TC 函数需满足极值存在条件，令 TC 对 x、y 的一阶偏导数分别为零，得到

$$x = \frac{\sum_{n=1}^{N} \frac{D_n F_n x_n}{d_n}}{\sum_{n=1}^{N} \frac{D_n F_n}{d_n}} \qquad y = \frac{\sum_{n=1}^{N} \frac{D_n F_n y_n}{d_n}}{\sum_{n=1}^{N} \frac{D_n F_n}{d_n}} \tag{3.3}$$

然后，在式（3.3）中 d_n 仍含有未知数 x、y，无法直接得到该点坐标。因此，通过步骤迭代计算出使总运输成本最小的生产工厂位置。

（1）先确定生产工厂初始位置 (x_0, y_0)，其中

$$x_0 = \frac{\sum_{n=1}^{N} D_n F_n x_n}{\sum_{n=1}^{N} D_n F_n}, \quad y_0 = \frac{\sum_{n=1}^{N} D_n F_n y_n}{\sum_{n=1}^{N} D_n F_n} \tag{3.4}$$

（2）根据式（3.2）计算生产工厂到每一供应商或市场 n 的距离 d_n。

（3）将各 d_n 值代入式（3.1）得到 TC_k 值。

（4）如果相邻两次迭代总运输成本满足 $TC_{k+1} \geq TC_k$，则停止运算。否则，令 $(x_0, y_0) = (x', y')$，$k = k+1$，返回步骤（2）。

【例 3-1】 某公司是冰箱和厨房用具生产商，在东北地区有一个生产工厂，该生产工厂的产能满足全国的市场需求。由于市场需求迅速增长，该公司决定建立一个新生产工厂，以满足东部市场的需求。该公司负责人要为新生产工厂选一个合适的地址。3 个配件厂分别位于地点 S_1、S_2 和 S_3，它们将向新生产工厂提供配件。新生产工厂将为位于 D_1、D_2、D_3、D_4 和 D_5 的市场提供产品。表 3.1 给出了供应商或市场的位置坐标、配件厂供应量、市场需求量以及单位运输成本情况。

表 3.1　某公司新生产工厂配件供应和产品市场需求

供应商/市场位置	运输成本 F_n /(元/吨千米)	运输量 D_n /吨	坐标	
			x_n	y_n
供应商位置				
S_1	0.90	500	700	1 200
S_2	0.95	300	250	600
S_3	0.85	700	225	825
市场位置				
D_1	1.5	225	600	500
D_2	1.5	150	1 050	1 200
D_3	1.5	250	800	300
D_4	1.5	175	925	975
D_5	1.5	300	1 000	1 080

利用重心法选址模型进行工厂选址决策。根据式（3.4）计算生产工厂的初始位置为 (655,837)，进行第一轮计算，得到 $TC_1=1854215$，$(x',y')=(772,574)$，则将该点作为新一轮计算的初始位置，重复步骤（2）、（3），经 11 次迭代得到使总运费最小的工厂位置 (714,309)，如表 3.2 所示。

表 3.2　重心法选址计算

k	x	y	TC_k
1	655	837	1854215
2	772	574	1523764
3	722	452	1419440
4	700	389	1389383
5	701	354	1379959
6	706	333	1376297
7	710	321	1375060
8	712	315	1374730
9	713	312	1374643
10	714	310	1374613
11	714	309	1374610

重心法选址模型得到的最佳位置也许在实际中并不可行，但如果找到一个邻近的位置，接近于这一模型得出的结果，管理者就可以将工厂选址于此。

二、确定条件下的供应链网络优化模型

供应链网络通常包括供应商、制造商、配送中心和零售商，还可能有转运点之类的中介设施。典型的供应链网络如图 3.2 所示。

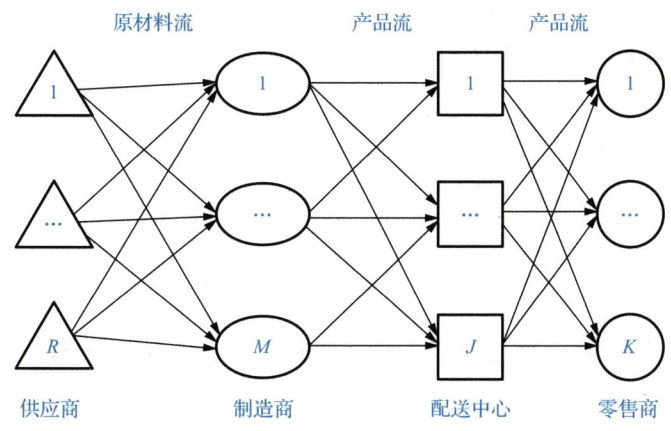

图 3.2 供应链网络

除了进行设施布局，管理者还需考虑市场与仓库之间的物流服务分配以及仓库与生产厂之间的物流服务分配。配置决策将随着成本变化和市场变化而进行调整。进行供应链网络设计时，选址决策和配置决策是联合进行的。每一设施都涉及与生产、运输和库存相关的固定成本和可变成本。固定成本指与产量和运量无关的成本。可变成本则指在给定设施中那些与产量或运量成比例变化的成本。可变成本、运费和库存成本通常具有规模经济，即随着生产规模的扩大，边际成本将会下降。但在本书中，所有可变成本随产量或运量呈线性变化，即不考虑规模经济。

1. 需求分配模型

【例3-2】计算 6 个生产工厂和 8 个客户的最小运输成本问题。产销及单位运价如表 3.3 所示。

表 3.3 产销及单位运价表　　　　　单位：元/吨千米

生产工厂位置	B_1	B_2	B_3	B_4	B_5	B_6	B_7	B_8	产量/吨
A_1	6	2	6	7	4	2	5	9	60
A_2	4	9	5	3	8	5	8	2	55
A_3	5	2	1	9	7	4	3	3	51
A_4	7	6	7	3	9	2	7	1	43
A_5	2	3	9	5	7	2	6	5	41
A_6	5	5	2	2	8	1	4	3	52
需求量/吨	35	37	22	32	41	32	43	38	

符号定义：

n 为生产工厂数量；

m 为客户数量；

D_j 为客户 j 的需求量；

K_i 为生产工厂 i 的生产能力；

C_{ij} 为生产工厂 i 到客户 j 的运输成本；

vol_{ij} 为生产工厂 i 到客户 j 的运输量，该变量为决策变量。

根据题意，建立线性规划模型为

$$\min \sum_{i=1}^{n}\sum_{j=1}^{m} C_{ij} vol_{ij} \tag{3.5}$$

$$\sum_{i=1}^{n} vol_{ij} = D_j \quad j=1,\cdots,m \tag{3.6}$$

$$\sum_{j=1}^{m} vol_{ij} = K_i \quad i=1,\cdots,n \tag{3.7}$$

式（3.5）为目标函数，使运输成本最小，式（3.6）为需求平衡约束，式（3.7）为产能约束。

利用 LINGO 程序，求得最小运输成本为 664，生产工厂与客户之间的运输量如表 3.4 所示。其中，生产工厂 2 的产量为 55 吨，向客户发运量为 33，还有部分供应能力，而其他生产工厂均达到产销平衡。

表 3.4　产销运输方案

生产工厂	客户								产量/吨
	1	2	3	4	5	6	7	8	
1		19			41				60
2	1			32					55
3		11					40		51
4						5		38	43
5	34	7							41
6			22			27	3		52
需求量/吨	35	37	22	32	41	32	43	38	

2. 生产工厂布局——生产能力既定的布局模型

当企业打算对现有供应链网络进行调整时，需要对是否关停某些节点以及需求分配进行决策，以保证整个供应链网络效益最大。

【例 3-3】设有 3 个候选生产工厂，开办成本 F 分别为 91、70、24，生产能力 K 分别为 39、35、31，现有 4 个客户，需求量 D 分别为 15、17、22、12，候选生产工厂到客户的单位运费矩阵 $C = \begin{bmatrix} 6 & 2 & 6 & 7 \\ 4 & 9 & 5 & 3 \\ 8 & 8 & 1 & 5 \end{bmatrix}$，确定生产工厂布局和运输分配方案使供应链成本最小。

符号定义：

F_i 为生产工厂 i 的开办成本；

y_i 为生产工厂开/关决策变量，如生产工厂 i 开设，则 $y_i=1$，否则 $y_i=0$；

n，m，D_j，K_i，C_{ij}，vol_{ij} 的含义同例 3-2 中的含义，本例的决策变量为 y_i 和 vol_{ij}。

根据题意，建立模型为

$$\min z = \sum_{i=1}^{n} F_i y_i + \sum_{i=1}^{n}\sum_{j=1}^{m} c_{ij}\mathrm{vol}_{ij} \tag{3.8}$$

$$\sum_{i=1}^{n}\mathrm{vol}_{ij} \geqslant D_j \quad j=1,2,\cdots,m \tag{3.9}$$

$$\sum_{j=1}^{m}\mathrm{vol}_{ij} \leqslant y_i K_i \quad i=1,2,\cdots,n \tag{3.10}$$

$$y_i \in \{0,1\} \quad i=1,2,\cdots,n \tag{3.11}$$

式（3.8）为目标函数，使供应链网络建设和运营总成本最小。式（3.9）保证所有客户的需求都能得到满足。式（3.10）确保每一个生产工厂的产品生产量不得超过其生产能力。显然，如果生产工厂被关闭，则生产能力为 0；如果生产工厂运营，则生产能力为 K_i。$y_i K_i$ 恰当地表明了这一点。式（3.11）将生产工厂分为运营(y_i=1)或关闭(y_i=0)两类。这一解决方案将明确哪些生产工厂继续运营，并将市场需求分配给这些生产工厂。

利用 LINGO 程序，得到生产工厂布局和运输分配方案如表 3.5 所示，从中可以看出，生产工厂 2 关闭，而生产工厂 1 产能大于需求，生产工厂 3 产能和需求是平衡的。

表 3.5　生产工厂布局和运输分配方案

生产工厂	客户				产量/吨
	1	2	3	4	
1	15	17		3	39
2					35
3			22	9	31
需求量/吨	15	17	22	12	
最小供应链成本	327				

如果规定每个客户的需求只能由一家生产工厂满足，则上述模型可修改为

$$\min z = \sum_{i=1}^{n} F_i y_i + \sum_{i=1}^{n}\sum_{j=1}^{m} c_{ij}\mathrm{vol}_{ij}$$

$$\sum_{i=1}^{n}\mathrm{vol}_{ij} \geqslant D_j \quad j=1,2,\cdots,m$$

$$\sum_{j=1}^{m}\mathrm{vol}_{ij} \leqslant y_i K_i \quad i=1,2,\cdots,n$$

$$\sum_{i=1}^{n} x_{ij} = 1 \quad j=1,2,\cdots,m$$

$$x_{ij} \leqslant y_i \quad i=1,2,\cdots,n; j=1,2,\cdots,m$$

$$\mathrm{vol}_{ij} \leqslant M x_{ij}, M \text{为足够大的整数}$$

$$x_{ij}, y_i \in \{0,1\} \quad i=1,2,\cdots,n$$

其中，x_{ij} 为 0-1 决策变量，x_{ij}=1 表示生产工厂 i 为客户 j 服务；否则生产工厂 i 不为客户 j 服务。求解略。

3. 生产工厂和仓库同时布局

如果要设计从供应链到客户的整个供应链网络，就要考虑更一般的生产工厂布局模型了。假设有这样一个供应链网络：供应商向生产工厂提供原材料，生产工厂设有为市场服务的仓库，必须为生产工厂和仓库同时做出布局和能力配置决策。同样假设供应商每一个单位的投入能产出一个单位的最终产品。

符号定义：

m 为客户数量；

n 为潜在生产工厂的数量；

l 为供应商数量；

t 为潜在仓库的数量；

D_j 为客户 j 的需求量；

K_i 为位置在 i 处的生产工厂的生产能力；

S_h 为供应商 h 的年供应能力；

W_e 为布局在 e 点的仓库存储能力；

F_i 为布局在 i 点的生产工厂的年固定成本；

f_e 为布局在 e 点的仓库的年固定成本；

C_{hi} 为从供应商 h 到生产工厂 i 的运输成本；

C_{ie} 为从生产工厂 i 到仓库 e 的运输成本；

C_{ej} 为从仓库 e 到客户 j 的运输成本。

这一布局问题的目标是确定生产工厂和仓库的位置，以及不同位置之间的运输量，以减少供应链网络的总成本。

决策变量定义：

$y_i \in \{0,1\}$，如果生产工厂布局在 i 点，为 1，否则为 0；

$y_e \in \{0,1\}$，如果仓库布局在 e 点，为 1，否则为 0；

x_{ej} 为每年从 e 点的仓库运送给客户 j 的货物数量；

x_{ie} 为每年从 i 点的生产工厂运到 e 点的仓库的货物数量；

x_{hi} 为每年从 h 点的供应商运到 i 点的生产工厂的原材料数量。

据此可构建模型为

$$\min \sum_{i=1}^{n} f_i y_i + \sum_{e=1}^{t} f_e y_e + \sum_{h=1}^{l} \sum_{i=1}^{n} C_{hi} x_{hi} + \sum_{i=1}^{n} \sum_{e=1}^{t} C_{ie} x_{ie} + \sum_{e=1}^{t} \sum_{j=1}^{m} C_{ej} x_{ej} \qquad (3.12)$$

$$\sum_{i=1}^{n} x_{hi} \leqslant S_h \quad h=1,\cdots,l \qquad (3.13)$$

$$\sum_{h=1}^{l} x_{hi} - \sum_{e=1}^{t} x_{ie} \geqslant 0 \quad i=1,\cdots,n \qquad (3.14)$$

$$\sum_{e=1}^{t} x_{ie} \leqslant K_i y_i \quad i=1,\cdots,n \qquad (3.15)$$

$$\sum_{i=1}^{n} x_{ie} - \sum_{j=1}^{m} x_{ej} \geqslant 0 \quad e=1,\cdots,t \qquad (3.16)$$

$$\sum_{j=1}^{m} x_{ej} \leqslant W_e y_e \quad e = 1, \cdots, t \qquad (3.17)$$

$$\sum_{j=1}^{m} x_{ej} = D_j \quad j = 1, \cdots, m \qquad (3.18)$$

$$y_i, y_e \in \{0,1\} \quad i = 1, \cdots, n; \ e = 1, \cdots, t \qquad (3.19)$$

式（3.12）为目标函数，使供应链网络的总成本最小。式（3.13）限定从供应商运到生产工厂的原材料不能超过供应商的供应能力。式（3.14）限定生产工厂运出货物的数量不能大于原材料的输入量。式（3.15）限定生产工厂的产量不能超过其生产能力。式（3.16）限定仓库的发货量不能超过来自生产工厂的货物总量。式（3.17）限定经过仓库的货物总量不能超过其仓库容量。式（3.18）确保所有客户的需求都能得到满足。式（3.19）表示生产工厂或仓库要么关闭要么运营。

三、不确定条件下的供应链网络优化模型

供应链网络的鲁棒性，是供应链网络在受到内部运作和外部突发事件等不确定性因素的干扰下，仍然能保持供应链持续运行的能力。研究不确定条件下供应链网络的优化，构建具有高鲁棒性的供应链网络，对于抵御供应链运作风险具有重要的作用。

【例 3-4】　考虑在需求不确定条件下，供应商、制造商、配送中心、零售商所构成的供应链系统如何合理规划产供销方案。假设存在 L 个候选供应商、M 个制造商、J 个候选配送中心、K 个零售商（客户）、R 种物料、I 种产品。物流方向为：原材料从供应商到制造商，制造商生产产品，产品由制造商运送到配送中心，再经配送中心送给零售商。所要解决的问题如下。

（1）供应链节点选择，主要涉及供应商、配送中心的选择。考虑到尽可能规避供应风险，不允许单源采购，即每个制造商至少选择两个供应商。配送中心选择考虑固定成本影响。

（2）产供销方案。确定供应商原材料供应计划、制造商生产计划、制造商运输计划、配送中心配送计划。对于配送中心，规定其服务范围与其设计的最大允许能力成正比。

（3）在需求不确定条件下，考虑配送中心固定成本、库存成本、各环节运输成本及零售商缺货成本影响，确定以供应链网络总成本最低为目标的供应链网络设计方案。

建模过程如下。

（1）符号定义。

索引：

l 为供应商编号，$l \in L = \{1, 2, \cdots, L\}$；

m 为制造商编号，$m \in M = \{1, 2, \cdots, M\}$；

j 为配送中心编号，$j \in J = \{1, 2, \cdots, J\}$；

k 为零售商编号，$k \in K = \{1, 2, \cdots, K\}$；

i 为产品编号，$i \in I = \{1, 2, \cdots, I\}$；

r 为原材料编号，$r \in R = \{1, 2, \cdots, R\}$；

ξ 为情景编号，$\xi \in \Omega = \{1, 2, \cdots, \Omega\}$。

决策变量：

$X_l = 1$，供应商 l 被选择进入供应链系统，否则 $X_l = 0$；

Z_j =1，配送中心 j 被选择修建，否则 Z_j =0；

X_{lm} =1，制造商 m 由供应商 l 提供原材料，即连接（l,m）存在，否则 X_{lm} =0；

y_{mj} =1，配送中心 j 由制造商 m 提供产品，即连接（m,j）存在，否则 y_{mj} =0；

z_{jk} =1，零售商 k 的需求由配送中心 j 提供，即连接（j,k）存在，否则 z_{jk} =0；

w_{im} =1，产品 i 由制造商 m 生产，否则 w_{im} =0。

连续型变量：

p_{im} 为制造商 m 生产产品 i 的数量；

q_{rlm} 为供应商 l 为制造商 m 提供的原材料 r 的数量；

δ_{ik}^{ξ} 为情景 ξ 下零售商 k 对产品 i 的需求得不到满足的数量；

θ_{ξ} 为情景 ξ 下的调解变量；

Q_{imj} 为制造商 m 为配送中心 j 提供的产品 i 的数量；

Q_{ijk}^{ξ} 为情景 ξ 下配送中心 j 为零售商 k 提供的产品 i 的数量；

CD_j 为配送中心 j 的能力配置。

常量符号：

p_{ξ} 为情景 ξ 发生的概率；

D_{ik}^{ξ} 为情景 ξ 下零售商 k 对产品 i 的需求；

β 为零售商服务水平；

λ 为权重系数；

B_{irm} 为制造商 m 生产单位产品 i 所需原材料 r 的消耗量；

CAP_{rl} 为供应商 l 可提供的原材料 r 的数量（最大原材料供应量）；

S_l 为供应商 l 运营所产生的固定成本；

G_j 为候选位置 j 处建立配送中心的固定成本；

C_{rl}^{R} 为供应商 l 提供原材料 r 的单位成本；

C_{im}^{FM} 为制造商 m 开工生产产品 i 的固定成本；

C_{im}^{VM} 为制造商 m 生产单位产品 i 的成本；

c_{rlm} 为原材料 r 从供应商 l 至制造商 m 的运输费率；

c_{imj} 为产品 i 从制造商 m 至配送中心 j 的运输费率；

c_{ijk} 为产品 i 从配送中心 j 至零售商 k 的运输费率；

d_{lm} 为供应商 l 至制造商 m 的距离；

d_{mj} 为制造商 m 至配送中心 j 的距离；

d_{jk} 为配送中心 j 至零售商 k 的距离；

CI_{ij} 为产品 i 在配送中心 j 的单位库存持有成本；

$q_{lm}^{\min}$ 为供应商 l 对制造商 m 供应量的下界；

$q_{rlm}^{\min}$ 为供应商 l 对制造商 m 供应原材料 r 的最小数量；

$Q_{mj}^{\min}$ 为制造商 m 对配送中心 j 供应量的下界；

$Q_{jk}^{\min}$ 为配送中心 j 对零售商 k 供应量的下界；

$p_{im}^{\min}$ 为制造商 m 生产产品 i 的最小约束;

$p_{im}^{\max}$ 为制造商 m 生产产品 i 的最大约束;

$\mathrm{CD}_j^{\min}$ 为配送中心 j 配送能力的最小约束;

$\mathrm{CD}_j^{\max}$ 为配送中心 j 配送能力的最大约束;

Ma 为足够大的正整数。

（2）不确定条件下供应链网络设计模型。

目标函数:

$$\min[\mathrm{TCF} + \mathrm{TCR} + \mathrm{TCM} + \sum_{\xi=1}^{\Omega} p_\xi (\mathrm{TCT}^\xi + \mathrm{TCI}^\xi)] +$$

$$\lambda \sum_{\xi=1}^{\Omega} p_\xi [(\mathrm{TCT}^\xi + \mathrm{TCI}^\xi) - (\mathrm{TCT} + \mathrm{TCI}) + 2\theta_\xi] + \mathrm{TCSH}$$

约束条件:

$$X_l \geqslant x_{lm} \tag{3.20}$$

$$Z_j \geqslant y_{mj} \tag{3.21}$$

$$Z_j \geqslant z_{jk} \tag{3.22}$$

$$\sum_{m=1}^{M} w_{im} \geqslant 1 \tag{3.23}$$

$$\sum_{i=1}^{I} w_{im} \geqslant 1 \tag{3.24}$$

$$\sum_{l=1}^{L} x_{lm} \geqslant 2 \tag{3.25}$$

$$q_{rlm} \leqslant \mathrm{Max}_{lm} \tag{3.26}$$

$$\sum_{r=1}^{R} q_{rlm} \geqslant q_{lm}^{\min} x_{lm} \tag{3.27}$$

$$q_{rlm} \geqslant q_{rlm}^{\min} x_{lm} \tag{3.28}$$

$$Q_{imj} \leqslant \mathrm{May}_{mj} \tag{3.29}$$

$$Q_{ijk}^\xi \leqslant \mathrm{Ma}Z_{jk} \tag{3.30}$$

$$\sum_{i=1}^{I} Q_{imj} \geqslant Q_{mj}^{\min} y_{mj} \tag{3.31}$$

$$\sum_{i=1}^{I} Q_{ijk}^{\min} \geqslant Q_{jk}^{\min} z_{jk} \tag{3.32}$$

$$\sum_{i=1}^{I} p_{im} B_{imr} = \sum_{l} q_{rlm} \tag{3.33}$$

$$\sum_{m=1}^{M} q_{rlm} \leqslant \mathrm{CAP}_{rl} \tag{3.34}$$

$$P_{im} = \sum_{j} Q_{imj} \tag{3.35}$$

$$\sum_{m=1}^{M} Q_{imj} = \sum_{k} Q_{ijk} \qquad (3.36)$$

$$\sum_{j=1}^{J} Q_{ijk}^{\xi} + \delta_{ik}^{\xi} = D_{ik}^{\xi} \qquad (3.37)$$

$$\delta_{ik}^{\xi} \leqslant (1 - \beta) D_{ik}^{\xi} \qquad (3.38)$$

$$p_{im}^{\min} w_{im} \leqslant p_{im} \leqslant p_{im}^{\max} w_{im} \qquad (3.39)$$

$$\sum_{i=1}^{I} \sum_{k=1}^{K} \eta_{ij} Q_{ijk}^{\xi} \leqslant \mathrm{CD}_{j} \qquad (3.40)$$

$$\mathrm{CD}_{j}^{\min} Z_{j} \leqslant \mathrm{CD}_{j} \leqslant \mathrm{CD}_{j}^{\max} Z_{j} \qquad (3.41)$$

$$(\mathrm{TCT}^{\xi} + \mathrm{TCI}^{\xi}) - (\mathrm{TCT} + \mathrm{TCI}) + \theta_{\xi} \geqslant 0 \qquad (3.42)$$

$$p_{im}, q_{rlm}, Q_{imj}, Q_{ijk}^{\xi}, \mathrm{CD}_{j}, \delta_{ik}^{\xi}, \theta_{\xi} \geqslant 0 \qquad (3.43)$$

$$X_{l}, Z_{j}, X_{lm}, y_{mj}, z_{jk}, w_{im} \in (0,1) \qquad (3.44)$$

其中：

$\mathrm{TCF} = \sum_{l=1}^{L} S_{l} X_{l} + \sum_{j=1}^{J} G_{j} X_{j} + \sum_{i=1}^{I} \sum_{m=1}^{M} C_{im}^{\mathrm{FM}} w_{im}$，表示供应商运营所产生的固定成本、配送中心的修建成本、制造商生产产品的开工成本的总和；

$\mathrm{TCR} = \sum_{r=1}^{R} \sum_{l=1}^{L} \sum_{m=1}^{M} C_{rl}^{R} q_{rlm}$，表示供应商原材料成本；

$\mathrm{TCM} = \sum_{i=1}^{I} \sum_{m=1}^{m} C_{im}^{\mathrm{VM}} p_{im}$，表示制造商生产成本；

$\mathrm{TCT} = \sum_{r=1}^{R} \sum_{l=1}^{L} \sum_{m=1}^{M} q_{rlm} c_{rlm} d_{lm} + \sum_{i=1}^{I} \sum_{m=1}^{M} \sum_{j=1}^{J} Q_{imj} c_{rmj} d_{mj} + \sum_{\xi=1}^{\Omega} \sum_{i=1}^{I} \sum_{j=1}^{J} \sum_{k=1}^{K} P_{\xi} Q_{ijk}^{\xi} c_{ijk} d_{jk}$，表示供应链运输成本；

$\mathrm{TCI} = \sum_{\xi=1}^{\Omega} \sum_{i=1}^{I} \sum_{j=1}^{J} \sum_{k=1}^{K} p_{\xi} \mathrm{CI}_{ij} Q_{ijk}^{\xi}$，表示配送中心保管成本；

$\mathrm{TCSH} = \omega \sum_{\xi=1}^{\Omega} \sum_{i=1}^{I} \sum_{k=1}^{K} p_{\xi} \delta_{ik}^{\xi}$，表示供应链缺货成本。

式（3.20）～式（3.22）表示供应链网络结构约束，即节点之间的连接存在的前提是节点被选择；

式（3.23）表示任意产品 i 均被制造商生产，且可能被多家制造商生产；

式（3.24）规定制造商 m 至少生产一种产品；

式（3.25）规定每个制造商至少选择两个供应商；

式（3.26）表示供应商 l 至制造商 m 对原材料 r 的运输存在的前提是连接 (l, m) 存在；

式（3.27）规定原材料供应量往往有最小要求量；

式（3.28）规定制造商向供应商采购原材料量的最低限制；

式（3.29）～式（3.34）规定了制造商和配送中心、配送中心和零售商之间需满足运输量与连接关系、最小运输量约束；

式（3.35）～式（3.39）为物料、产品流量平衡条件；

式（3.40）规定配送中心对零售商 k 的服务水平不能低于目标值；

式（3.41）～式（3.42）规定制造商和配送中心能力限制；

式（3.43）规定了变量的非负限制。

本 章 小 结

供应链网络设计的目标是实现供应链网络效益的最大化。供应链网络设计必须考虑战略因素、技术因素、宏观经济因素、政治因素、基础设施因素、竞争性因素、客户需求响应时间、物流和运营成本。在进行设施布局时，必须依据基础设施状况，选择潜在的有吸引力的地址，在选择过程中要考虑到需求、物流成本、影响因素成本和不同市场的边际效益。

运用重心法选址模型确定各种设施的位置，能使进货和送货的总运输成本最小。这种方法简单易行，但没有考虑到其他重要成本。确定条件下的供应链网络优化模型考虑到了利润贡献，以及生产、运输和库存成本，因而被用来实现利润最大化。这些模型对于解决设施布局、能力配置和设施之间的服务分配非常有用。但在现实中，供应链经常面临许多不确定因素，因此供应链网络设计应当具有一定的弹性，能够防御风险。

 关键术语

供应链网络设计 supply chain network design 不确定性 uncertainty

重心法 the center -of -gravity method 能力配置 capacity configuration

生产成本 production cost 固定设施成本 fixed facility cost

习 题

一、填空题

1. 全球供应链网络设施分为沿海设施、_____、_____、_____、_____、_____六类。

2. 影响供应链网络选址的宏观经济因素包括_____、_____、_____和其他经济因素。

3. 供应链网络的设计目标主要包括进入新市场、_____、_____、_____、_____、_____。

二、选择题

1. x_{ij} 为决策变量，其值为 1，表示物流中心 j 服务用户 i；否则，不提供服务。y_j 为决策变量，其值为 1，表示设立物流中心；否则，不设立。则 $x_{ij} \leqslant y_j (i=1,2,\cdots,n; j=1,2,\cdots,m)$ 不能约束（　　）。

A. 物流中心 j 不设立，则不为用户 i 服务

B．物流中心 j 设立，则为用户 i 服务

2．x_{ij} 为决策变量，其值为 1，表示物流中心 j 服务用户 i；否则，不提供服务。如果规定 $\sum_{j=1}^{m} x_{ij} = 1$（$i=1, 2, \cdots, n$），则其含义为（　　）。

　　A．用户 i 的需求由 m 个物流中心满足
　　B．用户 i 的需求只能由一个物流中心满足
　　C．建设 m 个物流中心
　　D．物流中心 j 满足 n 个用户

3．x_{ij} 为决策变量，其值为 1，表示物流中心 j 满足用户 i 的需求；否则，不满足。Q_{ij} 表示物流中心 j 向用户 i 提供的货物数量，M 为一个很大的正数。规定物流中心只向所服务的客户提供货物，则满足该要求的选项是（　　）。

　　A．$Q_{ij} \leqslant M + x_{ij} \quad i=1,2,\cdots,n; j=1,2,\cdots,m$
　　B．$Q_{ij} \leqslant M x_{ij} \quad i=1,2,\cdots,n; j=1,2,\cdots,m$

三、思考题

1．仓库的选址和规模如何影响大型电子商务零售企业运营？当这类企业进行供应链网络设计决策时，它需要考虑哪些因素？

2．关税和税率如何影响供应链中的选址决策？

3．全球供应链网络中的生产性设施起着哪些不同的作用？

4．随着京东网上零售规模的扩大，它增加了仓库的数量，这将如何引起供应链成本的变化和反应时间的变化？

四、计算题

D 公司是一家空调生产厂，它的市场需求正在迅速增长。2022 年全国范围内的需求达到：南部地区 8 万台，中西部地区 12 万台，东部地区 11 万台，西部地区 10 万台。公司的管理者正在设计生产网络。已有 4 个生产厂备选地点，分别是 A_1、A_2、A_3 和 A_4。生产厂的生产能力有两种选择，要么生产 20 万台，要么生产 40 万台。在 4 个地点建厂的固定成本及生产每台空调并运送到某个市场的成本如表 3.6 所示。该公司应该在什么地方建立自己的生产厂，其规模各为多大？

表 3.6　D 公司的生产和运输成本　　　　　　　　单位：元

	A_1	A_2	A_3	A_4
20 万台生产能力生产厂的固定成本	600 万	550 万	560 万	610 万
40 万台生产能力生产厂的固定成本	1 000 万	920 万	930 万	1 020 万
生产每台空调并运输到东部地区的成本	211	232	238	299
生产每台空调并运输到南部地区的成本	232	212	230	280
生产每台空调并运输到中西部地区的成本	240	230	215	270
生产每台空调并运输到西部地区的成本	300	280	270	225

 案例分析

果链企业的挣扎与求生

1. 苹果公司供应链布局频繁调整

早在 2017 年，苹果公司就开始在印度设立生产智能手机的业务线。随后，富士康、和硕两家组装厂也加入其中，扩大了印度生产苹果手机的比例，并在印度组装 iPhone XR 和 iPhone 12 系列手机的部分组件。总共先后有 8 家苹果代工厂落地印度。

2021 年 9 月，苹果公司计划通过其合作伙伴向印度投资 10 亿美元，向世界出口"印度制造"版苹果手机。而富士康是这一计划的合作伙伴，其位于印度东南部城市的工厂生产此类产品。此外，还有一系列苹果组件供应商也将在印度投资。

2022 年 9 月 26 日，苹果公司证实，其已开始在印度生产 iPhone 14 系列手机。摩根大通指出，苹果公司将把印度打造成苹果手机的全球制造中心。

不只是印度，越南也成为果链转移的承接地。

2022 年 12 月，有报道称，为了推进供应链产地多元化战略，苹果公司计划从 2023 年开始，将部分 Mac Book 的生产转移到越南。据知情人士透露：在 Mac Book 生产转移后，苹果公司所有旗舰产品在中国以外的地方基本上都增加了一个生产地，苹果现在想要的是，所有产品的至少一部分在其他国家生产。

2023 年 1 月 5 日，据媒体报道，苹果公司的合作企业立讯精密和富士康等在越南北部地区开始试生产 Apple Watch。有人分析认为，这是为了将 Apple Watch 部分产量转移到越南而进行的事前工作。

从苹果公司公布的 2021 财年 200 大核心供应商名单可以发现，2020 年至 2021 年间苹果公司供应商位于美国的工厂数量翻倍。截至 2021 年 9 月，苹果公司有 48 家供应商在美国设有工厂，一年前仅为 25 家。据媒体报道，苹果公司的芯片制造商高通和台积电、产品组装商富士康、图像传感器供应商索尼等主要供应商 2020 年都在美国增设了工厂。

2. 苹果公司供应商的"苹果依赖症"

立讯精密、闻泰科技、歌尔股份、长电科技、东山精密、环旭电子、领益智造、水晶光电、信维通信、德赛电池、长盈精密和安洁科技 12 家 A 股上市公司是苹果供应链的国内企业代表。2012—2022 年，这 12 家果链企业年营业收入和归母净利润均取得了快速增长。12 家果链上市公司营业收入总规模，从 2012 年的 338.95 亿元增至 2022 年的 5956.78 亿元，增长率达 1657.42%；12 家果链上市公司归母净利润总额，从 32.87 亿元增至 273.97 亿元，增长率达 733.50%。

3. 果链外迁，一场"豪赌"

苹果公司的策略很简单，一定比例的订单必须转移向海外，谁在海外有厂，订单就给谁。想要全球设厂、分散风险的是苹果公司，但实际的转移主体是供应商。天秤的一头是诱人的苹果订单，另一头是真金白银的投资建厂、劳神费力的人员管理。工厂来去、产线多寡都与苹果公司无关，后者是台面上唯一确定的赢家。

资料来源：功夫财经、钛媒体。

讨论题：

请根据以上材料，结合所学，谈一谈你认为国内的苹果公司供应链合作企业应该怎么做。

第四章 供应链协调管理

【学习目标】

➢ 了解供应链运作不协调的表现及原因。
➢ 了解供应链运作协调研究的基本内容。
➢ 理解典型的契约设计。
➢ 掌握不确定需求条件下供应链契约设计的类型和方法。
➢ 能够针对供应链运作不协调问题提出契约设计方案。

【知识架构】

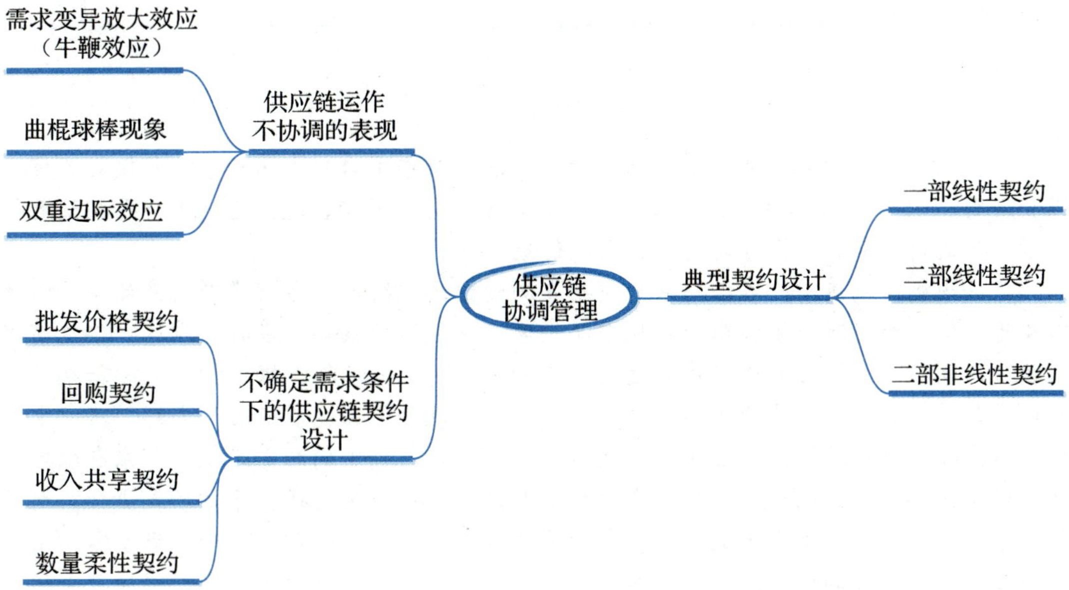

需求变异放大效应
（牛鞭效应）

曲棍球棒现象

双重边际效应

供应链运作
不协调的表现

批发价格契约

回购契约

收入共享契约

数量柔性契约

不确定需求条件
下的供应链契约
设计

供应链
协调管理

典型契约设计

一部线性契约

二部线性契约

二部非线性契约

 导入案例

京东修订供应商售后规则

2019年，为了保证京东平台消费者售后体验，京东平台推出《京东自营供应商售后服务规则》，本规则于当年7月5日生效，且自生效当日开始，进入为期1个月的试运行阶段，试运行结束后，将自动进入正式执行期。

根据规则，供应商应依据与京东所签署的购销协议约定，在消费者因产品质量问题需要退、换、维修时，供应商应在规定时效内，完成售后服务，且时长应从"供应商确认收货时间"至"供应商返回商品送达京东的时间"进行计算。据了解，电脑数码类、家电类、通信类、日百非食品类、服饰家居类、钟表奢侈品、消费品、生鲜、居家生活医药等产品，退货时间均为3天。若退换、维修超过规则中的约定时长，京东有权按该产品进货价格扣除货款或要求供应商更换全新产品，在京东选择扣除货款或更换全新产品后，供应商应根据规则中关于退货或换货的时效约定进行办理。此外，对于需向京东客户出具检测报告的退换货产品，其检测等费用，产品因质量发生维修、退换产生的往返运费、维修费，以及对京东客户造成的损失都由供应商承担。

资料来源：搜狐网。

第一节　供应链运作不协调的表现及解决方法

由于供应链系统内部成员之间存在目标不一致、信息不对称，以及外部环境存在不确定性扰动等问题，因此供应链在运行过程中经常出现不协调现象，无法做到供应链利益的最大化。下面介绍几种常见的供应链运作不协调现象，并分析其产生的原因。

一、需求变异放大效应

供应链不协调的
主要表现

需求变异放大效应又称牛鞭效应（bullwhip effect），是对需求信息在供应链传递的过程中被扭曲的一种形象化描述。其基本含义是：当供应链的各节点企业只根据来自其相邻的下游企业的需求信息进行生产或供应决策时，需求信息的不真实性会沿着供应链逆流而上，使订货量产生逐级放大的现象，到达源头供应商时，其获得的需求信息与实际消费市场中的顾客需求信息发生很大的偏差，将实际需求量放大了。这造成上游供应商往往维持比下游供应商更高的库存水平。这种现象反映了供应链中需求的不同步，说明供应链库存管理中的一个普遍现象：看到的是非实际的。图4.1显示了需求变异放大的原理和需求变异加速放大的过程。

需求变异放大效应最先由宝洁公司发现。宝洁公司在一次调查本公司最畅销的产品——一次性尿布的订货规律时，发现零售商销售的波动性并不大，但分销中心向宝洁公司订货的波动性明显增大了。有趣的是，他们进一步调查宝洁公司向供应商的订货时，发现其变化更大。惠普公司在调查自家打印机产品的销售状况时也发现了这一现象。

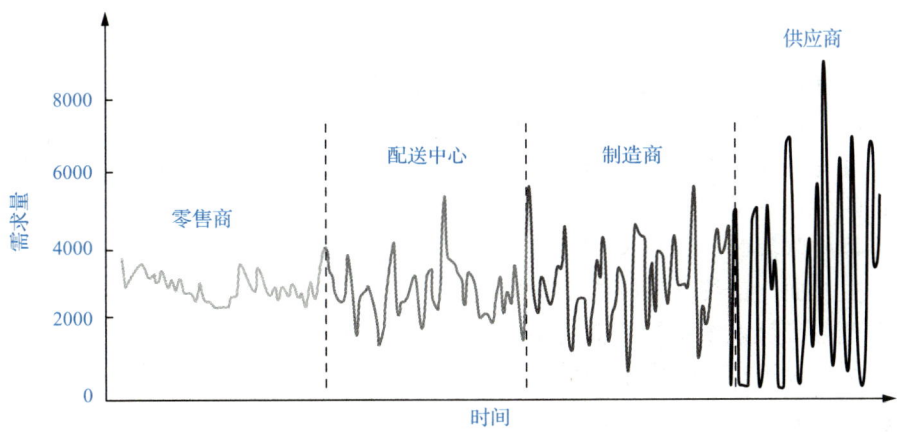

图 4.1　需求变异放大示意图

实际上，早在 1958 年，福里斯特（Forrester）就开始研究工业组织的动态学特性和时间变化行为，通过对一个具有 4 个环节的渠道进行研究，发现企业各自的决策行为导致需求信息被扭曲和放大了。斯特曼（Sterman）在 1989 年通过"啤酒分销游戏"验证了这种现象。在这个实验中，有 4 个参与者组成一个供应链，各自独立进行库存决策且不与其他成员进行协商，决策仅依赖其相邻成员的订货信息。斯特曼把这种现象解释为供应链成员的系统非理性行为的结果，或称为"反馈误解"。

之后，美国斯坦福大学的李效良教授对需求变异放大效应进行了深入研究，把其产生的原因归纳为 4 个方面：需求预测修正、价格波动、订货批量决策和短缺博弈。

1. 需求预测修正

需求预测修正是指当供应链成员采用其相邻下游成员的订货数据作为市场需求信号时，即产生需求变异放大现象。举一个简单的例子，当库存管理人员需要确定产品的订货量时，采用一些简单的需求预测方法（如指数平滑法），使得未来的需求被连续修正，这样传递给供应商的需求订单反映的是经过修正的未来库存补给量，与真实需求存在误差。

2. 价格波动

价格波动可以导致订单规模变动性增强。从两种情况来分析，一种是批量折扣，批量折扣极有可能扩大供应链内订单的批量规模，进而引起供应链上各阶段库存，尤其是安全库存的增加；另一种则是由于批发、预购、促销等因素引起的价格波动，因为如果库存成本小于由于价格折扣所获得的利益，采购人员当然愿意预先多买，这样订货就不能真实反映实际需求，从而产生需求变异放大现象。

3. 订货批量决策

由于订单处理成本及运输的固定成本很高，同时供应商提供批量折扣，下游企业可能大批量订购产品。当大批量订购的产品大大超出需求量时，订单就放大了真实的需求。

当企业发出补货订单时，会将两次供货期间的需求计算在内，如果需求的偶然性变化被误认为是一种增长趋势，订单的变动性将增大。补货期越长，计算在内的预测需求将越多，变动也将越大，需求变异放大效应越强烈。

4. 短缺博弈

畅销产品往往处于供应短缺状态。这样，制造商就会在各分销商或零售商之间调配这些产品的供给。通用的做法是，当需求量大于供应量时，理性的决策是按照订购者订货量的比例分配现有的库存供应量。例如，总的可供应量只有订货量的 50%，合理的分配方法是给所有订购者订货量的 50%。此时，订购者为了获得更大份额的配给量，故意夸大其订货需求。当需求降温时，订货又突然消失。这种由于个体参与的系统非理性决策行为导致需求信息产生扭曲，最终导致需求变异放大。

在不改变供应链系统结构的前提下，通过建立供应链协调机制和信息共享，可以帮助供应链成员优化决策，消除需求变异放大效应。

二、曲棍球棒现象

企业在销售环节存在一种曲棍球棒现象（hockey stick effect），即在某一个固定的周期（月、季或年），前期销量很低，到期末销量会有一个突发性的增长，而且在连续的周期中，这种现象会周而复始，其需求曲线的形状类似于曲棍球棒，所以被形象地称为曲棍球棒现象。在许多公司里面，这种现象非常明显，其管理者甚至认为这是所在企业供应链所面临的最大问题。这种现象对公司的生产和物流运作都非常不利，在期初生产和物流能力被闲置，但是在期末又会造成能力紧张甚至供应短缺。

案例 4-1

某著名食品公司年产饮料 20 多万吨，产值约 5 亿元。食品公司将销售区域按地理位置进行了划分，各由一名销售人员负责，每个区域内一般有几个到十几个经销商。食品公司与行业内的其他公司一样，根据经销商的每月累计订货量向其提供一定的返利，但经销商累计订货量必须达到或超过一个目标订货量，才能拿到相应的返利。公司采用 4-4-5 的统计方式（即每季度前 2 个月按 4 周计，第三个月按 5 周计）。

图 4.2 为该公司 2014—2015 年日销售出库量按时间序列绘制的曲线图。从中可以看出，每月月初的销售出库量最低，月中逐步增加并相对均衡，月底则急剧增加。

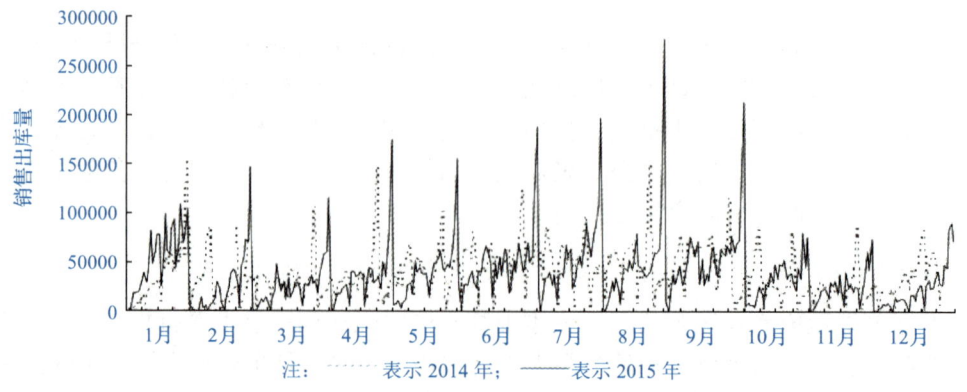

注：┈┈ 表示 2014 年；—— 表示 2015 年

图 4.2　2014—2015 年日销售出库量变化趋势图

造成曲棍球棒现象的主要原因有以下两个。

（1）企业对销售人员的周期性考评及激励政策。

在企业的营销系统中，为了激励销售人员努力工作，通常会对他们规定一个固定的工资和一个销量的目标，如果销量超过了这个目标，就能够拿到奖金，超出目标越多，拿的奖金也越多。如果销量在目标以下，就只能拿固定的工资。销售人员在考核期限不到时，大多不会很努力。快到期末的时候，如果离目标还有一定的距离，他们就会拼命干。大家都拼命干，订单自然就会非常多。

（2）总量折扣的价格政策。

在营销战略中，折扣往往被企业用来作为提高分销渠道利润和抢占市场份额的利器，在较长的时期，公司主要采用基于补货或订单批量的折扣方式，但是在近几年，基于买方在某一固定周期（月、季、年）的累计购买量的折扣方式（总量折扣）开始流行。在快速消费品行业，为了激励经销商长期、更多地购买，企业主要采用总量折扣的价格政策。

曲棍球棒现象对企业运营造成很多负面的影响，主要表现在以下几方面。

（1）订单的不均衡使得企业生产计划和组织难度增大，对柔性化生产造成巨大的挑战。

（2）企业为了保障生产，必须按照每期最大的库存量建设或租用仓库，造成费用比需求均衡时高很多。而且，企业不得不在期末组织人力加班和增加物流费用。

（3）工作人员差错率增加，企业服务水平下降，造成终端客户流失。

（4）基于总量折扣的价格政策并不能增加终端客户的实际需求。经销商增加的订货量大部分被积压在渠道中，延长了终端客户购买产品的时间。从而使消费者的福利受损，并增加了供应链的总成本及供应链成员的经营风险。而且，如果经销商的库存太多，或者产品临近失效期，通常采取两种措施：一种是折价销售，这种方式会对市场造成冲击；另一种是让客户退货或换货，从而形成逆向物流，增加相关处置费用。

三、双重边际效应

双重边际效应是供应链上、下游企业为了谋求各自利益最大化，在独立决策的过程中确定的产品价格高于其生产边际成本的现象。如果下游企业的定价过高，必然会造成市场需求的萎缩，导致供应链总体收益下降。早在 1950 年，美国经济学家斯宾格勒（Spengler）就发现了双重边际效应，指出零售商在制定库存订货策略时并不考虑供应商的边际利润，由此导致批量很小而达不到优化的水平。

企业个体利益最大化的目标与整体利益最大化的目标不一致，是造成双重边际效应的根本原因。为了减弱这种效应，就要努力实现供应链的协调性，尽可能消除不协调因素的影响。

然而，供应链的协调并不是以牺牲某一个体的利益去提高其他个体或系统的利益，而是以实现双赢及至多赢为目标，即至少要使得改变后的个体或系统的利益不低于以前的利益，也就是所谓的帕累托改善。

作为一种能够实现供应链协调的有效机制，供应链契约得到了广泛的研究。Pastermack 最早提出了契约的概念，他使用单周期报童模型研究了回购契约，指出当供应商允许零售商以部分退款返回所有过剩产品时，可以在一定程度上实现渠道的协调。

随着对契约关注程度的日益增加，越来越多的学者以 Pastermack 的研究为基础，希望在供应链上、下游之间通过协商达成最佳（或满意）的契约参数，设计合理的供应链契约形式，实现供应链的协调。从而有效地解决双重边际效应和需求变异放大效应等现象，在最大化供应链的整体利益的同时，优化供应链绩效。

四、提高供应链协调性的方法

供应链作为一种企业内外部资源有效整合的组织模式，其效益发挥的重要前提是供应链成员之间紧密合作与关系协调。一些国际知名的大企业，如宝洁、克莱斯勒等都是因为建立了高度透明、紧密协作、彼此信赖的供应链体系而获得业务的稳步增长。但同时也应该看到，即使对于市场经济相对成熟的欧美国家而言，供应链不协调导致效率低下的问题同样困扰着许多企业。

通过供应链协调和整合，在企业内部建立起高效的内部网络，保证信息在企业内部各职能部门之间畅通，然后再与供应商、经销商、客户等建立起跨组织的外部网络，并确定信息共享的权限范围。这样，供应链系统从生产、分配、销售到客户都不是孤立的行为，不仅可以使供应链成员以较低的成本进行信息交流与沟通，还可以帮助其了解客户的购买行为，及时响应客户的需求。尤其是通过以核心企业为主的供应链协调机制设计，可将企业间的合作拓展到技术、资本、设备、市场及信息等各个方面，在全球范围内整合具有行业特定优势的企业，通过优势互补、利益共享，使生产要素的流动扩展到全球范围。

下面着重介绍需求变异放大效应和曲棍球棒现象的改进方法。

1. 缓解需求变异放大效应的方法

（1）提高供应链上企业需求信息的共享性。

需求扭曲的原因来源于多级供应链需求信息的不真实的传递，每一个节点企业的预测需求均成为上游节点企业订货决策的放大因子，并具有累积效应。消除需求信息扭曲的方法是供应链上的每一个节点企业必须在自身的需求中排除下游节点企业订货决策对上游企业的影响，这就要求供应链上的每一个节点企业只能根据最终产品在市场上的实际需求进行自身的需求预测，因此市场的实际需求信息必须被供应链上的每一个节点企业分享。

（2）科学确定定价策略。

解决由价格下降导致的需求变异放大效应，要求供应商采取每天低价策略和分期供货契约策略。前者通过价格的持续性，后者通过供货的阶段性来抑制市场价格的波动，减少对上游企业的影响。

（3）提高运营管理水平，缩短提前期。

要缓解因批量订购而出现的需求变异放大效应，降低订货成本与运输成本是关键。一是要求采购方通过增加订货次数，以最低的订货成本快速地将需求传递给供应商，这可以通过电子数据交换（electronic data interchange，EDI）技术、订货看板管理技术实现。二是要求低成本、小批量的物流运作，这可以通过第三方物流实现。第三方物流企业通过及时、准确、高效的配送，使供应链节点企业实现最低库存，甚至零库存，从而大大降低成本。

（4）提高供应能力透明度。

现代供应链企业应采用风险共担、利益共享策略，共享生产能力与库存信息，应对因供应短缺所导致的需求变异放大效应。联合库存管理就是这种策略的体现，强调多方同时

参与，共同制订库存控制计划，使供需双方能相互协调，使库存管理成为供需双方连接的桥梁和纽带，从而降低需求变异放大效应。

2. 缓解曲棍球棒现象的方法

为了消除因总量折扣的价格政策导致的曲棍球棒现象，李效良等人建议的最好办法就是天天低价。然而，由于商业模式的惯性和市场不成熟，目前在快速消费品行业，基于总量折扣的价格政策仍然盛行，很少有企业运用天天低价的政策。在快速消费品行业，企业通常会经营不同品牌和不同包装规格的多种产品。为了消除曲棍球棒现象，平衡物流，企业可以采用总量折扣和定期对部分产品降价相结合的政策。

假定企业向经销商提供两种规格的产品，当经销商的两种产品月累计进货量达到一定的数量以后，企业根据该数量向经销商提供一定的返利，即批量折扣的价格政策。在具体运用这个政策时，企业可以适当降低返利率，然后在考核周期的初期降低其中一种产品的转让价格，在中期再将其价格调高。在这种政策下，经销商为了投机，会在初期多订降价产品，而在期末为了拿到返利而增加另一种产品的进货，中期则进行正常补货，其订货量将变得相对均衡，从而缓和周期性曲棍球棒现象，减轻企业库存和物流的压力，保证物流运作的效率。这种政策还能使经销商在不同时期的订货比较单一，可以减少双方订单处理的工作量，并增加企业单品的生产批量，从而提高生产的规模效益、减少转产的频次。

企业也可以对不同的经销商采用不同的考核周期，从而对冲经销商的进货行为影响，以缓和曲棍球棒现象。企业通过延长考核周期可以减少曲棍球棒现象出现的频率，而通过缩短考核周期则可以减小出库波动的幅度。此外，通过与经销商共享需求信息和改进预测方法，企业能够更准确地了解经销商的外部需求，从而在设计价格折扣方案时，尽可能让折扣点与经销商的外部需求一致或略高，这也能缓和曲棍球棒现象。当然，最好的方法是企业能够根据每期经销商的实际销量提供价格折扣方案，但由于信息不对称，企业很难了解经销商的实际销售情况，或需要付出很大的人力、物力去调查和统计数据，可能会得不偿失。

第二节 典型契约设计及价值分析

在由供应商、制造商、分销商、零售商等组成的供应链中，相邻成员都可以看作广义的卖方和买方，当买卖双方产生合作，进行交易时，就会发生物流、信息流、资金流的流动或交换，实现产品价值的增值。买卖双方进行合作及交易过程中的核心任务之一是设计并签订合作或交易的契约。契约的类型是多种多样的，设计哪种类型的契约使得供应链的整体运作效益最优，是需要深入研究的问题。

供应链契约设计

本节考虑由一个供应商和一个销售商组成的单一产品供应链，将建立几种典型的契约模型，并分析不同契约对供应链运行效益的影响。

图 4.3 为一个供应商 S 和一个销售商 R 组成的单一产品供应链模型。假定市场需求为确定情形，市场需求函数为 $p=a-bq$，其中 p 为产品价格，q 为需求量（或订货量），a、b 为常数，该函数描述了产品价格和市场需求的关系。供应商生产成本为 C_S，销售商销售成

本为 C_R，销售商订货量为 q，供应商以批发价 w 向销售商供应产品，销售商以零售价 p 卖给用户，用户需求为 $D(p)$。

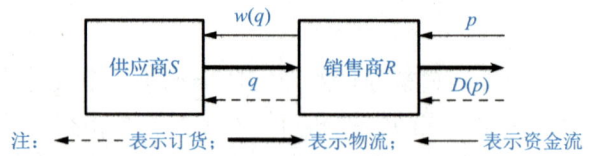

图 4.3　单一产品供应链模型

一、一部线性契约（$w, 0$）

在此情形下，供应商提出批发价 w，并且 w 是恒定的，与 q 无关。供应商和销售商的收益 Π_S、Π_R 分别为

$$\Pi_S = (w - C_S)q \tag{4.1}$$

$$\Pi_R = (p - w - C_R)q \tag{4.2}$$

解析

$$\text{Max} \, \Pi_S = (w - C_S)q$$
$$\text{s.t.} \, \text{Max} \, \Pi_R = (p - w - C_R)q = [(a - bq) - w - C_R]q \tag{4.3}$$

令 $\dfrac{\partial \Pi_R}{\partial q} = 0$，求得

$$q^* = \frac{(a - w - C_R)}{2b}$$

将上式代入式（4.1），令 $\dfrac{\partial \Pi_S}{\partial w} = 0$，得到均衡结果为

$$w^* = \frac{1}{2}(a + C_S - C_R) \tag{4.4}$$

$$q^* = \frac{1}{4b}(a - C_S - C_R) \tag{4.5}$$

$$p^* = \frac{1}{4}(3a + C_S + C_R) \tag{4.6}$$

$$\Pi_S^* = \frac{1}{8b}(a - C_S - C_R)^2 \tag{4.7}$$

$$\Pi_R^* = \frac{1}{16b}(a - C_S - C_R)^2 \tag{4.8}$$

供应链的收益为

$$\Pi_{SC}^* = \frac{3}{16b}(a - C_S - C_R)^2 \tag{4.9}$$

二、二部线性契约（w, L）

在合作或交易中，一方或多方为了激励或补偿某参与方提供的特定服务、权益或信息，约定支付某参与方一定的费用，即旁支付。假设供应商制定批发价 w 并给予销售商旁支付 L。当 $L>0$ 时，表示供应商给销售商的折扣；当 $L<0$ 时，表示供应商向销售商收取的特许

经营费。w、L 恒定，并与 q 无关。供应商和销售商的收益 Π_S、Π_R 分别为

$$\Pi_S = (w - C_S)q - L \tag{4.10}$$

$$\Pi_R = (p - w - C_R)q + L \tag{4.11}$$

解析

$$\mathrm{Max}\,\Pi_S = (w - C_S)q - L$$

$$\mathrm{s.t.}\ \mathrm{Max}\,\Pi_R = (p - w - C_R)q + L = [(a - bq) - w - C_R]q + L \geqslant \Pi_R^0 \tag{4.12}$$

其中，Π_R^0 为销售商的保留收益值。

令 $\dfrac{\partial \Pi_R}{\partial q} = 0$，求得

$$q^* = \frac{(a - w - C_R)}{2b}$$

由于信息的对称性，供应商可取 L 使得 $\Pi_R = \Pi_R^0$，则有

$$L = \Pi_R^0 - [(a - w - C_R)q - bq^2] = \Pi_R^0 - \frac{1}{4b}(a - w - C_R)^2$$

将上式代入式（4.10），得

$$\Pi_S = \frac{1}{2b}(w - C_S)(a - w - C_R) + \frac{1}{4b}(a - w - C_R)^2 - \Pi_R^0$$

令 $\dfrac{\partial \Pi_S}{\partial w} = 0$，得

$$w^* = C_S \tag{4.13}$$

从而有

$$q^* = \frac{(a - C_S - C_R)}{2b} \tag{4.14}$$

$$p^* = \frac{1}{2}(a + C_S + C_R) \tag{4.15}$$

$$L^* = \Pi_R^0 - \frac{1}{4b}(a - C_S - C_R)^2 \tag{4.16}$$

供应商、销售商及供应链的收益分别为

$$\Pi_S^* = -L^* = \frac{1}{4b}(a - C_S - C_R)^2 - \Pi_R^0 \tag{4.17}$$

$$\Pi_R^* = \Pi_R^0 \tag{4.18}$$

$$\Pi_{SC}^* = \frac{1}{4b}(a - C_S - C_R)^2 \tag{4.19}$$

三、二部非线性契约 $[w(q), L(q)]$

在此情形下，供应商制定批发价 $w(q)$ 并给予销售商旁支付 $L(q)$，$w(q)$、$L(q)$ 都与 q 有关。供应商和销售商的收益 Π_S、Π_R 分别为

$$\Pi_S = (w - C_S)q - L(q) \tag{4.20}$$

$$\Pi_R = (p - w - C_R)q + L(q) \tag{4.21}$$

解析

$$\text{Max}\,\Pi_S = (w - C_S)q - L(q) \tag{4.22}$$

$$\text{s.t.}\ \text{Max}\,\Pi_R = (p - w - C_R)q + L(q) = [(a - bq) - w - C_R]q + L(q) \geqslant \Pi_R^0$$

其中，Π_R^0 为销售商的保留收益值。

令 $\dfrac{\partial \Pi_R}{\partial q} = 0$，$\dfrac{\partial \Pi_S}{\partial q} = 0$，求得

$$q = \frac{(a - C_S - C_R)}{2b}$$

由于信息的对称性，不论供应商提出的契约 $[w(q), L(q)]$ 为哪种形式，供应商都知道销售商的决策值 $q = \dfrac{(a - C_S - C_R)}{2b}$，与 w 和 L 无关。

考虑供应链虚拟一体化情况，即供应商和销售商合成一个决策主体，决策变量为供货量。这时，供应链的总收益为

$$\Pi_{SC} = (p - C_S - C_R)q = (a - C_S - C_R)q - bq^2 \tag{4.23}$$

令 $\dfrac{\partial \Pi_{SC}}{\partial q} = 0$，得最优供货量为

$$q^* = \frac{(a - C_S - C_R)}{2b} \tag{4.24}$$

则最大供应链总收益为

$$\Pi_{SC}^* = \frac{1}{4b}(a - C_S - C_R)^2 \tag{4.25}$$

四、价值分析

比较上述三种契约在供应链中的应用及供销双方的收益，可以得出以下结论。

（1）在其他条件不变的情况下，不同类型的契约会引起供应商、销售商及供应链的收益产生显著的差异。

（2）当供应商和销售商执行二部线性契约 (w, L) 要比执行一部线性契约 $(w, 0)$ 有更高的供应链总收益时，达到了供应链协调的理想结果。

（3）当供应商和销售商执行二部线性契约 (w, L) 时，供应商取得了除销售商保留收益以外的所有收益。供应商是契约精细化的最大受益者，而销售商处于被动接受契约的地位，契约精细化不能增加其收益。

（4）当供应商和销售商执行二部线性契约 (w, L) 时，供应链的总收益已达到虚拟一体化时的最大值。这时，契约精细化不能再增加收益。在总收益一定的情况下，供应商、销售商及供应链的收益都不可能再增加。所以，二部非线性契约 $[w(q), L(q)]$ 的分析结果与二部线性契约 (w, L) 的分析结果相同。

第三节　不确定需求条件下的供应链契约设计

不确定需求也就是市场需求呈随机分布，表现为客户需求量的不确定，以及需求分布在时间、空间上的差异性，需求结构的变动等。不确定需求条件下的供应链契约一般以报

童问题为基本模型。报童问题又称报贩问题或单周期问题，是在随机需求情况中找到最优订货量，使期望利润最大化。假设在产品的销售周期末，零售商处理剩余库存。直观地说，如果订货量小于实际需求，零售商将丧失许多获利机会，因此存在机会成本；如果订货量大于实际需求，零售商将承担库存过剩的风险，不得不低价处理商品。由于报童模型反映了许多短生命周期产品（如时装、机票、易腐类的农产品、笔记本电脑及手机等）的营销实践，使得人们对报童问题的研究兴趣与日俱增。目前，已有许多学者对与报童问题相关的供应链契约设计进行研究，最具代表性的四种契约类型为批发价格契约、回购契约、收入共享契约、数量柔性契约。

假定供应链系统是由一个供应商和一个销售商组成的单一产品供应链（图 4.3），产品市场需求是随机的，产品具有季节性，且生命周期比较短，不考虑订货周期的影响。产品零售价格为 p（由外部因素决定）。供应商单位产品边际成本为 C_S，产品批发价为 w，销售商订购量为 q，支付给供应商的中间转移价格为 T。销售商单位产品边际成本为 C_R，供应链渠道成本为 C，并有 $C=C_R+C_S$，单位产品残值为 s。规定 $p>w>C_S>s\geq 0$，以保证零售价高于批发价，批发价高于供应链渠道成本，而产品残值低于供应链渠道成本。市场需求分布函数为 F，需求密度函数为 f：F 连续可微，且单调递增，即 $f>0$；$F(0)=0$，$\bar{F}=1-F$，f 服从正态分布，均值为 μ，方差为 σ。x 为产品的市场随机需求，为连续变量。$Q(q)$ 为销售商的期望销售量，$Q(q)=q[1-F(q)]+\int_0^q xf(x)\mathrm{d}x=q-\int_0^q F(x)\mathrm{d}x$。

供应链成员企业对待风险的态度，影响着其在不确定需求条件下的行为决策。假定供应商和销售商对风险的态度都为中性，且完全理性。面对开放的市场，双方在博弈开始时拥有相同的信息，即有关产品的售价、需求分布和成本等信息是对称的。根据领导者-追随者博弈理论，供应商是领导者，销售商是追随者，供应商给定一个契约，销售商选择接受或拒绝。如果销售商接受契约，销售商将据此确定其最优订货量，供应商生产产品并于期初交付，最终销售商支付中间转移价格。如果销售商拒绝，则博弈结束。

一、批发价格契约

供应商给定的契约参数为 w，中间转移价格 $T=wq$。销售商利润函数为

$$\Pi_R(q,w)=pQ(q)-wq-C_Rq$$

$\Pi_R(q,w)$ 为 q 的凹函数，则必存在唯一的最优解。根据博弈论逆向归纳法，首先分析销售商的订货量决策。

令 $\dfrac{\partial \Pi_R(q,w)}{\partial q}=0$，则有

$$pQ'(q)-w-C_R=0$$

因为 $Q'(q)=1-F(q)$，代入上式可求得

$$F(q_R^*)=1-\frac{(w+C_R)}{p} \tag{4.26}$$

供应链利润函数为

$$\Pi_{SC}(q,w)=pQ(q)-Cq$$

设 q^0 为供应链最优订购量，则其满足

$$Q'(q^0) = \bar{F}(q^0) = \frac{C_R + C_S}{p}$$

由于 $Q'(q)$ 为减函数，当且仅当 $w=C_S$ 时，有 $q_R^* = q^0$，即当供应商以边际成本价格作为批发价格，批发价格契约才能使供应链效益最优，此时供应商的利润为零。因此，供应商倾向于提高批发价格。由此可知，批发价格契约无法使供应链效益最优。但是，批发价格契约的可观察性较强，且比较简易，应用性较强。当某契约的执行成本高于供应商利润的增加额时，批发价格契约就成为供应商所选择的协调机制。

由上述分析可知，如果销售商先选择订货量，那么，供应商会背离供应链的最优批发价格，其存在不可信行为。因此，不能使用逆向归纳法。下面首先确定供应商的定价策略。

由式（4.26）可知，w 和 q_R^* 存在一一对应的关系，其关系可以表示为

$$w(q) = p\bar{F}(q) - C_R$$

供应商利润函数为

$$\Pi_S(q, w(q)) = (w(q) - C_S)q \qquad (4.27)$$

由 $\dfrac{\partial \Pi_S}{\partial q} = w(q) + qw'(q) - C_S = w(q)\left[1 - \dfrac{qf(q)}{\bar{F}(q) - \dfrac{C_R}{p}}\right] - C_S$，可证明 $\dfrac{\partial \Pi_S}{\partial q}$ 是减函数，则供应

商利润函数为 q 的凹函数（证明过程略）。

因此，供应商供货量存在唯一最优解 q_S^* 使供应商利润最大。此博弈为供应商先选择批发价格 $w(q_S^*)$，销售商再选择订货量。显然，对于给定 $w(q)>C_S$，供应商愿意生产并交付 q_S^* 数量的产品给销售商。

我们再考察销售商对此批发价格契约的执行意愿。供应商选择最优批发价格 $w(q_S^*)$ 后，销售商利润函数可表示为

$$\Pi_R(q, w(q)) = pQ(q) - w(q_S^*)q - C_R q \qquad (4.28)$$

式（4.28）对 q 求偏导，有

$$\frac{\partial \Pi_R(q, w(q))}{\partial q} = -w'(q)q = pqf(q) > 0$$

由上式可知，销售商利润函数为订货量的增函数。那么，销售商可能会偏离订货量 q_S^*，如果放弃其他产品的机会成本大于 $\Pi_R(q_S^*, w(q_S^*))$，则销售商就会购买部分或全部其他产品。因此，对于最优批发价格 $w(q_S^*)$，销售商并非自愿执行。

销售商的偏离对供应商造成潜在的威胁。为缓和威胁，供应商可以通过降低批发价格来提高订货量，以增加销售商的利润，留住销售商。这样做的合理性在于供应商通过努力提高了订货量，使销售商的利润增加，同时也使整个供应链的利润趋于最优，从而改善整个供应链的效益，但这种协调是以牺牲供应商的利润为前提的。

一种缓和威胁的方式是：供应商采用批发价格契约协调利润的同时，可以进行简单的价格折扣策略，假定销售商的实际订货量为 q，$q \in (q_S^*, q^0)$，其中 q_S^* 数量的产品以价格 $w(q_S^*)$ 出售，超出 q_S^* 数量的部分产品以低于批发价 $w(q_S^*)$ 的价格 w_l 出售，且 $w_l > C_S$。

二、回购契约

回购契约规定，在销售季末，销售商可以一定的价格把未出售的产品全部退还给供应商。回购是一种在不确定需求系统协调中常见的契约方式，既能分担风险，又能起到激励的作用。回购的最大特点在于，它能够灵活地消除随机需求下系统的双重边际效应。通过缔结回购契约，供应商与销售商共同分担市场风险，并能够激发销售商努力销售产品的积极性，提高其期望利润。回购契约往往应用于生产周期较长而销售季较短的商品交易中，在时令商品市场中得到了广泛应用。

供应商给定批发价格 w 和回收价格 b，销售商决定订购量 q；在销售季末，供应商回收销售商的剩余产品。规定 $s<b<w$，以保证产品回收价格 b 高于残值 s，低于批发价格 w，目的是限制销售商借回收商品谋利，或者过度订货而将风险转嫁给供应商。那么供应商应如何确定合理的回收价格，以激励销售商提高订货量，使供应链效益最大化呢？

销售商和供应商的利润函数分别为

$$\Pi_R(q) = pQ(q) - wq - C_R q + b(q - Q(q)) \tag{4.29}$$
$$\Pi_M(q) = (w - C_S)q - (b - s)(q - Q(q)) \tag{4.30}$$

其中，$Q(q) = \int_0^q xf(x)\mathrm{d}x + \int_q^\infty qf(x)\mathrm{d}x$，将其代入式（4.29），令 $\dfrac{\partial \Pi_R(q)}{\partial q} = 0$，

经化简，得 $\int_0^q f(x)\mathrm{d}x = \dfrac{p - w - C_R}{p - b}$，即 $F(q) = \dfrac{p - w - C_R}{p - b}$，则可得到销售商最优订购量为

$$q_R^* = F^{-1}\left(\frac{p - w - C_R}{p - b}\right) \tag{4.31}$$

同理，令 $\dfrac{\partial \Pi_M(q)}{\partial q} = 0$，求得 $\int_0^{q_M^*} f(x)\mathrm{d}x = \dfrac{w - C_S}{b - s}$，即供应商期望的订货量为

$$q_M^* = F^{-1}\left(\frac{w - C_S}{b - s}\right) \tag{4.32}$$

在分散决策情况下，供应商为了激励销售商订购更多的产品，采取批发价格契约，零售商根据自身利润最大化原则所确定的最优订购量 $q_R^* \neq q_M^*$。为此，制造商可通过协调批发价格和回收价格使得 $q_R^* = q_M^*$，则有

$$\frac{w - C_S}{b - s} = \frac{p - w - C_R}{p - b}$$

进而求出

$$b = \frac{(w - C_S + s)p - (w + C_R)s}{p - C} \tag{4.33}$$

由此可知，$b(w)$ 与需求分布无关。在零售价格为常数且供应商采取回购契约时，供应商可根据式（4.33）确定合适的 b 与 w 的值，使得销售商出于自身利益考虑制定的订购量等于供应链系统的最优订购量，从而使供应链实现协调运作。

在回购契约中，利润在供应商与销售商之间分配，销售商利润占供应链总利润额的 $1 - b/p$，而供应商利润占供应链总利润额的 b/p（证明过程略）。

然而，回购契约也可能引起一些问题。

（1）如果销售商处理剩余库存的残值高于供应商处理剩余库存的残值，回购效率就会降低。

（2）返回货物将产生运输成本。

（3）非理性的销售商会过度购买，增加供应链的不确定性。

（4）零售商推销商品的积极性下降。

（5）如果供应商有生产能力限制，会引起销售商短缺博弈，从而导致牛鞭效应。

三、收入共享契约

收入共享契约参数为(w_r, φ)，供应商的产品批发价格为w_r，小于边际成本C_R，φ为销售商所占销售收入的份额，则供应商获得销售收入份额的$(1-\varphi)$。

分销商利润函数为

$$\Pi_R(q,w,\varphi) = \varphi pQ(q) - w_r q - C_R q \tag{4.34}$$

设λ为销售商利润占供应链总利润的份额，$0 \leqslant \lambda \leqslant 1$。为使供应链效益最优，需满足

$$\lambda p = \varphi p$$
$$w_r + C_R = \lambda C$$

求得

$$\lambda = \varphi \tag{4.35}$$
$$w_r = \lambda C - C_R \tag{4.36}$$

将式（4.35）、式（4.36）代入式（4.34），有

$$\Pi_R(q,w_r,\varphi) = \lambda \Pi(q) \tag{4.37}$$

由式（4.37）可知，销售商的最优订货量与供应链的最优订货量一致，即q^0为销售商的最优订货量，销售商自愿执行收入共享契约。

供应商利润函数为$\Pi_S(q,w_r,\varphi) = (1-\lambda)\Pi(q)$，同理可知，其自愿执行收入共享契约。

由式（4.36）可知，$w_r = \varphi C_S - (1-\varphi)C_R \leqslant C_S$。这表明，要实现收入共享契约协调，批发价格不得超过供应商的生产成本，即供应商在产品销售过程中为亏损，以此换取销售商的部分销售收入。当$\varphi < C_R / C$时，批发价格为负值，特别是当销售商的边际成本很高时，出现这种情况的可能性更大。此时，销售商的边际收益已经很低，供应商如果想从销售商处获得更多的销售收入份额，需给销售商一定的成本补贴。更极端的情况是，当φ趋近于0时，销售商的份额很少，导致销售商偏离整体最优的订货量q^0，而偏离对销售商几乎没有任何惩罚，但对供应商则造成很大风险，此时收入共享契约已经不再适用。因此，只有$\varphi \in (C_R / C, 1]$时，也即$w>0$时，收入共享契约才适用。

根据委托代理理论，供应链成员必须满足各自的个体理性约束，即收入共享契约中，供应链成员利润应大于其保留利润，其中保留利润与市场状况和存在的机会成本有关。这使φ的有效区间进一步缩小。

在实际执行过程中，供应商的利润依赖于销售收入，这使得供应商必须花费一定的监督成本来观测销售收入的完成情况，而此成本通常在收入共享契约中不予考虑，成为供应商的负担，导致该契约在许多情况下不再适用，而是采用较低监督成本的契约。

当供应商的监督成本小于采用收入共享契约的新增利润（收入共享契约中供应商的利

润减去批发价格契约中供应商的利润）时，供应商选择收入共享契约；反之，则选择批发价格契约。

回购契约与收入共享契约都可协调供应链，起到供应链利润分配的作用。不同的是，前者协调订货量，而后者协调销售收入。

四、数量柔性契约

数量柔性契约中，契约参数为(w_q, δ)，w_q为供应商批发价格，δ为剩余存货退款上限比例，$0 \leqslant \delta \leqslant 1$。规定销售季初销售商订货为$q$，销售季末销售商剩余存货大于$\delta q$时，供应商只对$\delta q$部分的存货全额退款。销售商剩余存货小于$\delta q$时，供应商剩余存货全额退款。

销售商利润函数为

$$\Pi_R(q, w_q, \delta) = pQ(q) - w_q\left(q - \int_{(1-\delta)q}^{q} F(x)\,\mathrm{d}x\right) - C_R q \tag{4.38}$$

为使供应链效益最优，销售商的最优订货量应为q^0，即式（4.38）的一阶偏导数满足

$$\frac{\partial \Pi_R(q, w_q, \delta)}{\partial q} = pQ'(q) - w_q\{1 - F(q) + (1-\delta)F[(1-\delta)q]\} - C_R = 0 \tag{4.39}$$

又因为$Q'(q^0) = (C_R + C_S)/p$，则有

$$w_q(\delta) = C_S / \{1 - F(q^0) + (1-\delta)F[(1-\delta)q^0]\} \tag{4.40}$$

对式（4.39）求导，有

$$\frac{\partial^2 \Pi_R(q, w_q, \delta)}{\partial q^2} = -(p - w_q)f(q) - w_q(1-\delta)^2 f[(1-\delta)q] < 0$$

由式（4.40）可知，$w_q(\delta) > C_S$，又因为$0 \leqslant \delta \leqslant 1$，则

$$\lim_{\delta \to 0} w_q(\delta) = C_S, \qquad \lim_{\delta \to 1} w_q(\delta) = p\frac{C_s}{C}$$

则销售商利润函数$\Pi_R(q, w_q, \delta)$为q的凹函数。由此可知，销售商的最优订货量存在且唯一，给定最优批发价格$w_q(\delta)$，销售商的最优订货量为q^0，销售商有意愿执行该契约。

供应商的最优利润函数为

$$\Pi_S(q, w_q, \delta) = w_q\left[q - \int_{(1-\delta)q}^{q} F(x)\,\mathrm{d}x\right] - C_S q \tag{4.41}$$

令

$$\frac{\partial \Pi_S(q, w_q, \delta)}{\partial q} = w_q\{1 - F(q) + (1-\delta)F[(1-\delta)q]\} - C_S = 0$$

可使q^0满足上式，然后再对式（4.41）求偏导，有

$$\frac{\partial^2 \Pi_R(q, w_q, \delta)}{\partial q^2} = -w_q\{f(q) - (1-\delta)^2 f[(1-\delta)q]\} \tag{4.42}$$

通过观察式（4.42）可以发现，该式二阶导数的符号存在多种情况，无法判断其大于 0 或小于 0，供应商偏离最优订货量q^0。

因此，可以认为，只有在强制执行的情况下，数量柔性契约才能使供应链效益最优。

当 $\delta=0$ 时，销售商利润函数为

$$\Pi_R(q, w_q, 0) = pQ(q) - w_q q - C_R q$$

供应商利润函数变为

$$\Pi_S(q, w_q, 0) = w_q q - C_S q$$

因 $\delta=0$，可得 $w_q = C_S$，此时销售商获得整个供应链的利润，供应商利润为 0。

当 $\delta=1$ 时，销售商利润函数为

$$\Pi_R(q, w_q, 1) = pQ(q) - w_q Q(q) - C_R q$$

供应商利润函数变为

$$\Pi_S(q, w_q, 1) = w_q Q(q) - C_S q$$

因 $\delta=1$，可得 $w_q = C_S / [1 - F(q^0)] = p \dfrac{C_S}{C}$，此时销售商最大利润为 0，供应商获得整个供应链的利润。

可以认为，数量柔性契约的利润分配与剩余存货退款上限比例 $\delta(0 \leqslant \delta \leqslant 1)$ 有关，当 $\delta \in (0,1)$ 时，供应商的利润变化比例范围为 $(0,1)$，销售商的利润变化比例范围为 $(1,0)$，且剩余存货退款上限比例 δ 的大小随外部需求的变化而变化。

本 章 小 结

供应链运作是否协调直接影响供应链的整体效益和竞争力。本章首先介绍了供应链不协调的三种集中表现：需求变异放大效应、曲棍球棒现象和双重边际效应，分析其原因并给出了解决方法。其次，讨论了三种典型的契约，包括一部线性契约、二部线性契约和二部非线性契约。在一定的条件下，二部线性契约优于一部线性契约，而二部线性契约与二部非线性契约效果相同。针对二部线性契约，在产品价格固定、需求随机的情况下，支付激励机制对提高供应链运作效益是有益的。由于供应链经常受到不确定需求条件影响，对运作协调造成困难。因此，最后介绍了不确定需求条件下的几种供应链契约模型。

关键术语

供应链契约 supply chain contract   牛鞭效应 bullwhip effect

回购契约 buyback contract   曲棍球棒现象 hockey stick effect

收入共享契约 revenue sharing contract   双重边际效应 dual double marginalization

数量柔性企业 quantity flexible contract

习　题

一、选择题

1. 下列关于供应链结构特征描述不正确的是（　　　）。
　　A．层次性　　　　　　　　　　B．成员角色相对性
　　C．网链结构　　　　　　　　　D．封闭性
2. （　　　）管理方式将企业管理的边界从内部延伸到外部。
　　A．成组技术　　　　　　　　　B．MRP
　　C．计算机集成制造系统　　　　D．敏捷制造
3. 报童每售出一份报纸赚 k 元，如报纸未能售出，每份亏 h 元。每日售出报纸份数 r 的概率 $P(r)$ 为已知，请问报童每日最佳订购报纸份数 Q 应满足（　　　）。

A. $\sum_{r=0}^{Q-1} P(r) < \dfrac{k}{k+h} \leqslant \sum_{r=0}^{Q} P(r)$　　　B. $\sum_{r=0}^{Q} P(r) < \dfrac{k}{k+h} \leqslant \sum_{r=0}^{Q+1} P(r)$

二、简答题

1. 在市场竞争激烈、个性化需求日益明显的情况下，供应链企业运作协调有哪些好处？
2. 引起供应链需求变异放大效应的原因有哪些？如何缓解？
3. 分析供应链管理环境下导致曲棍球棒现象的原因，并给出解决的方法。
4. 供应链契约的本质是什么？这些供应链契约是如何达到供应链协调运行的？

 案例分析

阿里巴巴供应链管理模式构建研究

阿里巴巴是目前中国最大的网络公司之一。阿里巴巴于 2014 年在美国上市，成为谷歌后的全球第二大网络公司。阿里巴巴旗下主要有淘宝、支付宝、聚划算、天猫等知名公司，主要经营 C2C（淘宝、天猫和聚划算）、B2B（阿里巴巴）和电子金融（支付宝）等业务。

资金流管理。资金流分为支付结算和交易两个环节。这两个环节连接了商家和消费者，是电子商务交易活动得以顺利完成的重要保障。阿里巴巴建立了支付宝，用于支付结算环节。支付宝是一个中间交易平台，成为电子商务的一个重要支付手段，促进了阿里巴巴的资金流发展。

信息流管理。阿里巴巴很早之前就重点建设信息流，阿里巴巴汇集了很多网站的信息，使用户只需要通过阿里交易平台就能够快速获取最新、最及时的信息。此外，阿里巴巴还推出了"贸易通"聊天工具，用于企业和企业之间的信息和贸易交流。顺畅的沟通和交流使得企业之间交易顺利进行，对降低成本和提高效率都有帮助。随后，阿里巴巴又推出了会员制的"诚信通"，成为会员的企业或客户可以发布相关信息，进行线上和线下共同推广。

物流管理。传统物流模式受库存限制，而电子商务物流模式不受库存限制，电子商务物流模式可以有效连接各配送点的物流。当前物流主要有第三方物流、物流一体化、自营、

物流联盟四种经营模式。阿里巴巴采用第三方物流模式，这样可以有效降低阿里巴巴的部分成本，提高物流效率，使其能够集中更多的资金和精力去发展其他业务。

除此之外，阿里巴巴非常重视供应链管理建设工作。十年前，阿里巴巴就开始对供应链进行了构建，全面整合供应链平台，目标是建成中国乃至全球最大的供应链服务平台。首先是开展供应链金融服务以改变传统银行的做法；紧接着，阿里巴巴重金收购新浪微博18%的股份以及高德地图28%的股份，通过供应链前端吸引用户；通过淘宝等 B2C 加强对商流的控制；通过支付宝、余额宝等网络金融强化对资金流的控制；启动菜鸟网络强化物流，整合多个快递企业，同时在全国各地进行圈地运动，投资日日顺和海尔等物流公司，并控制多达上万个县级、乡级、村级物流配送点或服务点，布局阿里大物流。

随着阿里巴巴的不断发展，其供应链所涉及的范围也将不断扩大。随着供应链成员越来越多，要想有效进行联系、沟通和合作，就需要建立一个联盟进行集成化管理。这个联盟成员包括各种各样的商家，以及商家的供应商和其他相关机构等。同时，阿里巴巴也需要将供应链上下游进行有机集成，使整个供应链体系发挥出最大作用。

供应链竞争是企业竞争的一个重要且关键环节，任何企业都无法独善其身，尤其是大型企业，这类企业要想获得不断发展，就需要对现有的供应链管理模式进行完善和重构，以此来不断提高企业的核心竞争力。

资料来源：搜狐网。

讨论题：

1. 总结阿里巴巴供应链管理的成功之处。
2. 阿里巴巴是如何协调供应链资源的？

第五章　供应链合作伙伴关系

【学习目标】

➤ 了解供应链合作伙伴关系的特点、类型。
➤ 掌握供应链合作伙伴关系的周期性演变特点。
➤ 掌握供应链合作伙伴关系评价的步骤和方法。
➤ 掌握供应链合作伙伴关系的协调管理。

【知识架构】

供应链合作伙伴
关系的定义和特点

供应链合作伙伴
关系与传统交易
关系的区别

供应链合作伙伴
关系的实现过程

供应链合作伙伴
关系建立的驱动力

供应链合作伙伴
关系概述

供应链合作伙伴
评价与选择的要素

供应链合作伙伴
评价与选择的流程

供应商的评价
与选择

供应链合作伙伴
的评价与选择

供应链合作
伙伴关系

供应链合作
伙伴关系的
演化和定位

供应链合作伙伴
关系的演化

基于产品类型的
合作关系定位

供应链合作
伙伴关系的
协调管理

供应链企业合作
存在的问题
及其影响

供应链合作伙伴
关系协调管理
的含义及其内容

供应链信息共享
及其方式

导入案例

中国一汽与宝钢集团的供应链战略合作

宝钢集团是国有大型钢铁企业，中国一汽是国有大型汽车企业。两家公司建立战略合作伙伴关系，共同打造有竞争力的供应链。双方组建跨职能团队，加强交流与协作。宝钢集团科技人员参与中国一汽新车型的设计、制造和选材等工作，缩短了新产品的开发时间，降低了新产品开发的风险。此外，还协同中国一汽进行产品更新，通过优化选材或提供替代材料，降低材料消耗，减轻汽车自重，促进节能减排。中国一汽逐步实现与宝钢集团等供应商之间在技术、标准、数据等方面的信息共享。供应商要与中国一汽采购部和技术中心进行计算机信息网络的连接。实施电子采购，可以实现产品开发过程的高效率协作。中国一汽已经开始尝试换代车和供应商同步开发，在概念车设计时将各个产品的三维数据通过网络发送给供应商，供应商设计方案，大家通过网络进行三维数据交换，协同创新。宝钢集团也加快了自身新产品的开发周期，提高了供货比例。双方通过流程并行化、资源集成化、行为协同化，实现了快速响应客户需求，提高了整个供应链的创造力和竞争力。

资料来源：搜狐网。

第一节　供应链合作伙伴关系概述

供应链合作伙伴关系（supply chain partnership，SCP）是企业供应链管理的核心，要有效地实现供应链管理就应促进由单次市场交易机制向战略协作机制的快速转变，即在供应链各成员企业之间建立一种长期稳定的合作伙伴关系，从而提高整个供应链的运行效率和竞争能力，促进供应链上各成员企业的共同发展，以使企业适应新经济形势的发展需要。

供应链合作关系基本概念

一、供应链合作伙伴关系的定义和特点

1. 供应链合作伙伴关系的定义

供应链合作伙伴关系也就是供应商、制造商、销售商之间的关系，或者称为卖方-买方关系。供应链合作伙伴关系可以看成供应商与制造商、制造商与销售商之间在一定时期内的共享信息、共担风险、共同获利的协作关系。这样一种战略合作关系形成于集成化供应链管理环境之下，形成于为了特定的目标和利益的供应链企业之间。形成的原因通常是为了降低供应链总成本、降低库存水平、增强信息共享、改善相互之间的关系、保持合作伙伴相互之间操作的一贯性，以产生更大的竞争优势，实现供应链成员企业财务状况、产品质量、产量、交货期、用户满意度和业绩的共同改善与提高。

因此，供应链合作伙伴关系是指核心企业与供应链上其他成员企业之间的关系，包括与上游供应商的合作关系和与下游销售商的合作关系。

2. 供应链合作伙伴关系的特点

供应链合作伙伴关系是"横向一体化"思想的集中体现，即核心企业利用其他成员企业的资源和技术优势为自己服务，进而达到多赢的目的。其特点如下。

（1）相互信任的长期、稳定的合作关系。供应链合作伙伴关系是一种基于长远考虑的企业关系，合同或供应协议是长期的，并能够切实得到保证。这种关系意味着超越合作的灵活性，每一方都不要求"绝对公平"地完成每次交易，各方都能够承担责任，期望提高供应链的整体竞争力，并最终使自己获益。

（2）开放和共享，全方位地交流与合作。合作伙伴共同开发消费者需求预测系统，通过共享市场信息，对供应链成员企业的生产与库存等进行协调，使企业及时调整生产策略，以便在市场上占据主动地位。供应链各成员企业定期交流产品、市场和技术等问题，通过财务支持、人员参与或提供技术支持等方法提升企业生产能力。

（3）共担风险与共享利益，强调供应链的整体效益。采用评估工具，找出成功或失败的原因，不断改善合作关系，从而达成一致的行动目标。经常评价进展情况，在经常反馈中优化合作关系，提高供应链的整体效益。

建立良好的供应链合作伙伴关系，不但提高了供应链整体效益，而且获利部分也可以分配到合作伙伴手中。总之，供应链合作伙伴关系能将"零和游戏"变成一种共赢局面。

二、供应链合作伙伴关系与传统交易关系的区别

供应链合作伙伴关系和传统交易关系有明显的区别。从战略上看，传统交易关系与供应链合作伙伴关系的区别如表 5.1 所示。

表 5.1　传统交易关系与供应链合作伙伴关系的区别

比较项	传统交易关系	供应链合作伙伴关系
契约持续时间	一次性	长期
沟通程度	低	高
能力转移与合作对象转换	经常转换	不经常转换
管理层支持度	低	高
交易态度	封闭、怀疑	开放、信任、合作
可视性	低	高
计划和目标	短期	参与、相互、长期
利益分享	单独	共享
问题解决	个体利益导向	共同利益导向

从运营层面上看，传统交易关系与供应链合作伙伴关系也是不同的。传统交易关系的特点是：对供应商的选择强调低价格；与供应商的合约是短期的；供应商数目较多；信息共享有限；在问题解决、工作改进和利益分享上都是个体利益导向。而供应链合作伙伴关系的特点是：对供应商的选择有多个指标；与供应商有长期的合同；供应商数目较少；信息共享；在问题解决、工作改进和利益分享上都是基于共同利益导向。

再将传统交易关系、供应链合作伙伴关系及纵向一体化三者进行比较，如表 5.2 所示。显然，这三者的区别是明显的，各有适合应用的环境。

表 5.2　不同合作关系的比较

比较项	传统交易关系	供应链合作伙伴关系	纵向一体化
关系紧密程度	不稳定、短暂	密切、稳定	内部合作
信息交流	仅分享交易信息	计划、生产及技术等信息高度共享	完全共享
计划	短期	长期、实时	长期
资产所有权	各自独立	部分共享	完全控制
风险与回报	局部理性，系统风险	共担风险，共享利益	内部控制，共享利益

三、供应链合作伙伴关系的实现过程

在供应链中，企业之间建立合作伙伴关系的实现过程如下。

1. 合作伙伴选择

主导企业在选择合作伙伴时，必须权衡各种因素，全面考察潜在的合作企业，从中做出最优化的选择。通过对各潜在合作企业的特征进行分析、整理、评估，确定一个最优的合作伙伴企业构成方案。在这一阶段，主导企业根据建立的供应链模型，确定所需要的产品性能水平、关键经营过程与核心资源；开发供应链运营流程并进行评价，以进一步确定当前所拥有的核心资源与能力；进行缺陷分析，以确定企业核心能力之外所需要的能力，大致确定合作伙伴的选择范围，并进行合作伙伴的初选；通过对潜在合作伙伴进行综合评价，从而确定合作伙伴集合。

2. 合作伙伴关系建立

合作伙伴评价与选择虽然是供应链主导企业单方面的行为，但仍需要与潜在合作伙伴进行一系列的沟通与协商谈判，最终确立合作伙伴关系，如对某个核心资源占据垄断地位的单个或少数几个供应商的选择。然而，在大多数情况下，供应链主导企业面临多个潜在合作伙伴。对于一对多情形下的合作伙伴关系，同样可以采用协商谈判的方式来建立。在协商与谈判的代价过大时，可以采用招标方式。通过建立合理的招标机制，可以快速高效地在多个潜在合作伙伴中选择，使结果朝对双方都有利的方向发展。同时，由于供应链企业之间信息的不对称，在建立合作伙伴关系的过程中，有必要建立约束机制。由于供应链管理中不确定性因素的存在，单一节点的供应源对供应链的运行造成潜在的风险。因此，有时供应链主导企业会同时与多个具有同样资源的企业建立合作伙伴关系，组成供应链组合。

3. 合作伙伴关系评价与重构

鉴于供应链运行的动态性，有必要对供应链合作伙伴进行有效的激励与监督，以确保企业之间合作伙伴关系的稳定。对合作伙伴的监督可通过供应链绩效评价来实现。

四、供应链合作伙伴关系建立的驱动力

供应链合作伙伴关系的形成是企业内外部因素共同作用的结果，如产品生命周期的缩短、客户的需求日益提高等。但起主要作用的是三个基本的驱动力：核心竞争力、不断变

化的客户需求、外包战略。其中，核心竞争力是企业自身优势保持和发展的内在驱动力；不断变化的客户需求是合作伙伴关系得以形成的外部压力；合作伙伴关系可以说是外包战略的延伸和深化。

1. 核心竞争力

核心竞争力建立在企业核心资源的基础之上，是企业的技术、产品、管理、文化的综合优势在市场上的反映。核心竞争力是一个组织在自己所从事的生产和服务领域中具有的一系列互补的技能和知识的结合。核心竞争力不是一种简单的技能，而是技能的组合。企业的核心竞争力具有以下特点。

（1）价值优越性。核心竞争力是企业独特的竞争能力，应当有利于企业效率的提高，能够使企业在创造价值和降低成本方面比竞争对手更有优势。同时，必须对客户提供"可感知"的利益。核心或非核心就在于企业是否能为客户带来更多的"可感知"的利益。

（2）差异性。核心竞争力应是企业在长期的生产经营活动中积累形成的特殊能力，其他企业难以模仿或复制。

（3）难替代性。由于核心竞争力具有差异性，因而依靠这种能力所生产的产品也难以被其他产品替代。

（4）可延伸性。企业的核心竞争力不仅能帮助企业获得竞争优势，而且可以帮助企业进一步开发新的产品或进入新的领域。没有前景的能力不能称为核心竞争力。

从长远来看，企业的竞争优势来源于以比竞争对手更低的成本生产出质量更高的产品。但是任何企业所拥有的资源都是有限的，不可能在所有业务领域都获得竞争优势，因而必须将有限的资源集中投入在核心业务上。建立供应链合作伙伴关系是保持核心竞争力的有效手段。供应链各成员企业通过建立合作伙伴关系，把非核心业务交由合作伙伴来完成，自己专注于核心领域。供应链合作伙伴关系既是企业保持和增强自身核心竞争力的手段，也是企业利用其他企业核心竞争力获取竞争优势的手段。

2. 不断变化的客户需求

客户需求是企业生产的驱动力。企业生产的产品只有最终到达客户手中，才算真正实现了价值。对客户需求的关注是供应链上所有成员的首要任务。随着时代发展，客户需求也在不断变化，表现为以下方面。

（1）对产品质量要求更高。质量是客户对产品最基本的要求。企业需要从产品设计到制造的各个环节对质量严格管理，才能保证生产出令客户满意的产品。

（2）需求多样化。个性化是当今时代重要的特征。客户不仅要求产品质量过硬，还希望在购买及使用的过程中获得更好的体验。同时，迅猛发展的互联网技术为客户表达需求提供了方便，定制产品成为新时尚。

（3）更快的响应速度。并非所有的市场都要求即时响应，但在其他条件相似的情况下，更高的响应能力会让客户印象深刻。建立供应链合作伙伴关系可以有效节省从订购到产品送达客户的时间，使企业获得竞争优势。

（4）更高的客户服务水平。通常客户购买的不仅仅是产品本身，还包括售后和维修等服务。客户服务水平是提高客户忠诚度的重要手段，越来越多的企业把提高客户服务水平作为产品的核心竞争力。

面对不断变化的客户需求，企业逐渐不再局限于自身的力量和资源，而是积极寻求与相关企业协作，建立合作伙伴关系。

3. 外包战略

外包就是把不属于企业核心竞争力的业务交给其他企业完成。很少企业能对自己所有的产品或服务的专业水平进行有效的把控。外包可使企业将资源集中投入在体现核心竞争力的业务领域，同时也为其他企业提供了商业机会。

（1）成本。生产每一种产品都需要在设备和技术上进行大量投资，而专业的制造商拥有这种资源，而且会一直通过产品研发来降低生产成本，提高产品竞争力。因此，企业选择生产业务外包，比自己投资生产更有经济性。

（2）柔性。企业因需求改变而改变生产产品组合的时候，必须变动生产资源，要花费很多的时间和精力，而且容易造成产品积压。而外包只需向供应商发出订单就可以了。

（3）质量。企业生产的产品零部件越多，零部件的质量越难保证。企业时间有限，资源有限，不可能同时提高所有零部件的质量，而专业的零部件供应商可以为企业提供更好的零部件。

（4）专业。零部件供应商对零部件设计和制造有更好的理解，有专业的设备和技术优势，并能通过持续研发提高产品性能。企业能通过外包来共享专业上的优势。

综上所述，外包能够给企业带来更大的灵活性，建立供应链合作伙伴关系就是实施某种特定的外包战略。在供应链节点上下游会形成各种形式的外包，如分销商为零售商管理库存属于库存管理外包，而分销商为制造商寻求销售渠道则属于销售外包。

第二节　供应链合作伙伴关系的演化和定位

一、供应链合作伙伴关系的演化

企业出于发展战略，与外界发生关联。当现有的关系不能满足其战略要求时，就有进一步发展新关系的动力。关系是逐级发展的，当战略需求被满足时，关系将不再继续。当战略需求发生改变时，原有的关系也必然会重新调整。因此，从生命周期的角度来看，供应链合作伙伴关系可划分为四个阶段，如图 5.1 所示。

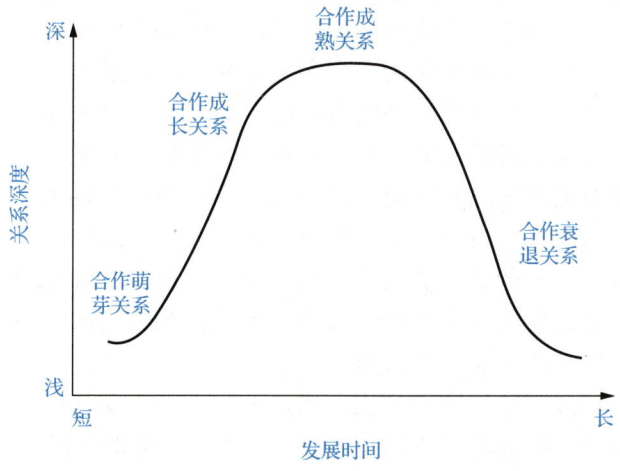

图 5.1　供应链合作伙伴关系的生命周期

从图 5.1 中可以看出，供应链合作伙伴关系的发展是一个从逐渐提升到逐渐衰退的过程。但这也不是一成不变的，有时关系的发展也可能是倒退的或是跳跃的。例如，合作成长关系可能因为外部环境的变化而退回合作萌芽关系，甚至可能直接变为合作衰退关系。

1. 合作萌芽关系

处于合作萌芽关系时，企业之间可以传递产品和服务，但它起的作用是有限的，还不能通过流程再造促进双方的一体化。在这个时候，退出的障碍很小，双方结束关系的成本很小，双方共享的信息也很少。这时，企业之间还没有建立信任关系。一般而言，这种关系存在于实时现货交易、短期合同和长期合同等市场交易中。其中合同签订也不是基于合作的，而是一种简单的市场行为。

在合作萌芽关系阶段，供应链中合作企业之间签订的合同涉及的共同利益部分较少甚至没有。企业都是从自己的利益出发，在利益分配时仅限于合同规定，可能会存在某一方"以强凌弱"，导致出现利益分配不公平的现象。这种关系限于合同约定，当合同结束，关系也面临结束。因此关系的重要程度对双方来说都很低。

在这个阶段，合作双方的沟通不通畅，沟通的内容也仅限于交易信息，通常是一对一的单点联系。在企业内部，员工还不具备合作所需要的素质，企业组织柔性较差。由于合作时间较短及合作领域限于合同规定的范围，因此合作双方缺乏信任。这种合作关系对企业市场竞争力影响较小，没有形成稳固的合作伙伴关系。

2. 合作成长关系

合作成长关系的紧密程度超越了合作萌芽关系，企业之间的合作变得更为开放。但这种合作与开放是有保留的，即信任是有限的，双方可以得到更多的有用信息，但是不包括一些敏感的信息。

在合作萌芽关系阶段，采购方会对供应商的能力和态度进行评价。如果评价结果令人满意，双方的关系就可能更进一步，有可能发展成比较稳定的合作成长关系。但这并不意味着采购方只选择一个供应商。

在合作成长关系阶段，企业之间已经不再是单点联系，而是发展到类似网络的程度，但还是个相对松散的网络。企业之间的联系比之前的市场交易行为更加深入。尽管有更多的资源投入合作中，但仍然不属于成熟的合作。在合作成长关系阶段，供应商为客户提供更高的产品附加值，采购方采取积极的态度和供应商交流。采购方可能会为进一步合作而帮助供应商解决一些问题。供应商与采购方有更多的沟通，愿意提供更多的信息以便开展合作，但是信息交流还处于运营层面，而且仅限于合作的业务领域。

供应链中合作企业之间所签订的合同涉及的共同利益部分较大。企业虽然还是从自己的利益出发，但也会考虑合作方的利益，利益分配较公平。这种关系不限于单次的合同约定，当合同结束后合作双方的关系会因为需求而延续。合作双方开始关注对方是否能提供更有价值的服务，因此合作关系对合作双方都很重要。此时退出关系的风险和障碍增大，维持这种关系的成本提高，企业较难退出。

在这个阶段，合作双方的沟通较通畅，沟通内容不限于交易信息。合作双方会建立专门的信息系统进行沟通。在企业内部，员工已具备合作所需要的素质，企业组织柔性较好。此时，双方合作时间较长，合作领域不限于合同规定的范围，有较高的信任度。这种合作

关系对于企业市场竞争力影响较大，因此合作双方都有意建立稳定的合作伙伴关系。

合作成长关系的特征：双方的合作关系在市场交易关系的基础上进一步发展；这时双方认识到合作能带来共赢，开始了解对方的经营之道，并且能够预期未来。

3. 合作成熟关系

合作成熟关系和简单的市场交易关系之间有明显的区别。建立合作成熟关系需要花费很多时间和精力，因此只能选择少数最合适的供应商建立这种关系。关系发展得好，供应商就会成为企业资源的外部延伸。在传统的业务关系中，企业之间往往是一种彼此对立的关系，所以转变思想需要花费大量的时间。

在合作成熟关系阶段，供应商和采购方都已经明确彼此的重要性。供应商成为采购方的唯一选择或是首要选择。采购方也将供应商看作其外部的战略资源。此时，双方会积极分享信息，并且致力于共同解决问题。虽然双方仍然保持着独立身份，但是在经营中高度整合，如同一个整体，外部的界线变得模糊。在这个阶段，合作双方明确认识到：高度整合可以使它们实现以前无法实现的业绩。

在此阶段，企业之间的关系往往包括职能合作或项目合作。合作团队可能是基于职能的，或以项目为基础的，但必须是和双方的战略计划相关的。合作团队由双方共同商议组成，会建立专门的通信网络，集成数据系统，使信息交流畅通无阻。双方在诸多领域有着共同的利益目标，共同制订战略计划，并融入各自的经营中。合作团队着重处理更具战略性的事务，以确保合作双方向共赢方向持续发展。

合作双方的信任感和责任感不断提升，使得进一步分享敏感信息成为可能，如成本透明。合作双方相互锁定，退出成本很大，因为它们已经在许多领域建立了合作机制，如共同开发设计新产品、协同配送和联合营销等，拆散这种合作需要付出巨大的代价。双方的合作伙伴关系已经成熟，并且支持对方从关系中获利。在这种关系下，双方交易的价格是长期而稳定的。这就大大降低了交易费用，减少了谈判等烦琐事务。

在企业内部，员工已完全具备合作所需要的素质，企业组织柔性良好。双方合作时间较长，合作的领域更广，信任度更高。这种合作关系对于企业市场竞争力影响非常大，已经成为稳定的合作伙伴关系。

合作成熟关系的特征：合作关系非常牢固，合作企业相互信任并尊重对方；双方都能够采取长期的商业行为，形成双赢的局面；双方信息沟通完全通畅，合作企业建立了专门的合作团队；合作企业之间密切合作，已经发展成为一个战略共同体，通过挖掘双方潜能以提升核心竞争力。

4. 合作衰退关系

在合作衰退关系阶段，企业之间曾经建立的合作伙伴关系受内外部因素的影响而逐渐瓦解。双方都倾向于在外部寻求更合适的合作伙伴，但由于曾经建立的合作伙伴关系仍有部分影响，因此仍有交易或合作的领域。在这种情况下，供应商仍愿意与采购方交易，同时也会提供同样的产品或服务给其他采购方。

在此阶段，供应商和采购方的关注重点又转移到了价格和绩效评估，类似于合作萌芽关系阶段。双方的合作是基于短期目标而产生的短期行为，不再花费更多的时间和金钱投资于维护长期关系，同时开始从外部发掘新的合作伙伴。

双方退出关系的障碍变小，共享的信息也逐渐减少，曾经建立的信任关系不复存在，双方在有更好的选择时有解除合作伙伴关系的意向。

供应链中合作企业之间所签订的合同涉及的共同利益部分有限，双方又回到合作萌芽关系阶段或合作成长关系阶段，更多考虑自己的利益。这种合作关系虽然不限于单次的合同约定，但每次合同结束后双方再次交易的可能性逐渐减小，因此合作关系的重要性对双方来说都较小。

合作双方的沟通不再通畅，沟通内容限于交易信息。合作双方曾经稳定的合作伙伴关系面临破裂。

合作衰退关系的特征：回归到对基本交易的满足；双方不再努力维护合作伙伴关系，开始寻求建立新的合作伙伴关系。

二、基于产品类型的合作关系定位

企业之间的合作关系处于什么层次，取决于行业的环境、产品的特征、合作者的信誉等诸多因素，关键是要有强大的合作驱动力——共同利益。

（1）对于普通产品，往往有标准式样。交易价格是双方关注的焦点，因此交易往往通过市场竞价来进行。此时供应商和采购方都不是唯一的，是多对多的供求关系。供应商和采购方之间的关系往往从市场交易开始发展，一般关系水平较低。

（2）对于特殊产品，采购方对产品有特殊的要求，但满足要求的供应商有可能不止一家。此时，采购方需要较为稳定的合作关系，供应商也需要通过合作来稳定客户群。

（3）对于专利产品，往往是供应商独自拥有产品专利，而有许多采购方需要这种产品。此时，采购方非常需要稳定的供应商，合作愿望强烈，而供应商拥有技术竞争优势，可能没有采购方那么强烈的合作愿望。

（4）对于客户定制产品，只有少数的供应商能够满足采购方的要求，此时双方往往都有强烈的合作愿望，可以通过联合设计等合作方式，来取得共同的竞争优势。

可见，如果产品较特殊或是客户定制的，很可能一开始双方就站在一个较高的层次上发展合作关系。

第三节　供应链合作伙伴的评价与选择

供应链合作伙伴选择方法

在供应链管理中，合作伙伴的评价与选择非常重要，其结果直接影响供应链的效率和稳定。评价与选择是两个问题，但在供应链环境下几乎是同时出现：在供应链合作伙伴关系形成阶段，评价的结果是进行合作伙伴选择的主要依据；在供应链合作伙伴关系维持阶段，评价（主要是绩效评价）是供应链成员企业进行动态调整的主要依据。可以说，评价是选择的基础，选择是评价的结果。下面对供应链合作伙伴的评价与选择问题作进一步探讨。

一、供应链合作伙伴评价与选择的要素

供应链合作伙伴的选择问题最终可以归结为评价问题。这是因为，评价比较复杂，需

要考虑众多的因素，而评价之后的选择则相对简单。供应链合作伙伴评价的基本要素包括以下几个方面。

1. 评价主体

评价主体是评价任务过程的执行者，评价主体的意图、建立的评价指标体系和选择的评价方法将直接影响评价的结果。在本书中，评价主体是供应链中的核心企业或者是在供应链运营中起主导作用的企业。

2. 评价客体

评价客体是被评价的对象，即欲加入供应链的企业。评价客体的特征，及其所提供的信息等也将直接影响评价的结果。在本书中，评价客体包括供应商和销售商。

3. 评价指标体系

评价指标体系是指为了实现评价，而对评价主体意图、评价客体特征以及外部影响因素进行概括的抽象集合，凭此可将对评价客体的评价转化为对评价指标的评价。在本书中，分别介绍了供应商评价指标体系和分销商评价指标体系。

4. 评价方法

评价方法是评价主体执行评价任务所采取的技术手段。运用评价方法，将所有评价指标取值按照一定的方法进行综合，得到一个总体的评价值，以此作为供应链合作伙伴选择的依据。

二、供应链合作伙伴评价与选择的流程

供应链合作伙伴评价与选择的流程如图 5.2 所示。

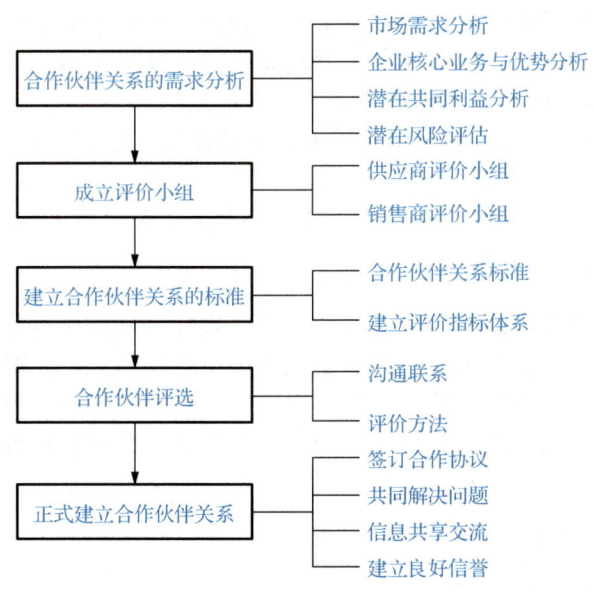

图 5.2　供应链合作伙伴评价与选择的流程

1. 合作伙伴关系的需求分析

（1）市场需求分析。

市场需求分析是建立合作伙伴关系的前提。通过搜集客户需求、产品类型和特征、竞争对手情况等市场信息，确认是否有必要建立供应链合作伙伴关系。通过向销售商、用户和竞争者进行调查，掌握准确的数据资料。还应建立市场信息采集监控系统，并开发复杂信息分析和决策系统。对于已建立的供应链合作伙伴关系，则根据市场需求变化确认改变供应链合作伙伴关系的必要性。

（2）企业核心业务和优势分析。

当企业专注于核心业务，而把非核心业务外包，会使供应链上企业之间的依赖性加强。企业只有了解自身的核心优势，才能把非核心业务准确而不是盲目地委托给其他企业，才能与其他企业建立真正的合作伙伴关系。企业是否具有核心竞争力，在哪方面具有核心竞争力可根据（value, rarity, imitability, organization，价值性，稀缺性，难以模仿性，组织性）框架模型和价值链模型来分析。

（3）潜在共同利益分析。合作双方为共同利益而努力，才有建立合作伙伴关系的愿望。潜在的利益可表现在以下几个方面。

① 实现共同的期望和目标。

② 改善相互之间的交流，实现信息共享。

③ 减少外部不确定性及其造成的风险。

④ 增强矛盾解决能力。

⑤ 减少中间环节，提高生产和流通效率。

⑥ 减少不合理的库存和资金占用，降低管理成本。

⑦ 借助来自客户和供应商、销售商的信息进行创新，并从合作中获得技术资源。

（4）潜在风险的评估。

风险具有客观性、不确定性、不利性等性质，所以识别风险、评估风险，才能共担风险，把风险的影响降到最低程度，以谋求最大的收益。那些不成功的合作往往都是因为对合作估计过于乐观，而对风险估计不足。潜在风险包括以下方面。

① 信息技术缺陷，如网络传输速度、软件设计缺陷等。

② 企业文化不兼容，如企业文化差异大，难以兼容，会导致观点和看法存在分歧，影响供应链稳定。

③ 过度依赖一个合作伙伴，当该合作伙伴不能满足企业要求时可能造成惨重损失。

2. 成立评价小组

企业必须分别建立供应商和销售商评价小组，以控制和实施合作伙伴评价，招募组员应以与供应链合作密切的部门为主。组员必须有团队合作精神，具有一定的专业技能。例如，供应商评价小组应主要以采购、质检、研发、生产及信息技术等部门为主，而销售商评价小组主要以销售部门为主。评价小组应制定合作伙伴的评价标准，建立供应链合作伙伴的综合评价指标体系。

3. 建立合作伙伴关系的标准

1）合作伙伴关系标准

（1）兼容性。

兼容是一个成功的合作关系所必须具备的重要条件之一。两个进行合作的企业，如果

缺少兼容性，那么不管双方的业务在战略上多么重要，也不管双方多么有能力，都将很难经受时间的考验，也很难应对变化的市场和环境。兼容和解决分歧的能力是保持合作双方良好关系的基石。兼容并不意味着没有分歧，但只要合作双方有合作的基础并且相互尊重，就可能解决分歧。兼容包括规模与能力上的兼容，生产和财务上的兼容，销售渠道和分配上的兼容，质量管理的兼容，信息网络的兼容，企业文化的兼容，环境策略的兼容等。

（2）能力。

合作伙伴的能力也是非常重要的因素。合作者必须有对方需要的能力，合作才有价值。在评价合作伙伴的能力时，企业应当为每一个潜在合作对象准备一份档案资料，以更好地评价其优势和弱势。归纳起来，主要评价以下几点。

① 在拟合作的领域，自己与合作伙伴谁更活跃？

② 对方的市场能力如何？

③ 对方的技术水平、生产能力、销售网络如何？

④ 对方是市场的主导者还是跟随者？

一般来说，大部分企业都要求合作伙伴具有互补性的能力。寻找能够帮助企业克服自己弱点的合作伙伴，这样可以变弱点为优势。

（3）投入。

找到一个与自己有同样投入意识的合作者，是合作伙伴关系的第三个基石。就算合作伙伴有能力与自己的体系相容，但如果对方不愿向合作关系投入时间和资源，合作关系就很难取得预期的效果。所以，在决定建立合作伙伴关系之前，必须了解合作伙伴对合作关系的投入意识，主要从以下两个方面考察。

① 合作业务是否属于合作对象的核心业务范围。如果合作的业务对合作对象是微不足道的，那么对方就有可能不愿投入很多时间和资源，还有可能退出合作关系而使企业处于一种进退两难的境地。但如果合作业务属于合作对象的主要业务，这种风险就会减小。

② 确定合作伙伴退出合作伙伴关系的难度。合作伙伴关系面临的风险之一就是企业把合作纳入发展战略，并且投入了大量的资源和精力，而合作对象却突然退出合作伙伴关系，这将给企业带来巨大的损失。所以，在决定建立合作伙伴关系之前，必须测试合作对象退出合作伙伴关系的困难程度。

2）建立评价指标体系

评价指标体系是选择供应链合作伙伴的客观依据。评价指标体系的设置合适与否直接关系到能否选出理想的供应链合作伙伴。建立供应链合作伙伴评价指标体系，应遵循以下原则。

（1）系统全面性原则。供应链合作伙伴评价指标体系必须能全面反映合作伙伴目前的综合水平，并包括企业发展前景等指标。

（2）最小完备性原则。在全面性的基础上，各评价指标之间必须相互独立。如果各评价指标的内容互相重叠，就会产生重复评价的情况，从而使评价结果失真。

（3）简明、科学性原则。供应链合作伙伴评价指标体系的结构必须适宜，应有一定的科学性，抓住关键要素。指标体系过大、指标层次过多、指标过细，势必将评价者的注意力吸引到细小的问题上；而指标体系过小、指标层次过少、指标过粗，又不能充分反映合作伙伴的水平。

（4）稳定可比性原则。还应考虑到供应链合作伙伴评价指标体系应易与现存的其他指标体系相比较。

（5）灵活可操作性原则。供应链合作伙伴评价指标体系应有一定的灵活性，以适应不同企业的特点及实际情况。

（6）公开、公平、公正性原则。对合作伙伴的评价应公开、公平、公正地进行，避免掺杂个人主观认识。

（7）动态平衡原则。供应链合作伙伴评价指标体系应该根据实际环境的变化及时调整，对合作伙伴也应该根据实际情况进行动态评价。

此外，还应注意，由于不同的合作伙伴在供应链中所处的角色与功能不同，故对不同合作伙伴的评价指标体系也应不同。以供应商和销售商为例，从个性与共性角度来说明两者评价指标体系的异同。

（1）共性分析。不管是供应商还是销售商，都是供应链中的成员企业。针对一个独立的企业，都需要对企业的财务、成本、管理、服务和外部环境进行评价。

（2）个性分析。对于供应商，无论其对核心企业提供的是原材料还是零部件，核心企业主要看重的是供应商产品的质量、成本、生产能力、柔性、交货、技术等因素。而对于销售商，因为其不生产产品，而是营销产品，并提供延伸产品——服务，因此核心企业重视的是销售商是否具有通畅、多样化的销售渠道，是否具有良好的促销策略，是否有足够的促销投入，还要求销售商具有良好的客户需求预测能力、快速的信息反馈速度和低库存控制能力。销售商和供应商所提供产品的差异性，决定了对两者评价指标体系的不同。

4. 合作伙伴评选

一旦企业决定进行合作伙伴评选，评价小组应与初选伙伴取得联系，以确认其是否愿意与本企业建立供应链合作伙伴关系，是否有获得更高业绩水平的愿望。然而，企业的资源和力量是有限的，企业只能与少数关键的伙伴保持紧密的合作，所以参与的伙伴应是尽量少的。企业在确定好有意愿合作的初选伙伴之后，就可运用一定的评价方法（如定性方法、定量方法，以及定性与定量相结合的方法）确定最后的合作伙伴。

5. 正式建立合作伙伴关系

经过以上四个步骤，企业已经确定了合作对象，接下来就是与其建立正式的合作伙伴关系，包括签订合作协议，拟定共同解决问题方案，确定双方信息交流/共享的方式，以及如何建立双方合作的良好信誉等。

三、供应商的评价与选择

供应商是物流的始发点，是资金流的开始，同时又是信息流的终点。任何需求信息都可转化为供应信息，而需求的满足程度最终要追溯到供应商对订单的履行程度。因此，企业与供应商的合作显得非常重要，成为供应链各个环节合作的开端。实行准时生产的企业，更强调与上游供应商的合作，没有供应商的准时供货，就不可能实现"在需要的时刻，按照需要的数量，生产真正需要的合格产品"。如果供应商出了问题，没有实现准时交货，或没能正确交货，将给后续环节带来连锁反应，最终导致延迟交货。

1. 选择供应商的原则

选择供应商的原则主要包括以下几个。
① 高质量。
② 低成本。
③ 高效率。
④ 交货灵活。
⑤ 相同或相近的企业价值观及战略思想。

2. 建立供应商综合评价指标体系

根据以上原则，本书给出了一种供应商评价指标体系，包括质量、价格、交货、服务、技术与生产能力、财务状况、外部环境和企业信誉 8 个方面，如图 5.3 所示。需要指出，企业应根据自己的需求和目标选择合适的评价指标，对候选供应商进行综合评价，从而选择出最合适的供应商。

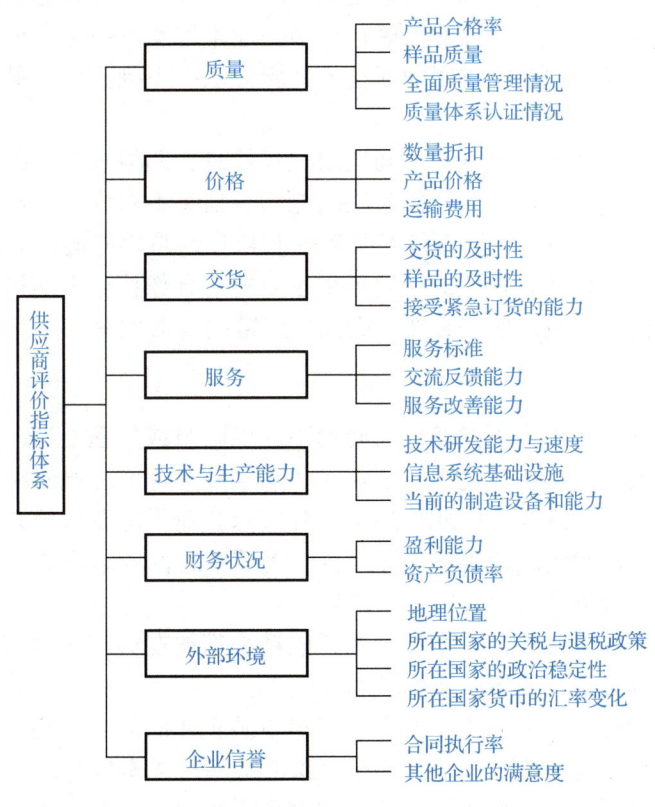

图 5.3 供应商评价指标体系

第四节 供应链合作伙伴关系的协调管理

在供应链中，每一个节点企业既是后一个节点企业的供应商，同时也是前一个节点企业的采购商，供需关系贯穿整个链条。由于供应链的动态性，以及节点企业之间存在的信息不对称和利益冲突，因此需要加强供应链合作伙伴关系的协调管理，使整个供应链获得的利益大于各节点企业单独获得的利益之和。

一、供应链企业合作存在的问题及其影响

1. 存在的问题

供应链各节点企业是具有独立利益的经济实体，追求自身利益最大化是其固有的本性，因此企业之间的合作不可避免地会产生一些问题，主要有以下方面。

（1）利润分配问题。各节点企业为了参与供应链，调整经营模式、增加研发投入，自然希望从中获得更大的利益。那么，如果供应链节点企业的利益不能得到合理的分配，就会导致合作障碍甚至更严重的后果。

（2）风险共担问题。风险和利益问题是挂钩的，企业承担风险必然是希望得到相应的回报。出于对利益分配的不确定性的考虑，许多企业不愿意承担无回报的风险，这就导致对供应链整体利益和竞争力产生作用的新技术、新方法得不到应用，最终导致供应链所有成员利益受损。

（3）沟通问题。沟通不仅是企业之间运用现代信息、网络技术获得相互有用的信息资源，还包括通过有效的协商，解决合作问题的能力。信息不对称是沟通的最大障碍，企业如何在信息不对称的情况下最大限度地相互理解和协作，是供应链存在的实际问题。

（4）信任问题。信任在合作中的作用是很重要的。合作伙伴之间诚实、守信、关心对方的利益，通过协商来解决问题，必然会提高供应链的运营效率。

2. 影响分析

如果对供应链企业合作中可能发生的问题不加以防范或处理不当，就会引起供应链失调。所谓供应链失调，是指供应链中各节点企业相互冲突，或者虽然相互没有冲突但是供应链整体效益不佳的一种现象。在此情形下，各节点企业不能有效地共享信息，只依据各自独立的需求预测信息确定运营策略，导致供应链整体运营效率降低。

一般说来，供应链失调会引起以下不良后果。

（1）生产成本增加。各个节点企业把主要的精力都放在如何尽力满足订单上，不合理的生产和物流运作等导致产品生产成本增加。

（2）库存成本增加。各个节点企业为了应对下游企业的需求变动，必须保有较高的库存水平，增加了仓储和运输压力，从而使整个供应链库存成本攀升。

（3）客户服务水平降低。面对快速变化的市场需求，节点企业安排生产计划的难度加大，经常出现生产能力和库存不足的情况，引起上下游订单大幅波动，导致客户服务水平降低。

（4）供应链合作伙伴关系恶化。供应链中各节点企业互相埋怨、互不信任，很少从自

身方面寻找原因，而是更多地归罪于其他企业，从而不可避免地产生矛盾和冲突，影响合作伙伴关系。

二、供应链合作伙伴关系协调管理的含义及其内容

1. 基本含义

供应链合作伙伴关系协调管理是以合作为指导思想，建立供应链企业合作伙伴关系的协调机制和渠道，通过协商、谈判、约定、沟通、交互等方式，协调供应链企业合作伙伴关系，以实现供应链整体绩效目标和成员企业绩效目标。

2. 主要内容

供应链合作伙伴关系协调管理的主要对象是供应链企业之间以供需交易关系为主体的一系列关系的总和，包括供应链企业之间物流、资金流、信息流的协调管理和企业之间的合作关系的管理。从问题的解决途径和手段角度分析，供应链合作伙伴关系协调管理的内容分为以下三个方面。

（1）企业之间的信息传递和共享。信息共享是供应链合作伙伴关系协调管理的基础。如果没有有效的信息传递和共享，必然会导致供应链不协调，如需求变异放大效应。

（2）供应链利益分配。为保证供应链竞争力，必须防止节点企业片面追求自身利益最大化的行为。只有当供应链整体利益大于没有战略合作时各企业利益之和时，供应链才可能维持下去。因此，核心企业必须从战略角度出发，建立供应链竞争优势，持续增加供应链整体利益，并将增加的利益进行公平合理的分配。

（3）建立供应链企业之间的信任。供应链企业之间的信任主要有两个方面：一方面是核心企业对其他节点企业的信任，可以通过签订约束性的合同实现；另一方面是其他节点企业对核心企业的信任，即相信核心企业有能力在不确定的市场环境下领导供应链，获得更大的市场份额，提高整体收益，并让各节点企业分享收益。这就要求核心企业不断提高自身的实力。

上述三方面内容是一个渐进的过程，只有前面的协调实现，后面的协调才有保证。只有建立长久、稳定的战略合作伙伴关系才能保证供应链协调和高效。

三、供应链信息共享及其方式

供应链各成员企业是独立的经济个体，加强信息共享可以降低信息获取成本，提高信息运用效率，进而提高整个供应链的响应速度和竞争力。

1. 含义及特点

信息共享指在供应链管理环境下，合作企业之间关于供应链运行的各种信息，如客户订单、销售数据、库存报告等，能够从一个企业（部门）开放地、有效地、自动地流向另一个企业（部门），即整个供应链上的企业（部门）可以分享信息资源。

存在于供应链合作伙伴之间的信息共享不同于一般企业间的信息共享。非供应链企业在进行生产经营活动时，也会与其他的企业进行信息共享，但这种共享往往限于某一项合作业务，一旦合作业务结束，也就自然停止。

2. 基本原则

供应链信息共享应遵循以下原则。

（1）开放原则。要建立一个开放的信息平台，让所有的成员企业都能把自己的信息放到信息平台中，同时应及时跟踪和利用供应链以外的信息。

（2）信息保密与信息共享之间的平衡原则。合作伙伴成员应保护好属于企业核心能力和竞争优势的秘密，也要积极交流和共享非涉密信息，并获得新的信息，不断丰富自身的信息库。

（3）协调原则。对于高效率的供应链，成员企业在信息拥有方面具有互补性，在信息的学习能力与创造能力方面具有协调性，在信息共享、交流等方面具有企业文化与经营理念的一致性。因此，在建立供应链合作伙伴关系时，要充分考虑以上因素。同时，对于信息共享过程中发现的问题，必须建立有效的解决机制。

3. 信息共享内容

供应链合作伙伴之间信息共享的内容主要包括以下几个方面。

（1）共享订单信息。供应链节点企业相互之间了解各自接受订单的状况，确保在交货期内按时将产品提供给客户，提高决策效率。

（2）共享生产与配送计划信息。上游企业依据下游企业的生产计划来决定自己的库存和生产情况；同样，上游企业的生产和库存情况又影响了下游企业的需求。所以，制造商可以利用供应商的生产与配送计划来提高自己的计划水准，供应商也可以根据制造商的生产计划来为制造商提供可靠的补给。

（3）共享库存信息。过高的库存会导致供应链绩效低下。供应链节点企业通过共享库存信息，可以有效降低整个供应链的安全库存水平，增加供应链竞争力，如制造商通过了解销售商的库存信息，可以及时调整生产计划等。

（4）共享需求预测信息。企业越靠近市场，越可以准确预测市场需求。如果供应链下游企业将市场需求预测信息与上游企业共享，上游企业就能更合理地确定库存管理策略，制订出更准确的生产和供应计划。否则，上游企业对市场需求的预测可能很片面，导致需求变异放大效应。

（5）共享技术支持信息。用户得到的最终产品是供应链上所有企业共同努力的结果。在供应链环境下，每个企业都有专长的核心业务，其他方面则需要合作企业提供技术支持，才能形成最终产品。

4. 信息共享模式

在供应链管理实践中，企业已经探索出多种信息共享方式，如电子数据交换、供应商管理库存、有效客户响应、连续补充计划等。这些方式有一个共同之处是需要以信息技术为支撑。从信息技术利用角度，可以将信息共享分成为三个层次。

（1）数据传送。利用电子数据交换等系统在节点企业之间实时传递数据，加快整个供应链处理数据的速度，降低处理成本。

（2）数据共享。数据共享适用于需要密切联系和协调、频繁进行信息交换的情况，一般是通过一个虚拟的供应链管理信息中心进行。供应链管理信息中心可以提供全方位的信息服务，包括财务管理、库存平衡、支付、目录管理、销售预测、信用评定等服务，便于供应链节点企业访问。共享数据可以增加供应链节点企业之间的了解，提高预测及计划的客观性，也可以减少数据重复传递带来的浪费。

（3）应用集成。通过一定的技术手段将供应链各节点企业的业务处理衔接起来，确保各节点企业不至于在面对同样的共享数据时做出差异很大的决策。例如，制造商和销售商同时获得市场的历史数据，但如果各自对数据处理的原则、方法不一致，则预测结果可能完全不同，进而给供应链协调带来困难，也使信息共享失去了意义。当前，基于网络的计算技术、电子商务和电子拍卖等都是实现应用集成的有效手段。

本 章 小 结

面对竞争激烈的外部环境，供应链企业之间必须寻求建立一种长期的战略合作伙伴关系。本章首先介绍了供应链合作伙伴关系的定义、特点及发展过程；接着指出打造核心竞争力，改善客户服务水平，是企业建立合作伙伴关系的驱动力；然后根据生命周期对合作伙伴关系类型进行分类；之后介绍了供应链合作伙伴关系建立的流程和常用的评价指标体系；最后指出加强信息共享是供应链合作伙伴关系协调发展的重要手段。

 关键术语

供应链合作伙伴关系 supply chain partnership　　　核心竞争力 core competence
战略合作伙伴 strategic cooperation partner　　　　评价指标体系 assessment criteria
业务外部 business outsource

习　　题

一、选择题

1. 供需双方签订回购契约（　　）提高供应链整体经济效益。
　　A．能　　　　　　　　　　　B．不能
2. 供应链战略合作伙伴关系是一种（　　）。
　　A．博弈关系　　　　　　　　B．共同获利、风险共担关系
3. 能保持较高的竞争力和增值率的合作伙伴，可以建立合作关系的类型为（　　）。
　　A．普通合作伙伴　　　　　　B．战略型合作伙伴
　　C．技术型合作伙伴
4. 供应链管理与企业内部管理最大的不同之处在于，在供应链中没有组织机构和行政隶属关系作为支撑，只能以强调（　　）作为管理职能实施的基础。
　　A．合作和签订契约　　　　　B．谈判
　　C．意愿　　　　　　　　　　D．激励

二、简答题

1. 供应链合作伙伴关系的定义及其特点是什么？
2. 如何建立供应链合作伙伴关系？
3. 选择供应链合作伙伴时应注意哪些问题？
4. 评价供应链合作伙伴关系要考虑哪些因素？
5. 供应链企业在合作中存在哪些问题？

案例分析

海尔与国美合作关系发展历程

1. 交易型合作关系阶段

在国美与海尔供应链合作关系发展初期，即1999—2001年，国美一直奉行低价经营策略，而海尔早期则主张"只打价值战，不打价格战"的经营理念，双方关系一度僵化。由于担心价格战会打乱海尔稳定的价格体系，破坏现有营销网络，失去渠道话语权，海尔的某些区域市场部门作出了不与国美直接合作的决定，而是利用专卖店、大商场、批发商以及国外连锁店（如沃尔玛）等销售渠道。尽管在这一期间也出现了间接合作的情况，即通过专卖店向国美供货，但是缺陷也非常明显。随着国美的扩张，海尔迫于市场份额下降的压力，2002年开始与国美开展合作。从2004年开始，海尔调整经营策略，空调等产品改走优质平价路线，与国美的合作不断升级。经过双方的广泛接触，2005年6月，国美与海尔签订了包括空调、冰箱等应季产品在内的全部13大品类，总值高达6亿元的采购订单。此举创造了国美有史以来与单一上游电器生产厂商一次性签订采购金额的最高纪录。同时，海尔决定依靠其丰富全面的产品线，全方位与国美展开深度合作，双方互相承诺开辟供货和结款等诸多方面的"绿色通道"。例如，海尔方面承诺，在销售旺季出现某一产品品类短缺或物流配送紧张时，将首先保证全国国美系统的供货，同时在残次品、滞销品的退换上也将予以优先保证；而国美则承诺将尽量增大在各门店中对海尔产品的推广力度，同时对于厂家最关心的售后结款问题也将优先予以保证。总体来看，该阶段双方已经有了较为广泛的接触，但是合作的广度和深度还比较有限，主要还是依据价格决定合作规模及内容。

2. 协调型合作关系阶段

2006年，国美和海尔遇到了各自发展的瓶颈，有进一步深化合作的强大动力。为了应对苏宁、百思买及厂商自建渠道的挑战，国美大力整合供应链、改善"零供"关系。2007年5月11日，国美宣布募资约65.5亿港元，其中40%用于改善与供应商的关系，尤其是缩短应付账周期。经过国美与海尔双方就供应链合作关系的磋商，国美与海尔签署的2007年战略合作协议，订单总金额高达100亿元，创造了我国家电发展史上最大规模的厂商一次性合作项目。与国美一贯对待供应商不同的是，此次与海尔的战略合作，国美承诺将不再向海尔收取合同以外的费用及进场费，逐步实现双方交易透明化；海尔承诺将给国美提供更具市场竞争力和高性价比的商品，并大幅拓展合作领域，双方由单纯的产销关系延伸至市场调研、产品研发与制造、供应链价值提升、信息化建设和物流管理等多个系统领域。同时，海尔在国美渠道中设立100个"海尔旗舰商品展销中心"和200个展示海尔整套家

电的"海尔电器园"形象店。为了共同研发适合市场需求的产品，双方决定共同成立"国美海尔事业部"，该事业部将由双方采购、销售、研发、服务及财务人员共同组成。

3. 战略型合作伙伴关系阶段

2010年，海尔与国美持续推进战略合作伙伴关系建设，挖掘合作潜力，拓展合作领域。"国美海尔事业部"在组织和运作上日趋成熟，双方通过开放式的信息化无缝对接，专门针对目标消费群体开发个性化产品，并通过双方物流体系的整合，实现B2B、B2C业务，提升供应链效率。双方合作内容不仅停留在采与销的业务层面，而是深入到共同分析和研究市场，共同研发产品，共同制定市场营销策略，共同制定服务标准，统一服务行为。这种全新的合作关系不仅有利于消费者，也有利于规范行业竞争，更有利于产业的发展和进步。

2010年7月，国美与海尔签署了一份三年实现500亿元销售规模的战略合作协议，协议合作内容主要集中在以下四个方面。

（1）差异化定制产品。合作协议尤其注重双方共同研发个性化产品。协议规定，在双方对消费需求的共同管理下，海尔每年将为国美提供600款系列产品，其中差异化产品数量不少于300款，并且差异化专供产品将占到双方销售规模的50%。同时，海尔的制造平台将为国美提供其延伸性ODM（original design manufacture，原厂委托设计）产品的制造支持。

（2）高端产品体验店。在双方协议中，国美与海尔将在一、二级市场实施个性化的产品与卖场合作。国美拥有国内最完善的渠道网络布局，尤其是在一、二级市场的优势最明显，将为海尔提供最佳的展示与销售平台。国美作为海尔最大的渠道战略合作伙伴，国美将在销售终端全力主推海尔全品类产品，这将有助于国美实现向家电及消费电子综合性、指向性卖场的转变。

（3）深耕三、四级市场。国美采取网络扩张与单店效益提升并举的均衡性发展战略，积极扩大三、四级市场。海尔在全国三、四级市场推广的物流网、销售网、服务网的"三网合一"工程稳步进行。此次合作中，国美与海尔将强化在三、四级市场网络方面的优势互补。例如，海尔在配送方面的优势资源将全面支持国美电器在三、四级市场的网络扩展，而国美拥有最强大的全国性采购平台，将选择适合于三、四级市场的产品，丰富海尔销售网络的产品。

（4）提升供应链效率。国美与海尔还专门成立两个层级的组织体系，在双方集团总部组成了经营管理团队，关注产品研发、规划、信息平台对接等。在市场终端划分了60个区域市场，每个区域10人，共计600人，共同执行战略合作的实施与推进。同时双方确定了高层的季度互访制度，以确保战略的无障碍推进。此次合作不仅创造了我国家电业规模最大的合作项目，而且也创造了我国新的商业合作模式。双方的合作不再局限于传统的、一年一度短期的供销双方的利益博弈，而是更注重合作关系的协同性和长期规划，在产品定制、渠道建设、组建经营团队、双方优质资源互补及供应链效率整合等方面展开全面合作，并通过双方的整合更好地服务消费者。这种合作模式标志着双方的供应链合作关系已转变为战略型合作伙伴关系。

资料来源：百度文库。

讨论题：
1. 海尔、国美建立战略型合作伙伴关系的成功因素有哪些？
2. 海尔、国美建立战略型合作伙伴关系对彼此有什么影响？

第六章 供应链管理信息技术

【学习目标】

➢ 认识信息技术对供应链管理的影响。
➢ 了解供应链管理信息技术的原理及供应链管理软件的特点。
➢ 理解供应链管理信息平台的结构类型和特点。
➢ 掌握 EPC 系统的构成及工作原理。

【知识架构】

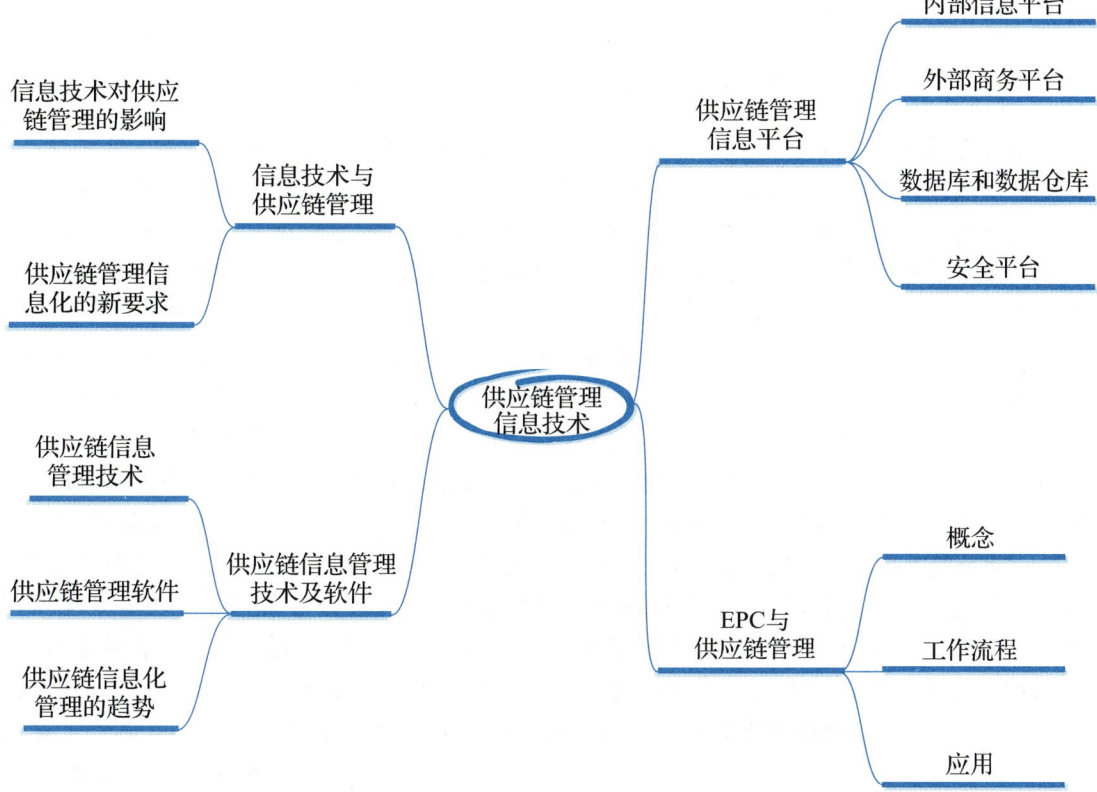

 导入案例

物流信息化助格力实现智能化配送

格力电器石家庄分公司从规划建厂起，便将信息化建设摆在了重要位置。目前该公司已经形成了以 ERP 为核心的设计开发、内部运营管理、供应系统、客户协同、决策分析五大信息平台，几十个数据系统，涵盖了从研究开发到制造管理、质量管理、客户服务等全业务流程。针对沿用格力总部物流系统存在的问题，该分公司决定实施物流信息化改革，研发了物流配送系统。

该公司研发的物流配送系统的主要特点有：一是将平板电脑作为数据终端，并应用到物流信息传递过程，通过简化设计，设备操作难度远低于工业手持终端；二是按需配送生产物料，实现了"一点触发、多点响应、齐套配送"；三是物料需求数据与实时生产数据结合，做到了"快生产快备（快配）、慢生产慢备（慢配）、不生产不备（不配）"；四是实现了工装统一及配送的定额标准化，通过系统指导实现物料齐套配送。

该系统在格力工业园区生产线实施以后，直接拉动总装分厂物料需求，克服了信息在中间传送环节不受控的情况，极大地提升了自动化程度，减少了人为干预流程的操作。省去中间环节作业人员 15 名，节约手持终端等设备 20 台（套），共计每年可直接节约金额约 100 万元。物料信息及时有效传递，极大地避免了以前由于信息传递不稳定而导致的生产线停工情况，比往年累计节约停线时间 1000 分钟，间接经济效益在 500 万元左右。

资料来源：物流搜索网。

第一节　信息技术与供应链管理

信息技术已经被视为提高企业生产效率和获得竞争优势的主要手段。企业利用先进的信息技术，可以快速获得整条供应链上各个节点的信息，实现信息共享，借此做出精确的预测和决策。如何利用信息技术重组和优化供应链，降低运作成本，提高客户的服务水平和整条供应链的竞争能力将是一个亟待解决的问题。

一、信息技术对供应链管理的影响

信息往往对整个供应链的运作发挥着引导和优化的作用。信息技术的发展改变了企业应用供应链管理获得竞争优势的方式，成功的企业往往通过应用信息技术来支持和发展其经营战略。

1. 建立新型的客户关系，更好地了解客户和市场需求

信息技术能够帮助企业建立新型的客户关系。一方面，信息技术使从供应商到客户的整条供应链实现双向、及时、完整的信息交流，如供应链各成员企业可以通过信息网络交换订货、销售和预测等各种信息。另一方面，信息技术为企业获得新客户和市场需求信息带来方便，可以帮助企业把业务拓展到全世界。

2. 有利于进一步拓宽和开发高效率的营销渠道

企业利用信息技术，可以开展网络化经营，开辟新的销售渠道。通过建立订货和库存系统，销售商可以与供应商共享商品销售信息，供应商根据这些信息补充库存和指导销售，从而提升营销渠道效率，提高顾客满意度。

3. 改变供应链的构成，使得商流与物流达到统一

在互联网时代，产品和服务不仅在流通和使用方式上发生了改变，而且产品与服务之间的界限也越来越模糊。现在，许多数码产品（如音乐、电影、游戏、软件等）可以通过互联网直接向顾客进行销售，并提供新版本在线升级服务，无须进行包装、运送等物流作业，从而使商流和物流真正达到了高度的统一。

4. 重新构筑企业或企业联盟之间的价值链

许多企业早已采用现代化的电子手段处理信息和服务客户，通过业务外包，整合外部资源为我所用，获得增值发展空间。目前，生产企业和流通企业与第三方物流合作已成为常态，这样生产企业、流通企业以及第三方物流企业就形成了一条价值链。

二、供应链管理信息化的新要求

信息技术不仅改变了传统企业的经营模式、业务流程，而且影响到供应链的实施与优化。只有信息技术和供应链管理思想相结合，相辅相成，才能提高供应链的整体效率。如今，新一代信息技术应用日益广泛，供应链管理信息化也迎来新局面。

1. 利用信息技术给供应链上的每个企业带来新变化

（1）利用信息技术改变企业的组织结构。随着信息技术和计算机技术的发展，虚拟企业将是未来企业有效的组织形式。虚拟企业是在网络的环境下，以充分利用外部资源和快速响应市场为目标，由多个企业组成的临时性的组织。

（2）利用信息技术改变企业的业务流程。企业借助信息技术对原有的组织和运作模式进行再造，建立以流程为中心的运作体系。

（3）利用信息技术改变企业文化。企业应利用信息技术为员工创建更好的工作环境，提供学习新技术的条件，促进跨部门协作，形成有效的供应链管理文化。

2. 利用信息技术改变供应链上企业之间的关系

在供应链管理的思想下，企业之间的关系不同于传统企业之间的对立关系，而是一种具有利益相关的战略合作伙伴关系。通过信息共享，能够增强企业之间的理解与信任，实现共赢发展，稳固合作关系，提高供应链效率。

供应链中各企业将形成一个利益联盟，相互之间通过信息系统连接。但这个联盟中的成员也是可以变化的，成员退出或新成员加入都有可能发生。因此，必须采取有效的技术或方法完成信息系统的集成、重构和协调问题。

3. 使信息技术与供应链管理真正做到相辅相成

随着信息技术的快速发展，经济、社会环境都发生了巨大的变化，用户的需求日益多

样化、个性化，市场的不确定性因素增加，从而使需求的不确定性大大增加。传统的生产模式已不能满足用户和市场需求，企业不能再局限于内部资源利用，而是要向外部拓展，把供应链管理作为提高企业竞争力的有效手段。然而，要优化内外部业务流程，建立战略合作伙伴关系，降低物流成本，提高供应链效率，没有信息技术的支撑是不可能实现的。因此，企业必须以信息技术来驱动供应链管理。

第二节　供应链管理信息平台

一、以Intranet为核心的内部信息平台

供应链管理信息化的关键是要实现企业信息的集成和共享，包括不同部门之间、企业内部与外部之间，以及供应链上企业与企业之间的信息集成和共享，以消灭"信息孤岛"。

标准化技术是实现供应链信息集成和共享的关键。数据访问/传递控制的标准、数据交换的标准、数据格式的标准等都是企业必须认真考虑的，因为信息平台与文件格式的互异性是产生"信息孤岛"的最大因素。

Intranet 是一种企业内部信息管理和交换的基础设施，可以方便地集成其他已有的系统，如查询检索、电子表格、各种数据应用、视频会议、电子邮件等，并与外部信息环境紧密联系。用 Intranet 作为供应链上企业实施管理信息系统的平台，具有十分明显的优势。

1. 实现跨平台应用

Intranet 可以实现跨平台的应用集成。通常而言，企业不是一次性就能建成供应链管理信息系统，而是分阶段部署一些功能相对独立的应用系统。这些应用系统有可能是基于不同的操作系统开发的，但只要它们支持传输控制协议/因特网互联协议（transmission control protocol /internet protocol，TCP/IP），就可以集成到 Intranet 网络中来。并且，Intranet 采用的是 Internet 技术，很容易实现与 Internet 的互联。企业网络与公共网络相连接，不但利于企业应用 Internet 丰富的信息资源,也使企业原有的管理信息系统焕发生机,实现资产增值。

2. 实现无缝过渡

通过因特网服务器应用程序接口（internet server application programming interface，ISAPI）、网络服务接入点标识符（network service access point identifier，ISAPI）、开放数据库连接（open database connectivity，ODBC）等技术，可将原有应用软件及数据库信息方便地整合到 Intranet 中，避免了重复开发，也保护了企业多年来信息化建设的成果。Intranet 可以尽可能地保留原有系统，并且企业可根据自身情况逐步实现 Internet，实现系统升级的平稳过渡。

3. 提供高效信息

Intranet 运用 Web 技术以及电子邮件、新闻组等技术，使企业内部信息的传递与收集更加方便，易于管理。由于 Intranet 实现了与 Internet 的互联，也使跨职能、跨企业的沟通和协调更容易进行。此外，较传统的信息提供方式，基于 Intranet 的信息系统在成本方面更有优势。

4. 具有高度灵活性

Intranet 具有高度开放性的系统平台架构。在 Intranet 开发理念中，系统平台架构属于三层分立的主从架构。第一层客户端的功能主要是提供多媒体用户界面，所有信息处理的逻辑主要集中部署在第二层的应用软件服务器上，信息的储存管理集中在第三层的数据库服务器上，而每一层所用的硬件设备具有很大的选择空间。这样的软硬件结构，使企业在应用管理信息系统的过程中享有很大的灵活性，可以将注意力放在应用方面，而不用顾虑其他因素。

5. 界面友好

Intranet 的客户端采用统一的浏览器方式，其超文本链接以逻辑文件结构形式提供清晰、简明的信息，使员工上网查找信息更为简单、快捷，也节省了员工培训费用和时间。根据许多用户的体验，Intranet 的浏览器界面甚至比 Windows 图形用户界面更加自然、友好。

二、以Internet为核心的外部商务平台

基于 Internet 的供应链，甚至可以将整个世界连接成为一个巨大的价值链。Internet 的出现极大地推动了供应链中交易领域的业务发展，从根本上改变了 B2B 供应链模式。许多企业早已投入巨资部署基于 Internet 的供应链解决方案，并将其作为对供应商供货能力的衡量标准之一，部分企业甚至宣称"供应商与我们的所有交易必须通过 Internet 进行，不具备这种能力的供应商将不在我们的考虑范围之列"。

供应链管理的目标是在基于 Internet 技术的网络上，将商品（包括服务）供应和需求有机地联系起来，实现在准确的时间、准确的地点，以恰当的价格和方式把准确数量的商品（包括服务）从供应商经由生产商、分销商和零售商等，转移到最终客户的手中。

（1）基于 Internet 的供应链管理系统，允许客户通过 Internet 检查供应商的库存，然后直接通过 Internet 下订单，并随时通过网络浏览器查看供应商处理订单的状态信息，及时了解供应情况。而供应商也可通过 Internet 与客户沟通，可以更方便地向客户提供实时的信息。

（2）数据在 Internet 上传输，大大降低了技术难度和使用成本。数据包技术将数据在发送前封装起来，可以避免数据被窃取或出错。对于实施供应链管理信息化的企业，可以通过一个统一的界面直接生成标准格式的数据，通过数据发送程序发送；在收到数据的时候，也可以直接以报表的形式打印出来。

（3）Internet 促进中心化的供应链管理。基于 Internet，可以建立一个以核心企业为中心的供应链管理系统，将供应商、制造商、销售商等联系在一起，通过并发方式传递信息，实现信息共享，减少信息逐级传递过程中出现的延时和差错，使供应链流程更简化，运行更协调。

（4）Internet 实现供应链管理可视化。客户订单、物料采购、生产、库存、配送等所有信息均可记录在供应链管理信息系统里，以文本、图表等形式呈现，并可通过 Internet 查询和传递。例如，在汽车制造业，很多整车厂利用 Internet 平台将零部件需求推送给供应商，供应商通过 Internet 平台获取零部件需求信息，结合自己的库存情况，安排零部件生产计划和交货计划，最后装车发货、确认收货。这样，整个业务流程在 Internet 平台上形成了一个完整的可视化的信息链。

三、数据库和数据仓库

在供应链管理系统中，数据库为底层的事务处理和业务执行提供数据，而数据仓库则为供应链管理系统提供数据，运行逻辑是先将存放在数据库中的操作型数据提取出来，在数据仓库中识别、整理、清洗和集成，转化为分析型数据，用于支持企业进行计划、优化和决策。

数据仓库在供应链管理中的应用主要有以下几个方面。

（1）数据仓库为供应链决策和优化提供数据支持。

（2）数据仓库是客户关系管理的基础，可用来巩固客户数据、检验客户数据，为市场盈利和竞争分析、产品配置分析、利润发掘以及公共资产管理等提供高质量的数据。

（3）数据仓库是产品设计的基础，可提供产品数据、市场数据和客户数据，使设计人员能够紧跟市场和客户的需求，对原材料、零部件等进行设计分析。

（4）数据仓库为生产制造提供支持，通过对生产进度、工艺路线、流水线运行以及产品的质量等进行比较和分析，找出影响生产效率、产品质量和成本的因素。

四、防止外部入侵的安全平台

供应链管理依赖于信息系统，信息安全对供应链的正常运行影响很大。因此，企业必须考虑信息系统的安全防护。

目前信息系统存在的安全隐患主要有系统中断、信息被窃听、信息被篡改、信息被伪造、交易失信等。相应地，安全防护技术主要有防火墙技术、加解密技术、数字签名技术及身份认证技术等。

（1）防火墙技术。防火墙是一种访问控制机制，主要用于在内部网与外部网之间进行安全防护。防火墙用于确定哪些外部应用允许访问内部服务。

（2）加解密技术。加密的主要目的是防止信息的非授权泄露。加密可用于传输信息和存储信息。解密是加密的反向过程，即将加密后的信息还原成原来的可读信息。

（3）数字签名技术。数字签名是公开密钥加密技术的一类应用。通过数字签名能够实现对原始报文完整性的鉴别和不可抵赖。

（4）身份认证技术。认证就是确定用户的身份。目前主要的认证方法是使用口令，这种方法简单、易用，但不够安全。要实现更安全的身份认证可使用数字证书进行认证。

🔖 知识链接

SaaS 供应链云服务平台

SaaS（software-as-a-service，软件即服务）是一种在 21 世纪开始兴起的软件应用模式。该模式的特点是：SaaS 提供商为企业搭建网络基础设施及软硬件运作平台，并负责前期实施、后期维护等一系列服务；企业无须购买软硬件、建设机房、招聘信息技术人员，只需向 SaaS 提供商交纳租赁费用，即可通过互联网使用信息系统。SaaS 模式包括基础设施即服务、平台即服务、系统软件即服务和客户端四部分。

随着 ERP 的普及应用，企业对自身资源已经能够较好地控制，然而要想在动态的市场环境下保持竞争优势，必须与上、下游合作伙伴建立良好的协同合作关系，做到信息互通、共享，实现一体化的供应链管理。这需要两个最基本的条件，一是实施好企业自己的 ERP 系统，提高企业内部信息沟通能力；二是建立公共的商务交易平台，提升企业外部信息沟

通能力。目前，这两个条件对大多数大企业没有问题，而对正在成长的中小企业，既要建立企业内部的 ERP，又要完成外部的供应链管理，无论是从人才、资金还是管理水平来看，都是不可能的。

基于 SaaS 的供应链管理平台（图 6.1）可提供三类信息服务。

（1）在线需求计划管理。当供应链核心企业完成内部 MRP 运算后，便输出采购计划；供应链管理平台可以动态地调取供应商 ERP 的库存可用量，并计算出可供应量，该数据可提供给供应链核心企业用于编制采购订单。

（2）联动的订单管理。供应链管理平台可以自动获取供应链核心企业被确认的采购订单，并转换为供应商的销售订单。

（3）准确无误的商务交易。供应链管理平台可以自动抓取采购入库信息与转换前的采购订单对账，发布商务交易处理信息，保证商务交易准确无误地进行。

基于 SaaS 的供应链管理平台的应用价值主要有以下几个方面。

（1）改变传统分散的购销环节，将企业之间的购销关系锁定在特定的公共供应链平台上，即通过 SaaS 供应链管理平台有机地连接在一起，实现真正意义上的电子商务交易。

（2）改变由制造业龙头企业牵头搭建供应链管理平台的传统方式，建立公共的 SaaS 平台，有效地保障供应链上各企业之间的合作。

（3）有利于建立可复制的供应链管理模式。取得成效的供应链管理模式将被其他供应链所借鉴和效仿，有助于形成规范的市场秩序。

（4）有助于形成以核心企业为首的动态联盟。通过 SaaS 供应链管理平台，供应商、制造商、仓库、配送中心和渠道商等构成供应链网络，相互协作，共同发展，推动平台服务社会化。

（5）提高供应链管理水平。强调提升客户的服务质量，将对客户的服务落实在整个供应链系统中。

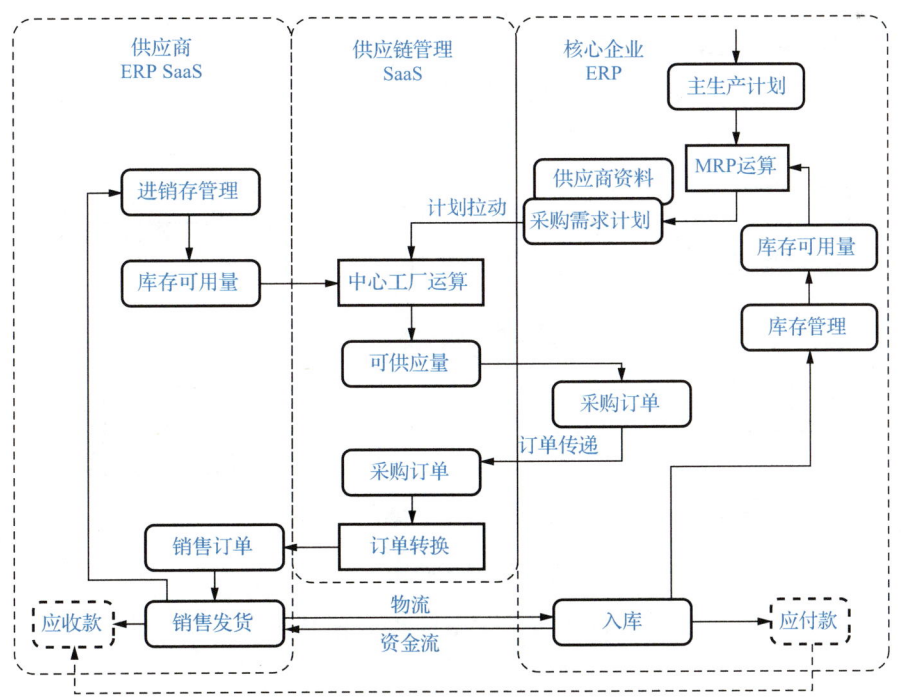

图 6.1　基于 SaaS 的供应链管理平台

第三节　供应链信息管理技术及软件

一、供应链信息管理技术

高效的供应链管理离不开信息技术的支持。目前主流的供应链信息管理技术包括 EDI 技术、RFID 技术、GPS 技术、区块链技术、物联网技术和大数据处理技术等。

1. EDI技术

电子数据交换（electronic date interchange，EDI）是供应链合作企业之间信息交流的有效技术手段，是连接合作企业商业应用系统的媒介。

供应商和制造商一起协商确定标准报文，首先制造商提供产品的数据结构，然后由 EDI 专业人员在相应标准中选取相关的报文、段和数据元。电子数据交换的优点，是由甲计算机提交的乙文件内的数据，可以由丙计算机接收，其相关数据可以出现在丁文件内，避免了由人工重复录入造成的时间浪费和信息误差。联合国制定的电子数据交换标准——UN/EDIFACT（United Nations/electronic data interchange for administration, commerce and transport，联合国行政、商业与运输电子数据交换）是目前应用最广泛的 EDI 标准。

EDI 技术主要用于单证和发票处理，这涉及采购、运输、报关、结算等业务。图 6.2 所示为基于 EDI 的信息组织模式。

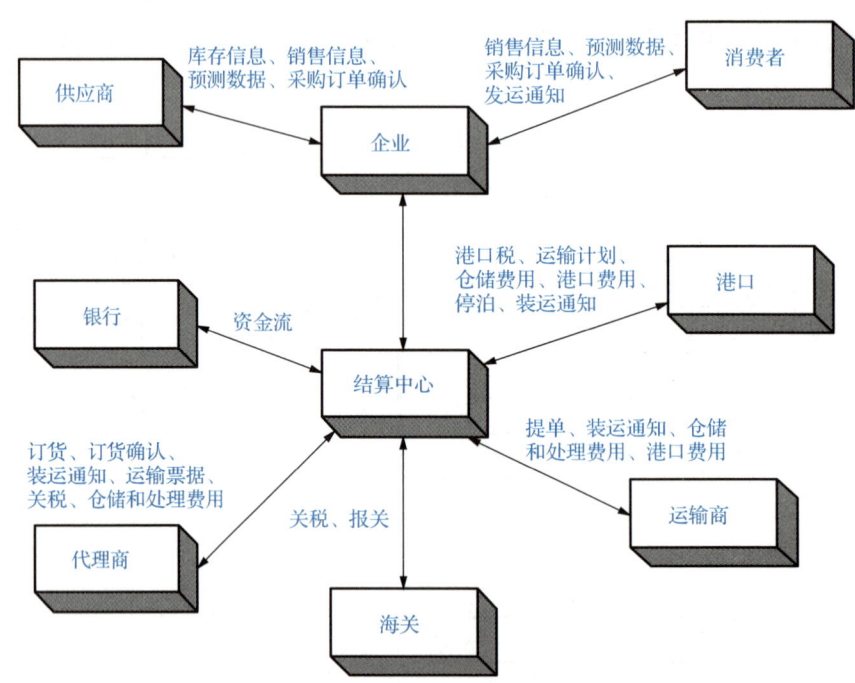

图 6.2　基于 EDI 的信息组织模式

2. RFID技术

射频识别（radio frequency identification，RFID）技术是一种无线通信技术，运用该技

术可利用无线电波对记录媒体进行读写。根据读写设备和电子标签的频率，射频识别的距离可达几十厘米至几十米。射频识别技术适用于物料跟踪、运载工具和货架识别等要求非接触数据采集和交换的场合，尤其适合要求频繁改变数据内容的场合。

RFID 系统一般由应用系统、读写器、天线和电子标签等组成。RFID系统能够实现货物跟踪与追溯，增强供应链的可视化管理。例如，利用 RFID 技术，能够清楚地获知托盘上货物的属性、生产厂家、有效期及其他信息。

RFID 技术在供应链管理中的应用

3. GPS技术

全球定位系统（global positioning system，GPS）是通过系统测定用户至卫星的距离来达到定位的目的。GPS 技术被广泛应用在运输管理中，包括车辆跟踪、车辆导航、调度指挥、防盗报警和车队管理等。其工作原理是 GPS 车载终端中的 GPS 接收器接收并处理 GPS 信号，计算车辆位置，并在电子地图上标定，从而实现车辆的定位、速度监测、轨迹跟踪等。

4. 区块链技术

区块链技术是一种分布式数据库技术，是由多个节点构成的去中心化网络。每个节点都保存着完整的账本副本，并且通过共识算法来确保账本的一致性和可靠性。区块链技术的核心是区块，每个区块包含了一定数量的交易记录，这些交易记录被加密后打包成一个区块，并与之前的区块相连接形成一个不可篡改的链式结构。

如果把供应链的各参与方视为节点，并与区块链网络节点进行映射，可以看到基于供应链的真实商业网络和区块链网络是高度重合的。区块链具备的分布式、共享账本、数据可追溯、不可篡改等特性，恰好可以在供应链协同管理领域发挥巨大优势。区块链技术可以实现物流和供应链的透明化和可追溯性。例如，基于区块链技术的物流平台可以记录货物的来源、运输过程和目的地，从而提高物流的效率和可靠性。此外，区块链技术还可以实现货物质量检测和认证，从而确保货物的质量和安全性。

5. 物联网技术

物联网技术是通过射频识别、红外感应器、全球定位系统、激光扫描器等信息传感设备，按约定的协议，把任何物品与互联网相连接，进行信息交换和通信，以实现智能化识别、定位、跟踪、监控和管理的一种技术。

目前物联网技术在供应链运输环节、仓储环节、生产环节、配送/分销环节和零售环节中的应用越来越广泛。

6. 大数据处理技术

在企业运营的过程中积累了大量数据资产，如市场趋势数据、用户行为数据、流量数据、订单数据、采购数据、库存数据等。利用大数据处理技术，可以对未来销量及库存等进行预测和量化分析，从而提升整体供应链效率。同时企业也会抓取其他领域数据，进行数据融合与挖掘分析，发现商业价值。以大数据为根本驱动力，用户数据将走向供应链前台，形成以用户需求驱动的、更加灵敏的供应链管理模式。

二、供应链管理软件

供应链管理软件包括供应链计划类软件和供应链执行类软件两类。供应链计划类软件包括供应链网络优化、需求计划、配送计划、制造计划、排程计划等软件；供应链执行类软件是供应链运营管理软件，包括仓库管理系统、运输管理系统、配送管理系统等。

当前主要供应链管理软件商分为以下两大阵营。

1. 专注于供应链管理细分领域的软件厂商

JDA 公司提供专业的供应链计划软件，其在供应链优化和供应链计划方面的能力突出，尤以零售分销领域见长。

国外的软件厂商如 Manhattan、RedPrairie、HighJump、BravoSolution，以及国内的软件厂商如明基逐鹿、科箭、唯智、领道等，提供供应链执行软件。其中，国内的软件厂商多关注各制造行业的企业内部供应链执行，而国外的软件厂商则侧重于关注分销领域的供应链执行。

2. 提供全面供应链解决方案的软件厂商

国外的软件厂商如 SAP、IBM、Oracle、QAD、Epicor、Infor，以及国内的软件厂商如用友、金蝶等，利用资金和规模优势，通过并购供应链专业软件的方式，对传统 ERP 功能进行供应链环节的延展。其供应链解决方案涵盖了供应链网络设计、计划与执行，应用层面广，但缺乏供应链细分领域的专业深度。

这些软件厂商最关注的是拥有大量客户的行业，如流通零售业；其次是流程制造业，如快速消费品、食品、制药、饮料行业等；再次是第三方物流；最后是离散制造业，如汽车和高科技电子设备等。

国内外主要的供应链管理软件厂商如表 6.1 所示。

表 6.1　国内外主要的供应链管理软件厂商

软件厂商	公司介绍	解决方案的特点
SAP	企业管理和协同化商务解决方案供应商	同步规划、分销、运输和物流等流程，实现 7×24 全天候不间断运营
IBM	具有百年历史的全球信息产业领先企业	打造从设计、规划、采购、流程创新到物流和分销的一体化方案
Oracle	世界领先的信息管理软件供应商	涵盖价值链规划、供应链规划、产品生命周期管理、运输管理等
QAD	全球著名的企业管理软件提供商	支持高级可见性的供应链网络，促进利润和成本改善，缩短交付周期，提高库存周转率
Infor	国际知名的企业管理软件提供商	有效地执行供应链策略和销售运营计划
Epicor	全球领先的商业软件解决方案提供商	提供基于 SOA 架构的供应链解决方案

续表

软件厂商	公司介绍	解决方案的特点
IFS	开发、提供和实施以 SOA 技术为核心的国际软件提供商	支持针对服务与资产、制造、项目和供应链 4 个核心流程的管理
用友	国内知名的企业管理软件供应商	能够管理供应链协同和供应链执行系统
金蝶	国内知名的企业管理软件供应商	提供供应链协同、采购和分销解决方案
JDA	国际知名供应链解决方案提供商	提供整体供应链解决方案
Oval	企业级整体供应链管理和电子商务解决方案的供应商和 SaaS 服务商	提供基于 Internet 技术的电子商务套件
Atos	从事咨询和信息技术服务的国际性公司	提供适用于制造物流和供应链管理的业务流程解决方案
Manhattan	全球领先的供应链管理软件供应商	提供整套的供应链解决方案和技术组合
RedPrairie	国际专业的供应链执行系统提供商	提供具有全面优化生产能力和设施的仓储管理系统
HighJump	国际知名的库存管理系统提供商	以仓储管理为核心，实现库存优化
BravoSolution	全球领先的电子采购和竞价解决方案供应商	提供专业的电子采购、协同采购解决方案
Seeburger	业务集成领域和文件传输解决方案供应商	基于 SOA 架构，将供应商与制造商数据无缝整合
GXS	全球领先的 B2B 电子商务解决方案供应商	构建高性能、端对端供应链网络，实现内部应用架构与外部贸易伙伴业务流程的无缝整合
Covisint	国际知名的专注于汽车行业上下游供应链管理解决方案提供商	支持全球采购、工程、设计、生产、材料管理、物流和财务流程
Dicentral	创新型 EDI、进出口贸易平台提供商	使贸易中的采购方、供应商和物流服务供应商能够无间断地交换数据
Supplyon	全球汽车及制造业最大的网站式供应链管理解决方案提供商	帮助同业务伙伴开展透明的合作，以便在整个供应网络中进行协作策划、实施和协调
明基逐鹿	国内领先的信息技术、顾问服务、业务流程外包解决方案提供商	提供一套完整的供应链采购端解决方案
科箭	国内领先的物流软件解决方案供应商	自主研发仓储管理系统、运输管理系统

续表

软件厂商	公司介绍	解决方案的特点
唯智	国内知名的供应链执行系统提供商	提供仓储管理系统、运输管理系统和供应链网络优化方案
领道	国内知名的供应链执行系统提供商	提供综合的供应链作业执行管理系统
锐特	国内知名的供应链系统及解决方案提供商	提供分销物流的供应链执行系统和企业级数据交换解决方案
南北软件	国内面向外贸管理的信息系统提供商	以具体业务为支撑，结算平台为桥梁，使供应链上的业务、财务一体化

三、供应链信息化管理的趋势

未来，供应链信息化管理将朝着标准化、精细化、一体化、移动化和智能化方向发展。

1. 新技术应用标准化

云计算、大数据及人工智能等新技术的普及应用，将为供应链信息化水平带来质的飞跃。目前我国的供应链管理信息化、标准化的层次还比较低，对于新技术的应用还有非常大的上升空间。

2. 精准的供应链计划

精准的供应链计划是消除需求变异放大效应的主要手段，使供应链更加高效和敏捷。随着企业数字化水平的提升、供应链管理软件功能的持续优化，供应链计划的精准性将得到增强。

3. 跨行业的一体化解决方案

目前供应链管理软件大多集中在汽车、食品、电子、服装、制药和家电行业，还缺乏一体化解决方案，企业系统集成的工作量大。跨行业的一体化解决方案，将是未来供应链信息化管理的发展方向之一。

4. 移动终端设备和应用程序

移动互联网从时空层面改变了对设备操作的方式。手持订单处理终端、移动化的流程审批等设备和系统的应用，加速了信息流动，提高了供应链效率。

5. 智能数据挖掘

智能供应链管理系统能够协助企业收集和整理信息，将有价值的信息以可视化的形式呈现给决策者。构建企业数据仓库，开展数据挖掘和知识挖掘，将是未来供应链信息化管理中不可缺少的一项内容。

第四节　EPC 与供应链管理

产品电子代码（electronic product code，EPC）是继条码技术之后，给产品零售结算、物流配送及产品跟踪管理模式带来变革的一项技术。EPC 系统能够实现所有产品的生产、仓储、采购、运输、销售及消费的全过程管理，使全球化供应链管理成为可能。

一、EPC的概念

EPC 概念的提出源于射频识别和计算机网络技术的发展。射频识别技术的优点在于可以无接触的方式实现远距离、多标签甚至在快速移动的状态下进行自动识别。计算机网络技术的发展，尤其是互联网技术的发展使得全球信息传递的即时性得到了基本保证。如果将这两项技术结合起来，可实现物品标识和供应链追溯，由此诞生了 EPC。随后 EPC 由国际物品编码组织（GS1）和美国统一代码委员会（Uniform Code Council，UCC）主导，将其纳入了全球统一标识系统。

假设世界上的任何一件物品都被赋予一个唯一的编号，则 EPC 标签就是这一编号的载体，将 EPC 标签贴在物品上或内嵌在物品中时，即将该物品与 EPC 标签中的唯一编号建立了一对一的对应关系。EPC 标签从本质上来说是一个电子标签，通过射频识别系统的电子标签读写器可以实现对 EPC 标签内信息的读取。EPC 标签与读写器应尽可能遵循统一的国际标准，以满足兼容性和低成本的要求。

二、EPC系统的工作流程

在由 EPC 标签、读写器、EPC 中间件、Internet、对象名解析服务（object name service，ONS）、EPC 信息服务以及众多数据库组成的物联网中，读写器读出的 EPC 码只是一个信息索引，由这个信息索引从 Internet 找到 IP 地址，并获取该地址中存放的相关物品的信息，EPC 中间件处理由读写器读取的一连串 EPC 码。由于在 EPC 标签中只有一个 EPC 码，计算机需要知道与该 EPC 码匹配的其他信息，这就需要 ONS 服务器来提供一种自动化的网络数据库服务，EPC 中间件将 EPC 码传给 ONS 服务器，ONS 服务器指引 EPC 中间件到一个保存着产品文件的 EPC 信息服务器查找，该文件可由 EPC 中间件复制，因而文件中的产品信息就能传到供应链上。EPC 系统的工作流程如图 6.3 所示。

三、EPC技术在供应链管理中的应用

在采购环节，EPC 技术可实现自动订货、快速验货等功能；在仓储环节，EPC 技术可实现自动盘点、商品快速入库（出库）等功能；在生产制造环节，EPC 技术可以完成自动化生产线运作，实现在整个生产线上对原材料、零部件、半成品和产成品的识别与跟踪，减少人工识别成本和出错率，提高效率和准确率；在运输环节，EPC 技术可实现对在途货物的监控、运输车辆的自动收费和运输工具的识别；在销售环节，EPC 技术可实现商品防盗、商品有效期监控、快速结账或自动结账；在逆向物流中，EPC 技术可追踪每件商品从原材料采购、生产、加工、流通到消费的全过程，实现商品质量追溯等。

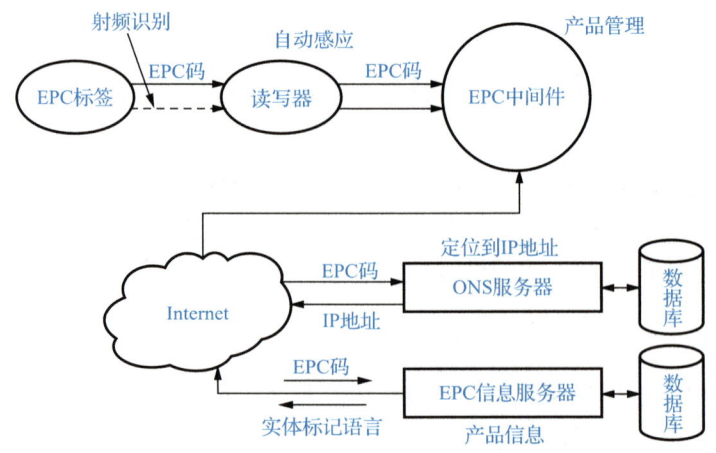

图6.3　EPC系统的工作流程

总的来说，EPC技术在供应链管理中发挥着重要的作用。

1. 提高了供应链执行效率

EPC技术不需要人工识别标签，读写器直接从电子标签中读出商品相关数据。超高频以上读写器可以每秒读取200个电子标签的数据，这比传统扫描方式要快1000倍，节省了货物验收、装运、意外处理等消耗的人力资源。

2. 促进供应链运行协调

通过跨组织实施EPC技术，供应链中各成员企业可以更好地掌握产品数量、流向和状态，同步计划，协调运营，共同应对复杂多变的市场，为最终用户提供高效、快捷、灵活的支持和服务。

3. 提高供应链透明度

EPC技术可为企业提供在任何时间、任何地点、任何一件物品的信息服务功能。EPC技术可以整合复杂的产品信息，提高供应链的透明度，使供应链内企业展开良好协作，共同降低物流成本。

4. 提升物流管理的准确性

EPC技术可以免除传统的检查、查账作业，不需要逐一清点货物的数量、存放位置，从而提升物流管理的准确性。在仓储物流过程中，利用EPC技术可以有效监控产品的生产日期、有效日期及质量。

本 章 小 结

信息技术能够驱动供应链管理流程顺利进行，并为管理者决策提供有力支持。本章首先介绍了信息技术对供应链的影响，提出供应链信息化的要求；其次从内部信息、外部商务、数据分析和信息安全等方面，阐述了供应链管理信息平台的功能特点；再次介绍了供应链管理应用的新技术，总结了现有供应链管理软件的特点；最后介绍了EPC的概念、工作流程和应用。

关键术语

射频识别 radio frequency identification　　决策支持系统 decision support system
物联网 internet of things　　数据库管理系统 database management system
数据仓库 data warehouse　　数据挖掘 data mining

习 题

一、选择题

1. RFID 是一种（　　）的自动识别技术，通过射频信号自动识别目标对象并获取相关数据，识别工作无须人工干预，可工作于各种恶劣环境。

  A. 非接触式　　　　　　　　B. 接触式
  C. 自动　　　　　　　　　　D. 非自动

2. EDI 是通过电子方式，采用（　　），利用计算机网络进行结构化数据传输和交换，俗称"无纸化交易"。

  A. 电子格式　　　　　　　　B. 纸质的格式
  C. 标准化的格式

3. RFID 系统由（　　）组成。

  A. 读写器　　　　　　　　　B. 电子标签
  C. 应用系统、天线　　　　　D. 计算机设备及数据传输线

4. 关于 EPC 的工作流程描述正确的是（　　）。

  A. EPC 标签可以独立工作
  B. 读写器将数据传递给 ONS 服务器
  C. 读取的 EPC 码需要编码处理
  D. EPC 信息服务器存储的是产品文件信息

5. 通过（　　）可以实现对原始报文完整性的鉴别和不可抵赖。

  A. 防火墙技术　　　　　　　B. 加密技术
  C. 数字签名技术　　　　　　D. 身份认证技术

6. 关于 GPS 技术描述正确的是（　　）。

  A. GPS 接收端与卫星通信是双向的
  B. 通过测定接收端至地面基站距离来定位
  C. GPS 接收端通过无线基站发送位置信息
  D. 可与 GIS、RFID 技术结合实现动态监控

二、思考题

1. 物流信息技术包括哪些内容？
2. 在供应链中信息流有哪些特点？
3. EPC 有哪些作用？
4. 分析 RFID 的应用。

案例分析

基于RFID技术的畜产品追溯管理

一、RFID系统原理及特点

RFID是一种非接触式的自动识别技术，其基本原理是利用射频信号和空间耦合（电感或电磁耦合）或雷达反射的传输特性，实现对被识别物体的自动识别。其系统构成如图6.4所示。

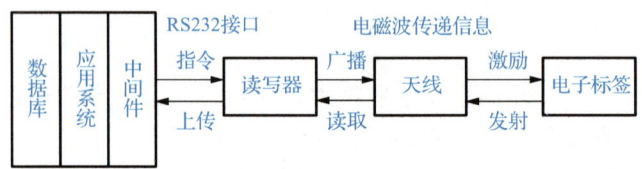

图6.4　RFID系统构成

RFID系统具有以下特点。

（1）数据可读、可写。

（2）无接触识别、非可视性阅读。

（3）可在高温、高湿和户外等恶劣条件下使用。

（4）与条码相比其成本较高。

二、耳标

牲畜耳标是加施于牲畜耳部，用于证明牲畜身份，承载牲畜个体信息的标志物。牲畜耳标由畜禽种类代码、县级行政区域代码、标识顺序号共15位数字及专用条码组成。对于活体动物而言，采用RFID动物耳标，既具有其标识的唯一性，又具有标识的防破坏性，已经被养殖业广泛采用。

三、饲养过程记录

对牲畜饲养的全过程进行记录，并可以利用记录信息对牲畜的饲养过程进行追溯。

（1）追溯对象：单个牲畜。

（2）对单个牲畜进行标识。

《畜禽标识和养殖档案管理办法》规定：新出生畜禽，在出生后30天内加施畜禽标识；30天内离开饲养地的，在离开饲养地前加施畜禽标识；从国外引进畜禽，在畜禽到达目的地10日内加施畜禽标识。

猪、牛、羊在左耳中部加施畜禽标识，需要再次加施畜禽标识的，在右耳中部加施。

（3）建立牲畜的养殖记录档案。

- 畜禽的品种、数量、繁殖情况、标识情况、来源和进（出）场日期。
- 饲料、饲料添加剂等投入品和兽药的来源、名称、使用对象、时间和用量等有关情况。
- 检疫、免疫、监测、消毒情况。
- 畜禽发病、诊疗、死亡和无害化处理情况。

● 畜禽养殖代码，由 6 位县级行政区域代码和 4 位顺序号组成，由县级人民政府畜牧兽医行政主管部门按照备案顺序统一编号，每个畜禽养殖场、养殖小区只有一个畜禽养殖代码。

四、肉食品可追溯

1. 肉食品供应链

肉食品供应链如图 6.5 所示。

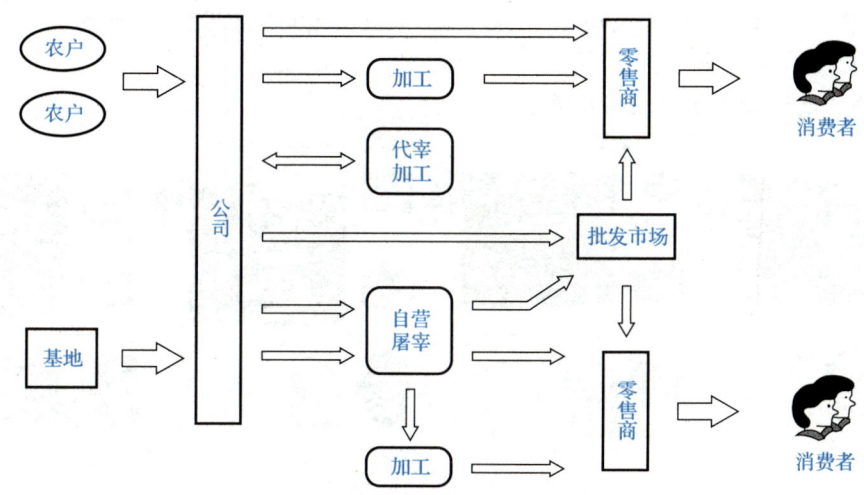

图 6.5　肉食品供应链

2. 肉食品的追溯方案

（1）可追溯单元。

① 以屠宰加工的生产批次为追溯单元。

② 以单体的牲畜原料确定屠宰加工的生产批次。

（2）技术手段和信息记录。

① 饲养环节。

② 屠宰环节。

● 活体动物供应信息。

● 屠宰场过程信息。

● 卫生检疫信息。

● 胴体及对应的脏器信息。

● 卫生检验信息。

● 胴体数字喷码信息。

● 屠宰后的销售与加工信息。

（3）分割加工环节。

利用 RFID 电子标签可读写的功能，根据分割加工的工序需要，先读取对应胴体的 RFID 电子标签唯一标识编码，再复制和增加下级标识编码，写入对应该胴体的分割肉的 RFID 电子标签内，确保分割加工肉的标识与被分割加工的母体的标识一一对应。

针对需要分割成可以满足市场零售要求的小块分割肉，先读取其 RFID 电子标签中的标识，再转换成 UCC/EAN-128 条形码标识，并将 UCC/EAN-128 条形码标识粘贴于小块分割肉的包装上，以便零售。

（4）销售环节。

① 分销：例如，在有些城市设立有政府监管的肉类批发市场，生猪交易商将屠宰场杀好的"白条猪"送进批发市场时，全部用专用挂钩挂上轨道，每一个专用挂钩上都有一个 RFID 电子标签，其编码与"白条猪"身上的数字编码完全对应。

② 零售：全球贸易项目代码（global trade item number，GTIN）+批号。

3. 肉食品追溯系统

肉食品信息追溯系统如图 6.6 所示。

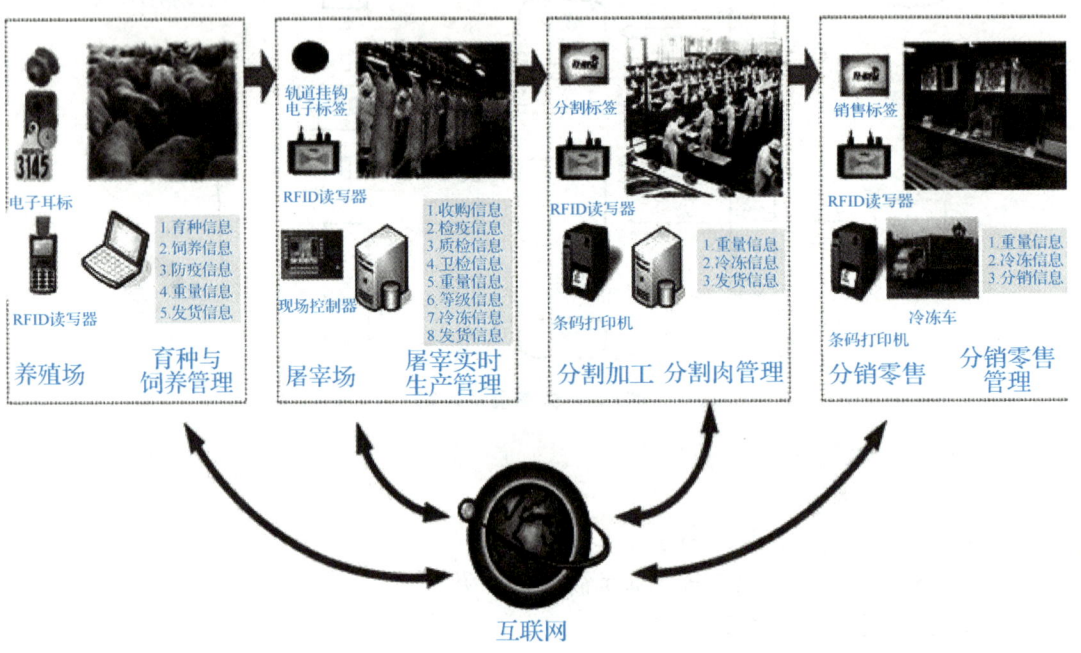

图 6.6　肉食品信息追溯系统

资料来源：RFID 世界网。

讨论题：

1. 思考 RFID 技术如何与条码技术结合使用。
2. 简述建设农产品供应链数字化管理平台对于全面推进乡村振兴有何意义。

第七章 供应链企业生产计划与控制

【学习目标】

➢ 了解 ERP 理论形成与发展的 4 个阶段。

➢ 理解并掌握 MRP、CRP 的计算原理，并能够进行计算。

➢ 理解供应链管理下企业生产计划与控制的特点。

➢ 理解供应链管理模式下精益生产、大规模定制、延迟策略、敏捷制造的内涵。

【知识架构】

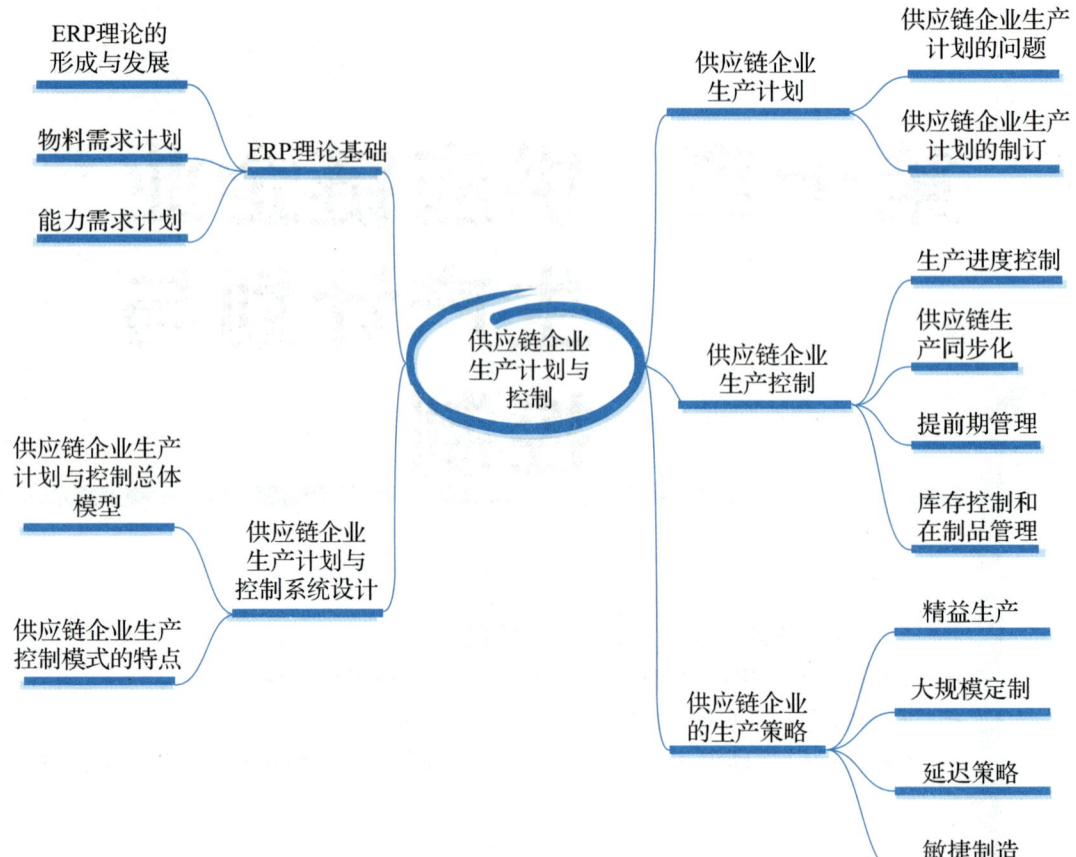

第一节　ERP 理论基础

一、ERP理论的形成与发展

　　企业资源计划（enterprise resource planning，ERP）是由美国 Gartner 咨询公司首先提出的。其宗旨是对企业所拥有的人、财、物、信息等资源进行综合平衡和优化管理，面向全球市场，围绕市场导向开展业务活动，使得企业在激烈的市场竞争中充分发挥自身优势，从而取得最好的经济效益。ERP 理论的形成与发展大致经历了 4 个阶段：基本 MRP 阶段、闭环 MRP 阶段、MRPⅡ阶段及 ERP 的形成阶段。

1. 基本MRP阶段

　　传统的库存管理与控制方法是订货点法。订货点法适合于物料需求比较稳定的情况。在实际生产中，需求常常是不稳定的、不均匀的，则使用订货点法来处理物料就暴露出了一些明显的缺陷，其表现在：①盲目性；②高库存和低服务水平；③形成块状需求。

　　针对这些情况，在 20 世纪 60 年代，美国 IBM 公司的欧利齐（Orlicky）博士首先提出了独立需求和相关需求的概念，将企业内部的物料分为独立需求物料和相关需求物料两种类型，并在此基础上总结出了物料需求计划（material requirement planning，MRP）理论，也称基本 MRP。其与传统库存管理理论的不同之处在于，引入了时间分段和反映产品结构的物料清单（bill of material，BOM），保证在需要的时间得到需求数量的物料，从而较好地解决了库存管理和生产控制的难题。

MRP 的基本思想分为以下 5 点。

（1）根据产品生产计划倒推出相关物料的需求。

（2）围绕物料转化组织制造资源，实现按需准时生产。

（3）MRP 处理的是相关需求。

（4）强调以物料为中心组织生产，体现了"以顾客为中心"的宗旨和按需定产的思想。

（5）将产品制造过程看作从成品到大批原材料的一系列订货过程。

由图 7.1 所示的圆珠笔产品结构中可以看出，若客户订单是 150 支圆珠笔，则独立需求是 150 支圆珠笔，由这 150 支圆珠笔产生的相关需求是 150 支笔芯，由 150 支笔芯产生的相关需求是 750g 的油墨。假设圆珠笔各部件的加工制造时间如表 7.1 所示，圆珠笔加工时间顺序如图 7.2 所示。

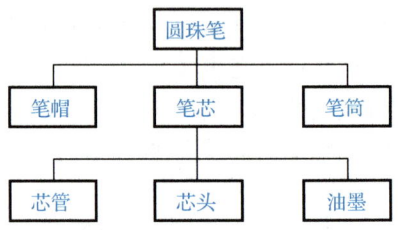

图 7.1　圆珠笔产品结构

表 7.1　圆珠笔各部件的加工制造时间

物料名称	结构层次	构成数量	采购提前期/h	单件加工期/h	总加工期/h	总提前期/h
油墨	2	5g	6			
芯头	2	1个	6			
芯管	2	1支	8			
笔芯	1	1支		3	3	11
笔筒	1	1个	8			
笔帽	1	1个	8			
圆珠笔	1	1支		5	8	16

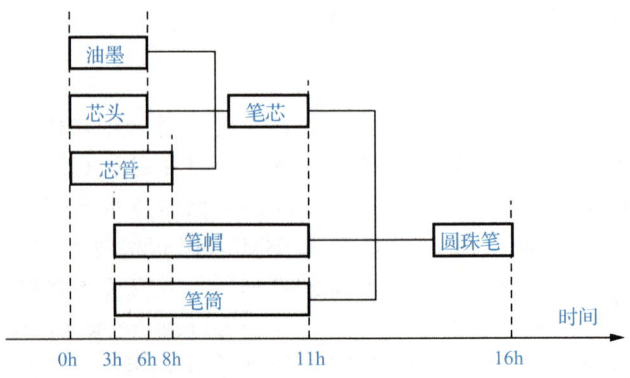

图 7.2　圆珠笔加工时间顺序

从表 7.1 与图 7.2 中可以看出，要完成该产品，必须提前 16h 确定采购计划，也就是说，产品的累计提前期为 16h（这不是产品的工时）。可以看出，由于产品各层次的需求时间不同，这就要求"在需要的时候提供需要的数量"。产品结构是多层次和树状结构的，用时最长的一条加工路线就决定了产品的加工周期。这个原理也就是网络计划中的关键路线法原理。在对产品及各层次安排生产时，应按照产品需求的时间往低层次安排，也就是倒排计划，即从确定各层次物料的最迟完工和最迟开工时间开始。因此，在制订物料需求计划时，需要考虑产品的结构，在得出物料清单后，才考虑物料的库存（含在制品）数量，再得出各层次物料的实际需求量。基本 MRP 逻辑流程图如图 7.3 所示。

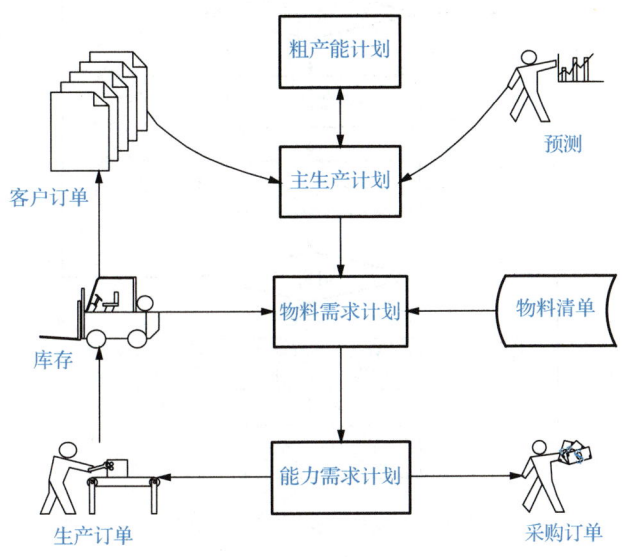

图 7.3　基本 MRP 逻辑流程图

值得一提的是，20 世纪 60 年代初发展起来的 MRP 仅是一种物料需求计算器，它只能根据产品需求、产品结构和物料库存数据来计算各种物料的需求，将产品生产计划变成零部件投入生产计划和外购件、原材料的需求计划，从而解决生产过程中的需要什么、何时需要、需要多少等问题。随着制造企业面临着更加激烈的竞争，MRP 需要进行新的变革。

2. 闭环MRP阶段

基本 MRP 是开环控制系统，在此系统中，制订主生产计划时，不考虑企业的实际生产能力。因此，在基本 MRP 系统中，制订的主生产计划有可能与实际情况不符。闭环 MRP 理论认为主生产计划与物料需求计划都应该是可行的，即考虑生产能力的约束，或者根据生产能力提出需求计划，因为只有在满足能力需求的前提下，才能保证物料需求计划的执行和实现。在这种思想的要求下，企业必须对投入与产出进行控制，也就是对企业的生产能力进行校检和控制。

因此，闭环 MRP 在基本 MRP 的基础上补充了两项功能。

（1）编制能力需求计划。

（2）建立信息反馈机制。把财务子系统和生产子系统结合为一体，采用计划→执行→反馈的管理逻辑，有效地对生产各项资源进行规划和控制。

闭环 MRP 逻辑流程图如图 7.4 所示。

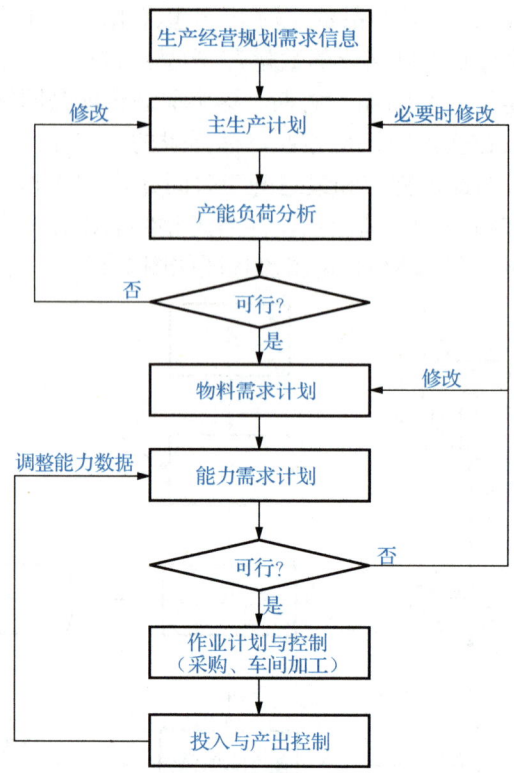

图 7.4　闭环 MRP 逻辑流程图

企业根据发展的需要与市场需求来制定企业生产经营规划；根据生产经营规划制订主生产计划，同时进行生产能力与负荷的分析。该过程主要是针对关键资源的能力与负荷的分析过程，从而使主生产计划基本可靠。

再根据主生产计划、企业的物料库存、产品结构清单等信息，制订物料需求计划；根据物料需求计划、产品生产工艺路线和车间各加工工序能力数据（即工作中心能力），生成能力需求计划；通过对各加工工序的能力平衡，调整物料需求计划。如果这个阶段无法平衡能力，还可以修改主生产计划。

采购与车间加工作业按照平衡能力后的物料需求计划执行，并进行能力的控制，即投入与产出控制，并将作业执行结果反馈到能力需求计划层。

闭环 MRP 能较好地解决计划与控制问题，是计划理论的一次大飞跃。

3．MRPⅡ阶段

20 世纪 80 年代，企业的管理者们又认识到制造业要有一个集成的计划，以解决阻碍生产的各种问题，要以生产与库存控制的集成方法来解决问题，于是 MRPⅡ（manufacturing resource planning，制造资源计划）产生了。MRPⅡ是对制造企业资源进行有效计划的一整套方法。它是一个围绕企业的基本经营目标，以生产计划为主线，将生产活动中的主要环节（销售、财务、成本、工程技术等）与闭环 MRP 集成为一体，对企业制造所需的各种资源进行统一的计划和控制，使企业的物流、信息流、资金流畅通的动态反馈系统。MRPⅡ

逻辑流程图如图 7.5 所示。

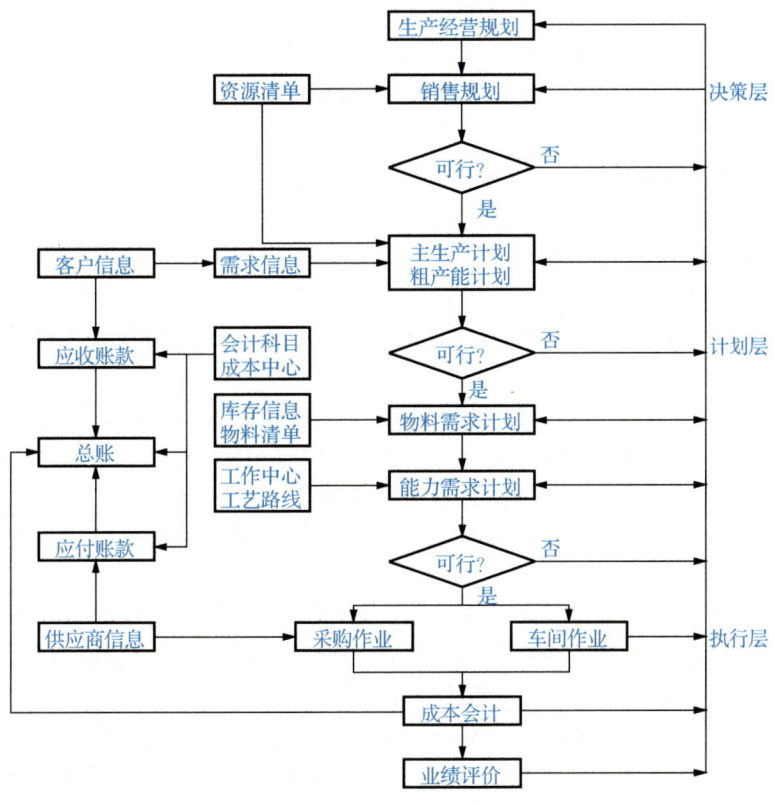

图 7.5　MRPⅡ逻辑流程图

MRPⅡ集成了应付账款、应收账款、生产成本及总账的财务管理。其采购作业根据采购单、供应商信息、收货单及入库单形成应付账款信息（资金计划）；销售产品后，会根据客户信息、销售订单信息及产品出库单形成应收账款信息（资金计划）；可根据采购作业成本、生产作业信息、产品结构信息、库存领料信息等形成生产成本信息；能把应付款信息、应收款信息、生产成本信息和其他信息等计入总账。产品的整个制造过程都伴随着资金流通的过程。通过对企业生产成本和资金运作过程的掌握，调整企业的生产经营规划和生产计划，因而得到更为可行、可靠的生产计划。

企业在使用了 MPRⅡ后，可以在周密的计划下有效地利用各种制造资源，控制资金占用，缩短生产周期，降低成本，实现企业整体优化，以最佳的产品和服务占领市场。同时，使管理人员从复杂的事务中解脱出来，真正把精力放在提高管理水平上，以更好地解决管理中的实质性问题。

4. ERP的形成阶段

到了 20 世纪 90 年代，世界经济格局发生巨大变化，在复杂的竞争环境下，制造企业面临着更加严峻的挑战，企业必须对经营管理模式开始新一轮的变革，传统的 MRPⅡ无法满足企业利用一切市场资源快速高效地进行生产经营，需要更先进的管理信息系统来满足企业的需求。一方面，企业的信息化建设要有更高的集成度，信息管理的范畴要扩大到对企业整体资源的集成管理，甚至上下游合作伙伴。另一方面，随着企业规模的扩大，多集团和多工厂要求协同作战，统一部署，这已经超出了 MRP II 的管理范围。这个时候，ERP 应运而生。

概括地说，ERP 是建立在信息技术的基础上，利用现代企业的先进管理思想，全面地集成了企业所有资源信息，为企业提供决策、计划、控制与经营业绩评估的全方位和系统化的管理平台。

与 MRP II 相比，ERP 主要有以下几个特点。

（1）ERP 更加面向市场、面向经营、面向销售，能够对市场快速响应。

（2）ERP 将供应链管理功能包含了进来，强调了供应商、制造商与销售商之间的新的伙伴关系，并且支持企业后勤管理。

（3）ERP 更强调企业流程与工作流，通过工作流实现企业的人员、财务、制造与分销之间的集成，支持企业过程重组。

（4）ERP 纳入了产品数据管理功能，增加了对设计数据与过程的管理，并进一步加强了生产管理系统与计算机辅助设计（computer-aided design，CAD）、计算机辅助制造（computer-aided manufacturing，CAM）系统的集成。

（5）ERP 具有较完善的企业财务管理体系，这使价值管理概念得以实施，资金流与物流、信息流更加有机地结合。

（6）ERP 较多地考虑人的因素在生产经营规划中的作用，也考虑了人的培训成本等。

（7）在生产制造计划中，ERP 支持 MRP 与准时生产混合管理模式，也支持多种生产方式（离散制造、连续流程制造等）的管理模式。

（8）ERP 采用了最新的计算机技术，如客户端/服务器分布式结构、面向对象技术、基于 Web 技术的电子数据交换、多数据库集成、数据仓库、图形用户界面、第四代语言及辅助工具等。

ERP 系统的总流程图如图 7.6 所示。

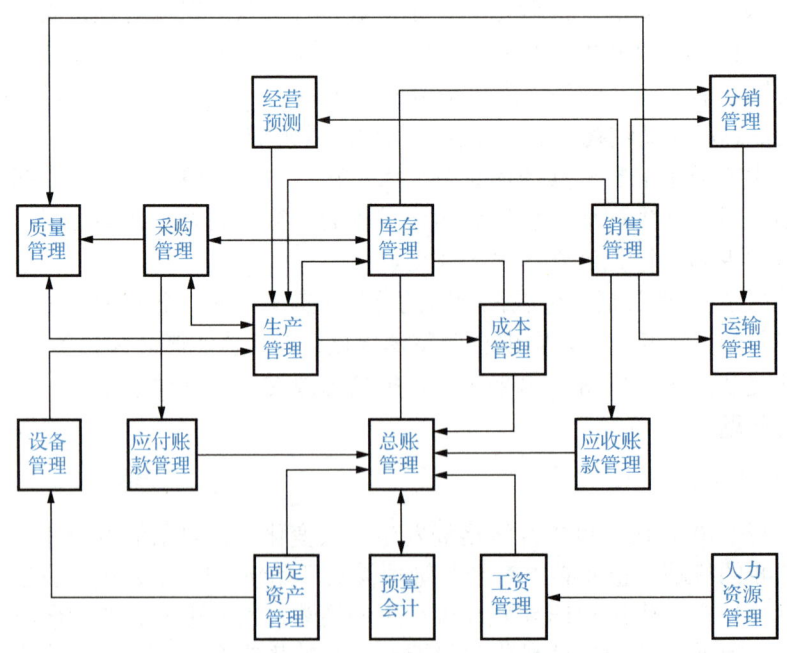

图 7.6　ERP 系统的总流程图

但是这些是远远不够的，随着信息技术的发展，市场竞争日益激烈，新的管理方法呼之欲出。首先，在供应链管理环境下，ERP系统的管理范围有扩大的趋势，企业办公系统、客户关系管理、库存管理等，都不断融入ERP系统中。其次，ERP的发展要适应企业组织结构调整和流程重组的趋势。最后，现代信息技术的发展（如RFID、云计算、大数据技术等）为ERP的发展提供了广阔的前景。

案例 7-1

趣谈 ERP

一天中午，丈夫在外给家里打电话："亲爱的老婆，晚上我想带几个同事回家吃饭，可以吗？"（订货意向）

妻子："当然可以，来几个人，几点来，想吃什么菜？"

丈夫："6个人，我们7点左右回来，准备些酒、烤鸭、番茄炒鸡蛋、凉菜、蛋花汤，你看可以吗？"（商务沟通）

妻子："没问题，我会准备好的。"（订单确认）

妻子记录下需要做的菜（主生产计划）。

具体要准备的材料：鸭、酒、番茄、鸡蛋、香油……（BOM物料清单）。

发现需要：1只鸭，5瓶酒，4个番茄，……（BOM展开），炒鸡蛋需要6个鸡蛋，蛋花汤需要4个鸡蛋（共用物料）。

打开冰箱一看（库房），只剩下2个鸡蛋（缺料）。

来到自由市场，妻子："请问鸡蛋怎么卖？"（采购询价）

小贩："1个1元，半打5元，1打9元。"

妻子："我只需要8个，但这次买1打。"（经济批量采购）

妻子："这有一个坏的，换一个。"（验收、退料、换料）

回到家中，准备洗菜、切菜、炒菜……（工艺路线），厨房中有燃气灶、微波炉、电饭煲……（工作中心）。妻子发现拔鸭毛最费时间（瓶颈工序，关键工艺路线），用微波炉自己做烤鸭可能来不及（产能不足），于是决定在楼下的餐厅里买现成的（产品委外）。

下午4点，电话铃又响："妈妈，晚上几个同学想来家里吃饭，你帮准备一下。"（紧急订单）

"好的，儿子，你们想吃什么，爸爸晚上也有客人，你愿意和他们一起吃吗？"

"菜你看着办吧，但一定要有番茄炒鸡蛋。我们不和大人一起吃，6：30左右回家。"（不能并单处理）

"好的，肯定让你们满意。"（订单确认）

鸡蛋又不够了，打电话叫便利店送来。（紧急采购）

6：30，一切准备就绪，可烤鸭还没送来，急忙打电话询问："我是李太太，订的烤鸭怎么还没送来。"（采购委外单跟催）

"不好意思，送货的人已经走了，可能是堵车吧，马上就会到的。"

门铃响了，"李太太，这是您要的烤鸭。请在单据上签个字。"（验收、入库、转应付账款）

6：45，女儿的电话："妈妈，我想现在带几个朋友回家吃饭可以吗？"（又是紧急订购意向，要求现货）

"不行呀，女儿，今天妈妈已经需要准备两桌饭了，时间实在是来不及，真的非常抱歉，下次早点说，一定给你们准备好。"（哈哈，这就是 ERP 的使用局限，稳定的外部环境，要有一个起码的提前期）

送走了所有客人，疲惫的妻子坐在沙发上对丈夫说："亲爱的，现在咱们家请客的频率非常高，应该要买些厨房用品了（设备采购），最好能再请一个小保姆（连人力资源系统也有接口了）。"

丈夫："家里你做主，需要什么你就去办吧。"（通过审核）

妻子："还有，最近家里花销太大，用你的私房钱来补贴一下，好吗？"（最后就是应收货款的催要）

看了这个小故事，现在还有人不理解 ERP 吗？

讨论题：

（1）简述基本 MRP 的计划逻辑。

（2）闭环 MRP 与基本 MRP 有何异同？

（3）MRP II 与闭环 MRP 有何异同？

（4）ERP 与 MRP II 有何异同？

二、物料需求计划

物料需求计划

1. 概念与作用

物料需求计划（material requirement planning，MRP）是对主生产计划的各个项目所需的全部制造件和全部采购件的网络支持计划和时间进度计划。

物料需求计划主要解决以下 5 个问题。

（1）要生产什么？生产多少？（来源于主生产计划）

（2）要用到什么？（根据 BOM 展开）

（3）已经有了什么？（根据物品库存信息、即将到货或产出信息得出）

（4）还缺什么？（计算出结果）

（5）何时安排？（计算出结果）

2. MRP计算原理及依据

（1）MRP 计算原理。

① 由最终产品推算出相关物料的需求量和需求时间。

② 根据物料的提前期确定投产或订货时间。

MRP 所需要的需求数据来源有两个：一个是主生产计划，要从主生产计划中得到在何时、应生产何种产品及数量是多少；另一个是独立需求数据。在极少数情况下，由于一些原因，对零部件的独立需求不包括在主生产计划中，如维修、服务用的备件与特殊目的的需求等。

（2）MRP 计算依据。

① 主生产计划，MRP 由主生产计划推动。

② BOM，MRP 根据 BOM 展开。

③ 库存信息，MRP 根据库存信息确定各种物料的需求量。

MRP 生成流程如图 7.7 所示。

3. MRP计算方法

（1）MRP 生成方式。

① 再生式。每次计算都是重新计算，并覆盖原来的 MRP 数据。再生式一般是周期进行，现行 ERP 系统大多采用此方式。

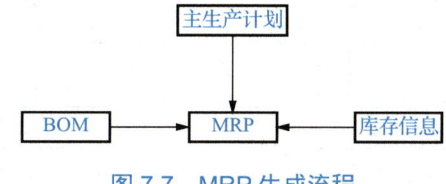

图 7.7　MRP 生成流程

② 净改变式。当生成 MRP 的条件发生变化（主生产计划变化、提前期变化等）时，需要相应地改变 MRP 的相关数据。这种运算方法较复杂，生成时间较长，适用于环境变化较大的企业。

（2）MRP 计算模型。

层级码是指系统分配给物料清单上的每个物料的一个从 0 到 N 的数字码。在产品结构中，最上层的层级码为 0，下一层物料的层级码为 1，以此类推。当一个物料在多个产品中所处的产品结构层次不同，或者即使处于同一产品结构中但处于不同产品结构层次时，则取处于最底层的层级码作为该物料的底层码，也即取数字最大的层级码。一个物料只能有一个 MRP 底层码。

以图 7.8 所示物料 A 的需求计算为例。在展开主生产计划进行物料需求计算时，计算的顺序是从上到下进行的，当计算到该产品的某一层次（如 1 层），但底层码不同时（物料 A 的底层码为 2），只计算底层码数字小的其他物料（按顺序，即不展开计算 A），底层码数字大于计算的产品层次的物料的计算结果暂时存储起来。

这样可用的库存优先分配给了处于最底层的物料，保证了时间上最先需求的物料最先得到分配，避免了后需求的物料提前下达计划，并占用库存。因此，底层码是 MRP 的计算顺序。

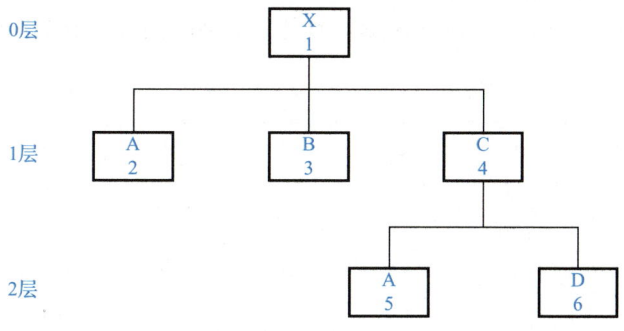

图 7.8　物料 A 的需求计算顺序

【例 7-1】 已知某产品 Y1、Y2 的产品结构如图 7.9 所示，Y1、Y2 的主生产计划如表 7.2、表 7.3 所示。部件 B 由制造商生产和管理，提前期为 1 周，批量为 120，产品合格率为 95%，本计划期计划接受 120，当前库存为 20，安全库存为 15；制造商所需部件 D 由两个供应商甲和乙直送生产线，供应数量比为 2：3。假设供应商甲生产部件 D 的批量为 30，提前期为 1 周，产品合格率为 90%，本计划期计划接受 40，当前库存为 10，安全库存为 15。请根据以上信息，编制部件 B 的生产计划及供应商甲生产部件 D 的计划。

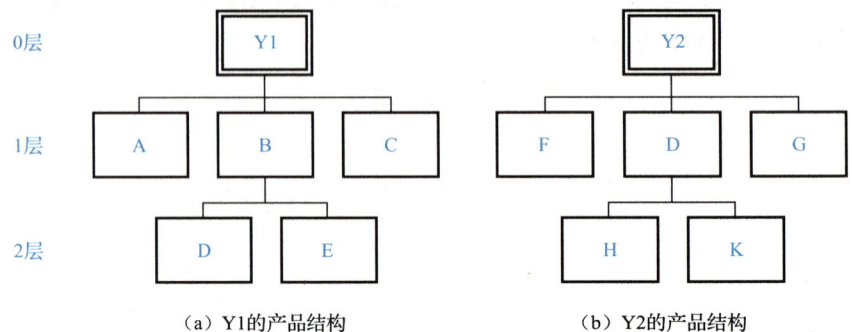

图 7.9　Y1、Y2 的产品结构

表 7.2　Y1 的主生产计划，提前期为 1 周

周	1	2	3	4	5	6	7	8
计划产出		100		120		100		

表 7.3　Y2 的主生产计划，提前期为 1 周

周	1	2	3	4	5	6	7	8
计划产出			50		60			

解析

（1）毛需求由主生产计划产出确定，需求时段为父项计划投入时段。

（2）"本时段预计可用库存=前时段预计可用库存+本时段计划接受量+本时段计划产出-毛需求"。当可用库存小于安全库存，需要补充库存。

（3）净需求=毛需求-前时段预计可用量+安全库存-计划接受量。

（4）计划产出量=净需求×产品合格率。

（5）计算该计划产出量的计划投入量。具体资料如表 7.4～表 7.7 所示。

表 7.4　部件 B 的物料需求计划，提前期为 1 周，批量为 120

周	期初	1	2	3	4	5	6	7
毛需求		100		120		100		
计划接受		120						
预计可用库存	20	40	40	−80/34	34	−66/48	48	48
净需求				95		81		
计划产出				114		114		
计划投入			120		120			

表 7.5　部件 B 对部件 D 的物料需求计划

期初	1	2	3	4	5	6	7
		120		120			

表 7.6　Y1 和 Y2 对部件 D 的物料总需求

周	1	2	3	4	5	6	7
		170		180			

表 7.7　供应商甲生产部件 D 的计划，提前期为 1 周，批量为 30

	期初	1	2	3	4	5	6	7
毛需求			68		72			
计划接受		40						
预计可用库存	10		−18/36	36	−36/18	18	18	18
净需求			33		51			
计划产出			54		54			
计划投入			60		60			

4. 确认MRP

生成 MRP 后，要通过能力需求计划校验其可执行性，以对 MRP 进行确认。企业应该按照确认的 MRP 执行，下达生产订单和采购订单。在下达订单前，计划人员需检查：物料的需求日期是否有变化；工作中心的能力是否有效；必要的工装夹具是否齐备等。如发现问题，计划人员应及时采取措施解决。最后将通过校验的 MRP 下达到采购部门和车间去执行。MRP 与其他子系统的关系如图 7.10 所示。

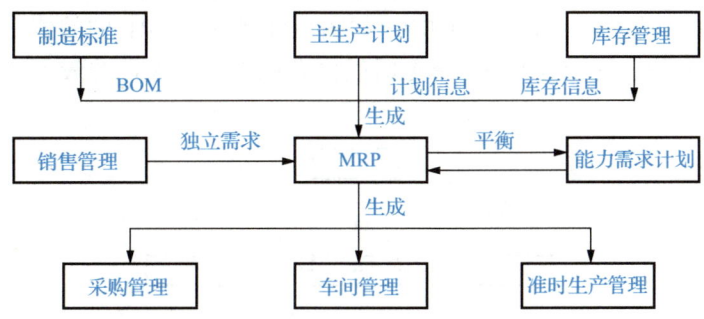

图 7.10　MRP 与其他子系统的关系

三、能力需求计划

1. 概念与作用

能力需求计划（capacity requirement planning，CRP）是对各生产阶段、各工作中心（工序）所需的各种资源进行精确计算，得出人力负荷、设备负

能力需求计划

荷等情况，并做好生产能力与生产负荷的平衡工作，所制订出的计划。

CRP 解决以下问题。

① 各种物料经过哪些工作中心加工？

② 各工作中心的可用能力与负荷是多少？

③ 工作中心的各个时段的可用能力与负荷是多少？

CRP 与粗产能计划（rough-cut capacity planning，RCCP）同属于对以上问题的求解，都是为了平衡工作中心的能力与负荷，实现计划的可执行性与可靠性。但 CRP 与 RCCP 又有区别，如表 7.8 所示。

表 7.8　CRP 与 RCCP 的区别

对比项目	RCCP	CRP
计划阶段	主生产计划制订阶段	MRP 与有限能力计划制订阶段
计划对象	关键工作中心	各个工作中心
负荷计算对象	独立需求件	相关需求件
计划的订单类型	计划及确认的订单	全部订单（含已下达订单）
工作日历	工厂工作日历或工作中心日历	工作中心日历
计划提前期	偏置天数	开始和完工时间，有时精确到小时

CRP 能帮助企业分析主生产计划及物料需求计划，然后生成一个切实可行的执行计划，进而在企业现有生产能力的基础上，及早发现能力的瓶颈所在，提出切实可行的解决方案，为实现企业的生产任务而提供能力方面的保证。

2.　CRP生成流程

根据 MRP 和各物料的工艺路线，对在各个工作中心加工的所有物料，计算出加工这些物料在各时间段上要占用该工作中心的负荷小时数，并与工作中心的能力（可提供的能力，如工时、台时）进行比较，从而生成 CRP，如图 7.11 所示。CRP 中的能力是指在一定条件（如人力、设备、面积、资金等）下，单位时间内企业能持续保持的最大产出。CRP 的计算对象是工作中心。

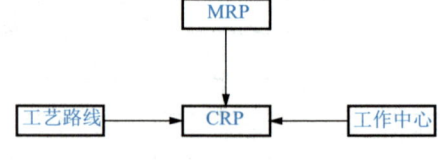

图 7.11　CRP 生成流程

3.　CRP计算方法

CRP 分为无限能力计划和有限能力计划两种。这两种计划的计算方法不同。

无限能力计划不考虑生产能力的限制，对各个工作中心的能力、负荷进行计算，得出工作中心的负荷情况，生成负荷报告。当工作中心的负荷大于能力时，对超负荷的工作中心进行负荷调整。

有限能力计划则在认为工作中心的能力不变的情况下，按照优先级安排加工任务，先把能力分配给优先级高的物料，当工作中心负荷已满时，优先级低的物料被推迟加工，即订单被推迟。有限能力计划可以不进行负荷与能力平衡。

（1）计算流程。

CRP 计算流程如图 7.12 所示。

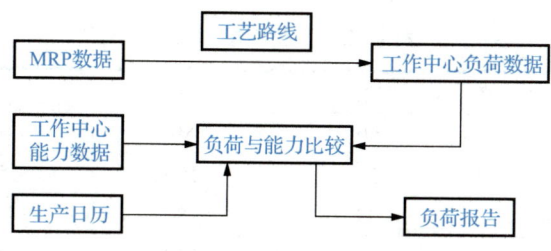

图 7.12　CRP 计算流程

（2）计算步骤。

收集数据：任务单数据、工作中心数据、工艺路线数据、生产日历。将所有任务单分派到有关的工作中心（不考虑生产能力），然后确定有关工作中心的负荷，并根据任务单的工艺路线记录，计算每个有关工作中心的负荷。当不同的任务单使用同一个工作中心时，将时间段合并计算。

将每个工作中心的负荷与工作中心的额定能力进行比较，得出工作中心的负荷和能力之间的对比以及工作中心的利用率。

【例 7-2】　工作中心能力基本数据如表 7.9 所示。WC01 物料需求计划如表 7.10 和表 7.11 所示。请根据以上信息，输出能力平衡图。

表 7.9　工作中心能力基本数据

工艺路线				
工作中心	物料	能力类别	能力数据	能力单位
WC01	物料 A	工时	10	小时
WC01	物料 B	工时	5	小时

表 7.10　WC01 物料需求计划——下达及确认

周	1	2	3	4	5
物料 A	10		5	10	
物料 B		10	6		5

表 7.11　WC01 物料需求计划——计划

周	1	2	3	4	5
物料 A	5		10		
物料 B		5		10	

解析

（1）计算过去需求负荷（根据已下达的MRP）。

（2）计算计划需求负荷。

（3）计算总负荷及平均能力。

（4）计算余/欠能力及累计余/欠能力。具体如表7.12所示。

表7.12　负荷与能力计算

周	1	2	3	4	5
过去需求负荷	100	50	80	100	25
计划需求负荷	50	25	100	50	
总负荷	150	75	180	150	25
平均能力	100	100	100	100	100
余/欠能力	−50	25	−80	−50	75
累计余/欠能力	−50	−25	−105	−155	−80

（5）负荷与能力的平衡。

调整能力的方法：加班；增加人员、设备；提高工作效率；更改工艺路线；增加外协等。

调整负荷的方法：修改计划；调整生产批量；推迟交货期；撤销订单；交叉作业等。

具体调整措施：第一时段改变能力，加班50工时；第三时段将部分物料提前到第二时段加工，再加班55工时；第四时段调整负荷，推迟在第五时段加工。

负荷与能力平衡如表7.13所示。

表7.13　负荷与能力平衡

周	1	2	3	4	5
过去需求负荷	100	50	80	100	25
计划需求负荷	50	25	100	50	
总负荷	150	75+25	180−25	150−50	25+50
平均能力	100+50	100	100+55	100	100
余/欠能力	0	0	0	0	25
累计余/欠能力	0	0	0	0	25

（6）输出。

经过上述调整后，将调整结果以图形或报表形式输出，如图7.13所示。

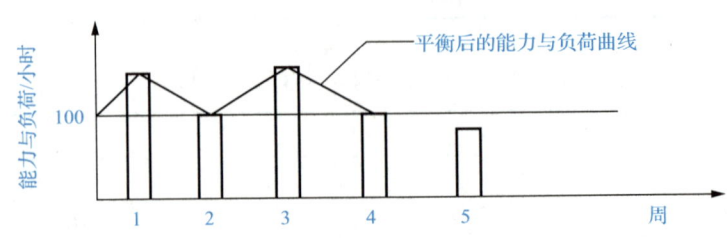

图7.13　能力平衡图

第二节　供应链企业生产计划与控制

一、供应链企业生产计划的问题

在供应链管理环境下，企业之间形成合作伙伴关系，物流、信息流和资金流跨越了企业边界，企业可利用的制造资源从内部拓展到整个供应链。因此，企业生产计划的制订需要更多地考虑外部因素。企业在制订生产计划的过程中，需要考虑以下三方面的问题。

1. 柔性约束

企业在制订生产计划时必须选择一个在已知的需求波动下最为合理的产量。企业的产量不可能覆盖整个需求的变化区域，因此不可避免会产生库存费用。在库存费用与缺货费用之间取得一个均衡点是确定产量的一个标准。企业还必须考虑上游企业的生产能力和利益，应尽量使自己的需求与供应商承诺的产量接近，并帮助其达到最优产量。

2. 生产进度

生产进度信息是企业检查生产计划执行状况的重要依据，也是滚动制订生产计划的重要信息。在供应链管理环境下，生产进度属于共享的信息，该信息具有以下作用。

（1）供应链上游企业通过了解客户的生产进度情况实现准时供应。企业的生产计划是在对未来需求做出预测的基础上制订的，与生产进度不可能完全相符，也不可能实时反映物流状态。上游企业可以通过供应链信息管理系统了解下游企业的真实需求信息，并及时提供物资。这样，下游企业可以避免不必要的库存，而上游企业可以灵活主动地安排生产和调拨物资。

（2）供应链下游企业修正原有计划时应考虑到上游企业的生产状况。供应链下游企业通过了解上游企业的生产进度，可以适当调节生产计划，使供应链上的各个环节紧密地衔接在一起。

3. 生产能力

企业在现有的技术水平和组织条件下会有一个最大的生产能力，但最大的生产能力并不等于最优生产负荷。在上下游企业之间稳定的供应关系形成后，上游企业从自身利益出发，希望所有与之相关的下游企业在同一时期的总需求与自身的生产能力相匹配。上游企业对生产负荷量的期望可以通过合同、协议等形式反映出来，即上游企业提供给相关下游企业的生产能力保证，并允许一定程度上的浮动。这样，在下游企业编制生产计划时就必须考虑上游企业在这一能力上的约束。

二、供应链企业生产计划的制订

在供应链管理环境下，企业生产计划制订过程较传统生产计划制订过程有了较大的变动，具有新的特点。

1. 具有纵向和横向的信息集成过程

这里的纵向是指沿供应链由下游向上游的信息集成，而横向是指生产相同或类似产品的企业之间的信息共享。在生产计划制订过程中，上游企业的生产能力信息在生产计划的能力分析中独立发挥作用。通过粗、细能力平衡，上游企业承接订单的能力和意愿都反映到了下游企业的生产计划中。同时，上游企业的生产进度信息也和下游企业的生产进度信息一起作为滚动编制生产计划的依据，其目的在于保持上下游企业间生产活动的同步。

2. 丰富了能力平衡在生产计划中的作用

在通常的概念中，能力平衡只是一种分析生产任务与生产能力之间差距的手段，再根据能力平衡的结果对生产计划进行修正。在制订供应链企业生产计划过程中，能力平衡发挥了以下作用。

（1）为修正生产计划和投入产出计划提供依据。

（2）进行外包决策和零部件（原材料）急件外购的决策依据。

（3）实时更新本企业和上游企业的能力状态，使生产计划具有较高的可行性。

3. 生产计划突破了企业的限制

在供应链管理环境下，生产计划的信息流跨越了企业，从而增添了新的内容。

（1）主生产计划→供应链企业粗能力平衡→主生产计划。

（2）主生产计划→外包工程计划→外包工程进度→主生产计划。

（3）外包工程计划→主生产计划→供应链企业生产能力平衡→外包工程计划。

（4）投入产出计划→供应链企业能力需求分析（细能力平衡）→投入产出计划。

（5）投入产出计划→上游企业生产进度分析→投入产出计划。

（6）投入产出计划→车间作业计划→生产进度状态→投入产出计划。

需要说明的是，以上信息流虽然只是某个闭环中的一部分，但都对生产计划有重要影响。

三、供应链企业生产控制

在供应链管理环境下，企业生产控制包括如下内容。

1. 生产进度控制

生产进度控制的目的在于依据生产作业计划，检查零部件的投入和产出数量、产出时间与配套性，保证产品能准时装配出厂。在供应链管理环境下，因为许多产品是协作生产的和转包生产的，企业生产进度控制更为复杂，必须建立生产进度信息的跟踪和反馈机制。

2. 供应链生产同步化

实现供应链生产同步化是十分重要的。只有供应链中各成员企业之间以及企业内部各部门之间保持步调一致时，供应链的同步化才能实现。供应链靠需求驱动，要求上游企业准时为下游企业提供必需的零部件。供应链中任何一个企业不能准时交货，都会导致供应链不稳定或中断，无法满足客户需求。

3. 提前期管理

提前期管理是实现快速响应客户需求的有效途径。缩小提前期，提高交货期的准时性是保证供应链获得柔性和敏捷性的关键。缺乏对供应商不确定性的有效控制是供应链提前期管理中的一大难点。因此，建立有效的提前期管理模式是值得研究的问题。

4. 库存控制和在制品管理

库存在应对供需不确定时有其积极的作用，但是库存过高又是一种资源浪费。加强库存管理对于保障生产，降低流动资金占用，具有重要意义。基于准时生产的供应与采购、供应商管理库存、协调规划、预测和补给等都是供应链库存管理的有效方式，对降低库存有重要作用。

案例 7-2

美的集团生产计划的变革

MRP Ⅱ 实施前，美的集团一直采用手工制订生产计划，即工厂生产计划、车间生产计划和产品销售计划的生产作业三级计划，这些计划显然不能胜任迅速变化的市场，经常造成产品积压或供不应求。美的集团风扇厂的年产量将近 1100 万台，如此大的产量，所需物料多达上万种，同时生产和经营机构也是庞大的。

美的集团的领导清楚地意识到若想保持企业可持续发展的能力，管理思想和手段必须上一个新的台阶，决定全面实施 MRP Ⅱ。实践证明，美的集团风扇厂通过 MRP Ⅱ 解决了传统生产制造系统与分销系统的供求矛盾。

1. 确立现代企业管理理念

MRP Ⅱ 在刚开始实施时，遇到的第一个阻力就是人的传统理念和不良习惯。针对这一情况，美的集团风扇厂确立了"以科学为本，以实用为主"的实施策略，将对 MRP Ⅱ 的实施纳入中高层领导考核。美的集团风扇厂内部很快统一了思想，对 MRP Ⅱ 的成功实施起到了关键的作用。

2. 保证生产销售的快速反应能力

MRP Ⅱ 从根本上解决了美的集团风扇厂在这方面的难题。供应链计划系统利用分销清单和来源准则同步计划整个生产流程，使生产和采购随时响应市场的需求，避免了生产和采购的盲目性，解决了新订单不能及时交货、库存产品积压和库存资金占用太多等一系列问题。销售订单管理系统为每个销售渠道建立相应的服务策略，使各销售点能通过查询存货等信息确认订单的可行性，以确保一些复杂订单的可行和正确。

3. 改善物料控制

由于美的集团风扇厂生产所需物料达上万种之多，MRP Ⅱ 实施之前，物料和账物管理十分烦琐，容易出现错误，原材料采购随意性也较大，导致计划不能贯彻执行、物料短缺或不配套，造成很大损失。新开发的物料管理系统支持用户按自己的需要定义仓库结构并进行控制，还可以灵活地按批次、系列号和版本号管理物料。通过 ABC 分类管理法和严格的周期性盘点，使库存保持准确无误，企业还可以随时运用系统提供的自动数据采集功能，来捕获所有的物料处理信息，实现精确度更高的物料管理。

4. 建立科学的生产作业流程

灵活的生产方式是减少成本、缩短生产周期和可持续发展的关键。生产制造管理系统不仅同时支持高度混合式生产制造的流程处理，还能将设计、生产、销售和用户服务多环节协调统一。通过先进的模拟能力，帮助企业优化业务流程，配置灵活的生产计划。

5. 取得阶段性成果

MRPⅡ的实施主要分为3个阶段，即原始数据的整理、财务与制造集成及生产作业计划执行。MRPⅡ的实施使美的集团风扇厂在企业管理的效率方面得到了显著的改善，不仅杜绝了管理过程中人为主观意识对企业决策造成的风险，还大大提高了企业对市场的灵敏度，显著增强了企业的竞争力，取得了明显的效益。

资料来源：电子商务世界。

讨论题：

1. 美的集团在实施MRPⅡ前，生产作业计划采用三级计划模式，这样做有什么风险？
2. 在实施MRPⅡ过程中，美的集团遇到了哪些问题？
3. 美的集团是怎样完善生产作业流程和物料控制的？

第三节 供应链企业生产计划与控制系统设计

一、供应链企业生产计划与控制总体模型

与传统的生产计划与控制相比，供应链的生产计划与控制十分复杂。传统的企业生产计划是以某个企业的物料需求为中心展开的，没有考虑供应商及分销商的实际情况，不确定性对库存和服务水平影响较大，库存控制策略也难以发挥作用。而在供应链管理环境下，一个企业的生产计划和控制要跳出以某个企业物料需求为中心的生产管理界限，从供应链的整体出发，实现信息的共享与集成，以面向客户的需求，驱动面向客户的生产计划执行，并进行全面的优化控制，获得柔性敏捷的市场响应能力。

由于企业之间比企业内部协调的难度大，因此在进行计划制订和实施控制时不能按照传统方式来集成，需要在通盘考虑供应链各成员企业特征的基础上，围绕客户的需求进行信息集成。同时，为了保证生产的同步性和实时响应性，还应建立生产协调机制和控制系统，对供应链各成员企业进行实时跟踪和信息反馈。因此，图7.14给出了一种适应供应链管理环境的生产计划与控制总体模型。该模型的主要特点如下。

（1）核心企业与供应商、零售商和分销商通过 Internet/Intranet/EDI 进行信息共享、集成和数据交换。核心企业通过生产能力与成本分析，来决策是自己生产，还是外包给合适的供应商生产。外包企业将其生产计划和生产进度反馈到供应链信息共享平台上，传递给核心企业。

（2）当核心企业决定自行生产时，应根据自身的能力状态，生成自己的主生产计划。再由主生产计划、外协件生产进度和动态的物料清单制订物料需求计划，再据此制订车间作业计划，并进行成本核算，将得到的信息返回到生产能力与成本分析环节；自制生产进度的信息将反馈到供应链信息共享平台，与上下游企业共享。外协件的采购计划由物料需求计划、外协件的库存状态共同确定，并反馈给外协件供应商，供应商据此修改外协件的生产进度。

（3）实时的商品库存状态生成动态的产品销售计划，将这些信息集成到供应链信息共享平台中，进行生产的监控与调整，并尽快地体现到企业的生产计划中。

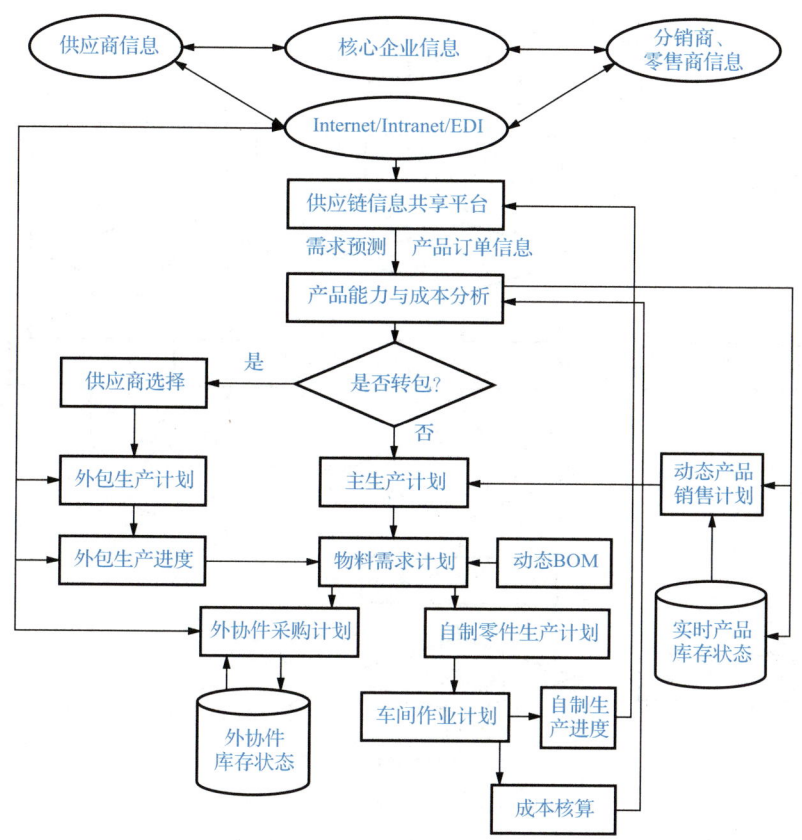

图 7.14 适应供应链管理环境的生产计划与控制总体模型

二、供应链企业生产控制模式的特点

1. 订单决策与订单分解控制

接收到用户订单后，企业要先进行三个决策：①价格/成本比较分析；②交货期比较分析；③能力比较分析。然后进行订单的分解，产生两种订单，分别为外包订单和自制订单。图 7.15 为订单决策与订单分解流程图。

2. 面向对象的、分布式、协调生产作业控制模式

面向对象的生产作业控制模式从订单概念的形成开始，就考虑了物流系统各目标之间的关系，形成面向订单对象的控制系统。订单在控制过程中，主要完成以下几个方面的作用和任务。

（1）对整个供应链过程进行订单监督和协调检查。

（2）规划一个订单计划完成日期和完成工作量指标。

（3）对订单对象的运行状态进行跟踪监控。

（4）分析订单完成情况，与计划进行比较分析。

（5）根据用户需求变化和订单完成情况提出切实可行的改进措施。

订单控制过程可以用订单运行流程说明，如图 7.16 所示。

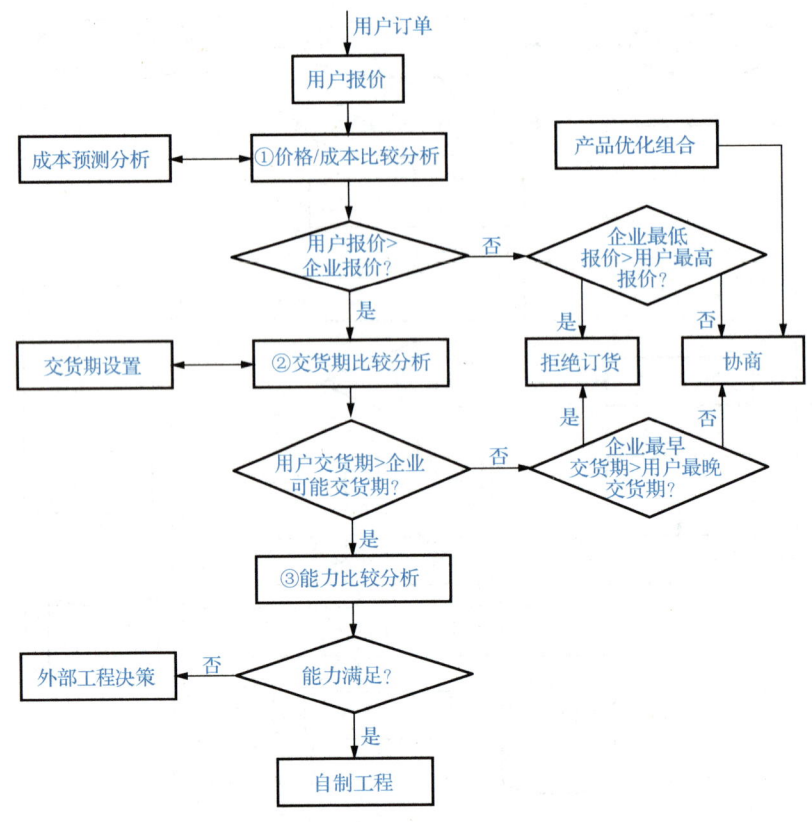

图 7.15　订单决策与订单分解流程图

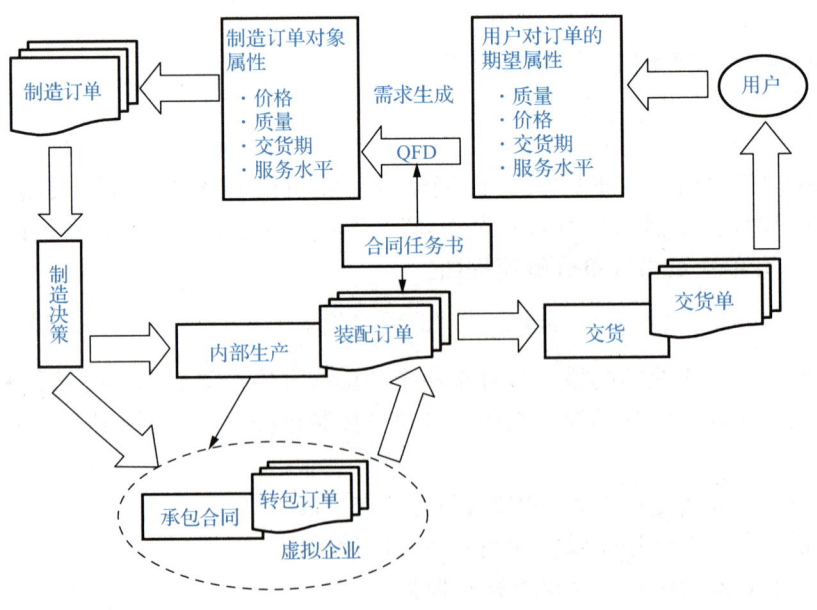

图 7.16　订单运行流程

面向对象的、分布式、协调生产作业控制模式具有以下特点。

（1）体现了供应链的集成观点，从用户订单输入到订单完成，供应链各部门紧紧围绕

订单来运作。

（2）业务流程和信息流保持一致，有利于供应链信息跟踪与维护。

（3）资源的配置原则更为明确统一，有利于资源的合理利用和管理。

（4）采用模糊预测理论和质量功能展开（quality function deployment，QFD）相结合，将用户需求订单转化为生产计划订单，使生产计划更靠近用户需求。

（5）体现"X"模式的纵横一体化企业集成思想，在横向采用订单驱动方式，在纵向则采用 MRP/OPT 基于资源约束的生产控制方法。

（6）信息沟通与共享及时，通过建立供应链信息集成平台（协调信息的发布与接受），及时反馈生产进度有关数据，修正生产计划，以保持供应链各企业同步执行。

案例 7-3

生产工序较多的车间计划与控制

C 公司是一家电子元器件制造企业，具有卓越的专业制造技术与能力，产品主要包括导电橡胶按键、塑料射出零件（单/双射射出）、定制化键盘组装等，产品质量享誉国际，已跻身世界一流的零件供货商行列。为更进一步延伸电子元器件制造核心专长，C 公司于 2002 年成立软性印刷电路板事业部门，生产高技术细线路软板。

问题描述：C 公司产品从物料投入到成品需经过 20 多个工序，部分工序需同时考虑厂内生产与委外生产，且生产基地分布于全球多个地区；多年来不断地开发模块化产品，寻求逐步发展多元产品，实行客源共享与交叉营销的利基市场战略，致力于提供给客户高端的技术、精良的工艺及专业的服务，以维持长期竞争优势。

解决方案：C 公司积极寻找在生产管理方面的有效解决方案，最后决定采用先进规划与排程（advanced planning and scheduling，APS）解决方案，具体功能包括以下方面。

（1）在业务方面，用强大的计算和仿真手段保障订单如期交付，提高订单准时交付率，确实履行对客户的承诺。

（2）在物料方面，对生产管理及采购单位实时提供正确的物料调整对策，有效降低库存，减少呆滞料造成的损失。

（3）在产能方面，以有限产能来规划，决定执行各订单任务的最适合的生产设备数量。

在信息部门与 APS 顾问的通力合作下，APS 系统于 2010 年上线，2011 年整体效益逐渐显现。C 公司管理人员表示，运行 APS 后，利用其强大并快速的仿真运算能力，对需求及库存的变化，可及时提供调整对策，不但可以有效提升客户订单及库存查询的信息质量，而且可以大幅缩短生产计划制订及变更所耗用的人力及时间。生产管理人员对于每天生产设备的产能利用更加清楚，知道瓶颈产能在哪里，促使工厂妥善运用瓶颈产能，并能够依据瓶颈产能的需求，计算出适当的物料供应计划，使其有效地降低存货。

资料来源：豆瓣网。

讨论题：

1. APS 系统具有怎样的功能？
2. 分析 APS 对于供应链企业进行生产计划和控制的意义。

第四节　供应链企业的生产策略

一、精益生产

供应链企业的生产策略

精益生产（lean production，LP）源于日本的丰田准时生产（just-in-time，JIT），后经学者研究，于 20 世纪 90 年代形成一套新的生产方式理论体系。

1. 精益思想

精益思想的核心就是以较少的投入、较少的人力、较少的设备、较短的时间和较小的场地创造出尽可能多的价值，同时也越来越接近用户，提供他们确实需要的产品。因此，要确定每个产品（或在某些情况下确定每一产品系列）的全部价值流，将保留下来的、创造价值的各个步骤运转起来，及时跟上不断变化着的用户需求。即按用户需要拉动产品，而不是把用户不想要的产品硬推给用户。

2. 精益生产的目标

精益生产是根据市场需求的变化，及时、快速地调整生产，依靠严密细致的管理，力图通过彻底排除浪费，防止过量生产，来实现企业的利润目标。因此，精益生产的基本目的是在一个企业里，同时获得极高的生产率、极高的产品质量和很大的生产柔性。为实现这一基本目的，精益生产必须实现以下 3 个子目标：零库存、高柔性、无缺陷。

（1）零库存。

原材料、外购件和成品的库存通常是为了保证生产稳定性和满足客户需求而存在的。在传统生产系统中，在制品库存和成品库存被视为资产，期末库存与期初库存之差代表这一周期流动资产的增值，用以表示该部门效益的提高。工厂生产效率是用车间设备利用率来考核的，即使设备加工的零件并不是现在订单所需要的，继续生产会加大库存也在所不惜。因而，库存往往是生产系统设计不合理、生产过程不协调、生产操作不良的证明，零库存是精益生产追求的主要目标。

（2）高柔性。

高柔性是指企业的生产组织形式灵活多变，能适应市场需求多样化的要求，及时组织多品种生产，以提高企业的竞争能力。精益生产方式的高柔性体现为组织、人力、设备 3 个方面。

① 组织柔性。不采用以职能部门为基础的静态组织结构，而是采用以项目小组为基础的动态组织结构。

② 人力柔性。劳动力是具有多种技能的操作者，能够调整操作来适应短期的需求变化。

③ 设备柔性。采用适度的柔性自动化技术（数控机床与多功能的普通机床并存），以工序相对集中、没有固定节拍以及物料的非顺序输送的生产组织方式，在中小规模生产的条件下，接近大规模生产方式的高效率和低成本，同时具有刚性自动化所没有的灵活性。

（3）无缺陷。

精益生产的目标是消除各种引起不合格品的原因，在加工过程中每一工序都要求达到最高水平。产品若出现疵点，返修得花费更多的金钱、时间与精力，因此追求产品质量要有预防缺陷的观念，凡事第一次就要做好，建立无缺陷质量控制体系。

3. 精益生产体系基本框架

精益生产体系是计算机网络支持下的小组工作方式，基本框架包括准时生产、成组技术（group technology，GT）和全面质量管理（total quality management，TQM）。

（1）准时生产。

准时生产的基本含义是：在需要的时候，按需要的量生产所需的产品。对于企业来说，各种产品的产量必须能够灵活地适应市场需求的变化，否则会因生产过剩而引起人员、设备、库存费用等一系列的浪费。准时生产是实现零库存目标，避免浪费的有效手段。以准时生产为出发点，首先暴露出生产过量的浪费，进而暴露出其他方面的浪费（如设备布局不当、人员过多等），然后对设备、人员等资源进行调整。如此不断循环，使成本不断降低，计划和控制水平随之不断提高。

（2）成组技术。

成组技术是根据加工零部件的结构、加工工艺、生产组织等的相似性，组成机械加工设备单元，实现多品种、小批量、低成本生产的技术手段。具体形式有成组加工中心、成组生产线、成组流水线等。

（3）全面质量管理。

全面质量管理的核心思想是，企业的一切活动都围绕着质量来进行。全面质量管理强调全员应用一切可以运用的方法进行质量管理活动，通过全过程质量控制最终使客户满意。全面质量管理活动包括从市场调研、产品规划、产品开发、制造、检测到售后服务等整个产品生命周期；全员参加意味着质量管理由少数质量管理人员扩展到企业的所有人员。

以过程为基础的质量管理体系是全面质量管理运行的基本模式，如图 7.17 所示。

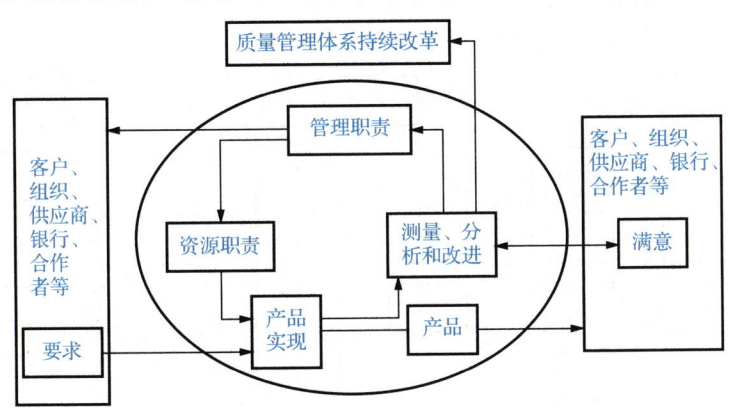

图 7.17　以过程为基础的质量管理体系

ISO 9000 国际质量标准为实现全面质量管理提供了十分有效的手段。实施 ISO 9000 标准，要求企业建立一套全面的、完整的、详尽的、严格的有关质量管理和质量保障的规章制度。

二、大规模定制

网络技术的广泛应用，使得大规模定制（mass customization）从大规模生产（mass

production）衍生而来。大规模定制的基本思想是把大规模生产和定制生产的优势有机结合起来，在不牺牲企业经济效益的前提下，对定制的产品和服务进行大量生产，满足特定市场或客户的需要。

采用大规模定制生产模式，需要对产品结构和制造过程优化重组。对产品结构进行聚类分析，将零部件分为通用零部件和定制零部件。产品结构优化策略是尽量减少定制零部件数量。制造过程可分为大量生产环节和定制环节。制造过程优化策略是尽量减少定制环节。

实现大规模定制需要借助现代信息技术、新材料技术、柔性制造技术等，把产品的定制生产问题全部或部分转化为批量生产，获得大量生产时的低成本和高效率。

三、延迟策略

延迟策略（postponement strategy）的基本思路是：首先尽量采用标准化的零部件、模块和生产工艺，保证通用过程最大化，然后才对差异化或定制化的过程进行延迟，包括延迟定制化零部件的生产，避免设计需求变动；延迟在制品向下一工序的移动，直到获得需求信息，以避免不合理消耗；延迟产品组装及包装，以匹配客户定制需求；延迟产品配送，以保证配送规模经济性。

图 7.18 给出了一种供应链延迟策略模型。在延迟分界线处设立缓冲区，在制品到达缓冲区并不立即下单制造或往下游移动，而是延迟到订单确认，调整在制品加工需求，并与特殊的部件和模块进行有效的组合，实现定制化生产。此过程能自动地减少或消除不合适的或错误的生产、库存、配送，降低成本和缩短交货期。借助于标准化、模块化技术，尽量减少在制品构造的差异性，尽可能延长通用化过程，形成规模经济。同时，尽可能推迟特殊生产、装配、包装过程，直到获得足够的需求信息再安排生产。由于集中的需求信息比分散的需求信息更准确，应用延迟策略能实现供应链风险分担和资源共享，同时也降低了系统的库存成本，提高了供应链运作的稳定性和同步性。

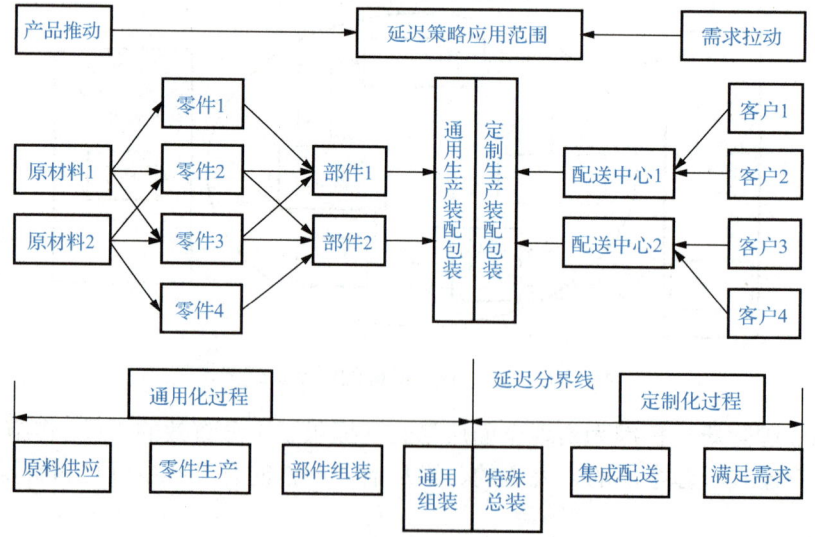

图 7.18　供应链延迟策略模型

四、敏捷制造

1. 敏捷制造提出的背景

1986 年，美国麻省理工学院开始深入研究美国制造业衰退的原因和振兴对策，重申制造业的社会功能。1988 年，美国通用汽车公司和美国理海大学雅柯卡研究所联合研究后认为，依靠单个企业无法适应变化的外部环境，应组建虚拟企业（动态企业联盟），实施"敏捷制造"（agile manufacturing）。敏捷制造提出以后得到世界各国政府和企业的重视，被视为 21 世纪的制造业企业战略。

2. 敏捷制造的实质

敏捷制造是指制造企业采用现代通信手段，通过快速配置各种资源（包括技术、资金和人），以有效和协调的方式响应客户需求，实现制造的敏捷性。一方面，人们对产品的需求和评价标准已从质量、功能延伸到最佳客户体验、环境保护与可持续发展等，产品竞争从标准化和规模化转变为多元化和个性化。另一方面，市场环境变化的速度超过了企业自我跟踪、调整的能力。此外，信息技术对制造业的推动作用开始显现。因此，敏捷制造旨在应对市场需求变化和重塑企业竞争优势。

3. 敏捷制造的典型方式

虚拟企业是敏捷制造最典型的组织方式，而拟实制造是敏捷制造最有代表性的开发手段。

虚拟企业，也称动态企业联盟。当前市场环境风云变幻，要求企业作出快速反应，并且产品技术含量越来越高，单凭一个企业不可能完成产品开发和生产。因此，为了完成任务，由一个企业内部某些部门或不同企业按照资源、技术和人员的最优配置，快速组成临时性企业，即虚拟企业。这种动态联盟的虚拟企业组织方式可以降低企业风险，使生产能力得到前所未有的提高，从而缩短产品的上市时间，减少相关的开发工作量，降低生产成本。

拟实制造，也称拟实产品开发。它综合运用仿真、建模、虚拟现实等技术，提供三维可视交互环境，对从产品概念产生、设计到制造的全过程进行模拟实现，以期在真实制造之前，预估产品的功能及可制造性，从而大大缩短产品的上市时间，降低产品开发、制造成本。其组织方式是由从事产品设计、分析、仿真、制造和支持等方面的人员组成虚拟产品设计小组，通过网络并行开展工作；其应用过程是用数字形式虚拟地创造产品，即完全在计算机上建立产品数字模型，并在计算机上对这一模型的形式和功能进行评审、修改，这样常常只需制作一次最终的实体产品原型，就可使新产品开发获得成功。

需要说明的是，敏捷制造的精髓在于提高企业的响应能力，任何一种提高企业响应能力的途径都是在向敏捷制造前进。

本 章 小 结

ERP 通过对企业所拥有的人、财、物、信息等资源进行综合平衡和优化管理，最终使企业在激烈的市场竞争中充分发挥自身优势，取得最好的经济效益。ERP 理论的形成与发展大致经历了基本 MRP 阶段、闭环 MRP 阶段、MRP Ⅱ 阶段及 ERP 的形成阶段，并逐渐变得完善。

供应链管理环境下的生产计划与传统生产计划有显著不同，其在制订生产计划的过程中需要考虑柔性约束、生产进度、生产能力三方面的问题。供应链管理环境下的生产计划制订的特点包括：具有纵向和横向的信息集成过程；丰富了能力平衡在计划中的作用；计划突破了企业的限制，向供应链的上下游延展。

供应链管理模式下企业的生产策略主要包括精益生产、大规模定制、延迟策略及敏捷制造。每一种策略在生产中的应用都以追求供应链整体最优，提高整体效率，降低整体运作成本为目标。

 关键术语

企业资源计划 enterprise resource planning
物料需求计划 material requirement planning
物料清单 bill of material
能力需求计划 capacity requirement planning
成组技术 group technology
精益生产 lean production

准时生产 just-in-time
全面质量管理 total quality management
大规模生产 mass production
大规模定制 mass customization
延迟策略 postponement strategy
敏捷制造 agile manufacturing

习　　题

一、选择题

1. 闭环 MRP 与开环 MRP 的不同在于（　　）。
   A．前者针对独立需求物料
   B．前者考虑物料需求与生产能力校核
   C．前者体现资金流管理

2. ERP 与 MRP Ⅱ 的不同在于（　　）。
   A．前者以物流为核心
   B．后者以物流为核心
   C．后者以成本为核心

3. 闭环 MRP 在基本 MRP 的基础上添加了（　　）。
   A．库存需求计划　　　　　　　B．生产计划
   C．采购需求计划　　　　　　　D．能力需求计划

4. 企业最基本的生产特征是（　　）。
   A．按库存生产和按订单装配　　B．按订单装配和按订单设计
   C．按库存生产和按订单生产　　D．按订单生产和按订单设计

5. 在展开主生产计划进行物料需求计算时，计算的顺序是（　　）进行的。
   A．从左到右　　　　　　　　　B．从右到左
   C．从上到下　　　　　　　　　D．从下到上

6. JIT 与传统生产对库存有不同的认识，体现在（　　　）。

   A. JIT 将库存视为缓冲器

   B. JIT 将库存视为资产

   C. JIT 认为库存占用资金和时间

   D. JIT 认为库存掩盖了生产管理的问题

7. 在供应链管理环境下，生产计划制订过程中主要考虑的问题是生产进度、生产能力和（　　　）。

   A. 生产负荷   B. 柔性约束

   C. 生产节奏   D. 生产质量

8. 精益生产的目标包括（　　　）。

   A. 零库存   B. 高柔性

   C. 无缺陷

9. 下列关于大规模定制生产模式的描述，不正确的是（　　　）。

   A. 产品零部件模块化   B. 应用延迟策略

   C. 针对定制产品大量生产   D. 增大定制零件数量

10. 下列关于敏捷制造的描述，不正确的是（　　　）。

   A. 组建企业联盟   B. 网络化设计、制造

   C. 依靠企业自身资源灵活调整

二、思考题

1. MRP 的计算原理是什么？

2. 供应链管理环境下，企业在制订生产计划的过程中，主要考虑哪些方面的问题？

3. 企业生产控制模式的特点有哪些？

4. 什么是大规模定制？为什么要实施大规模定制？

三、计算题

已知 A 和 Y 的产品结构如图 7.19 所示，B 的提前期为 1 周，批量为 20，当前库存为 20；C 的提前期为 3 周，批量为 30；D 的批量为 15，提前期为 1 周，当前库存为 10。假设已经得到 A 和 Y 的主生产计划，如表 7.14 和表 7.15 所示，请计算 D 的物料需求计划。

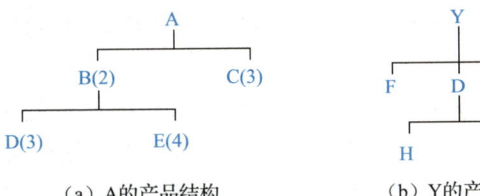

(a) A的产品结构　　　　(b) Y的产品结构

图 7.19　A 和 Y 的产品结构

表 7.14　A 的主生产计划

周	1	2	3	4	5	6	7	8
计划投入			10	10			10	

表7.15　Y的主生产计划

周	1	2	3	4	5	6	7	8
计划投入			10	20		10		

 案例分析

美的大湾区智能工厂：每7秒下线一台空调压缩机

位于广东佛山市顺德区杏坛镇的GMCC美芝科技产业园内，一个个智能机械手正在精准上料，将空调压缩机零部件——轴承送上组装线。偌大的生产车间里，只见数名技术人员正在操作软件，繁忙且有序。

顺德地处粤港澳大湾区腹地，北接广州、南近港澳地区，近年来持续加快推动制造业智能化转型。GMCC美芝科技产业园占地面积410.12亩，总建筑面积50万平方米，主要生产空调压缩机等核心部件产品，预计年产能3600万件。该产业园是目前行业最大的空调压缩机生产基地，按照世界级"灯塔工厂"标准打造。

在生产流程各环节，该产业园均使用人工智能视觉技术。例如，机加工机器人视觉"上料"、下料自动装框视觉引导、总装外观不良检测等，能够匹配多种型号的空调压缩机产品，检出率提升到99.9%以上。

在智能技术的加持下，生产效率大幅提升。"我们的生产节拍从原来的15秒提升至目前的7秒，也就是说每一条生产线每7秒就有一台空调压缩机下线。"美的集团工业技术事业群空压产品公司智能制造负责人贺志良说，"这比行业的平均水平领先了很多。"从生产到物流运输，这家工厂均实行了数字化、智能化运转，自动导引车、无人叉车等智能设备有序运行。该工厂在智能物流上最大限度实现"一条流设计"，在各种自动化设备与技术的帮助下，运输效率更高。

工厂通过使用大量的机器人、人工智能、数字孪生等技术，以及数字化系统集成，改变了传统的生产与管理模式，让生产过程变得透明可控，品质变得更可靠，成本更精细，同时物流变得更敏捷，产品交付速度也实现巨大提升。

贺志良表示"虽然智能工厂里的人员减少了，但对人的素质、技能的要求却在大幅提高。目前我们工厂已经达到μ级的精密智能制造水平，将着力打造成全国工业4.0智能制造示范基地。"

GMCC美芝科技产业园是美的集团探索数字化转型的缩影之一。美的过去10年投入超过200亿元用于数字化，过去5年投入近600亿元用于科技创新，智能化程度、生产效率、决策效率、经营质量都得到了极大提升。2024年，美的集团已拥有28家国家级绿色工厂、9家5G工厂、3家零碳工厂，以及5家世界级"灯塔工厂"。

资料来源：网易新闻。

讨论题：

1. 精益生产与准时生产有什么关系？

2. 党的二十大报告提出"加快建设制造强国"，请结合所学简述我国制造企业怎样实现数字化转型。

第八章 供应链库存管理

【学习目标】

➢ 了解传统库存管理存在的问题。

➢ 理解供应链不确定性的表现形式和原因，掌握安全库存设置方法。

➢ 理解并掌握供应商管理库存、集配中心模式、多级库存优化与控制的含义与实施方法。

【知识架构】

对客户服务理解不恰当

低效率的信息传递和共享

库存控制策略简单化 ── 传统库存管理存在的问题

缺乏供应链整体战略规划

供应链库存管理

供应商管理库存

集配中心作业模式

循环取货调达模式 ── 供应链库存管理模式

融合循环取货和甩挂运输的入厂物流模式

供应链的不确定性

供应链的不确定性与库存的关系 ── 供应链的不确定性与安全库存

安全库存

基于成本优化的多级库存控制

基于时间优化的多级库存控制 ── 多级库存控制

导入案例

李宁公司的库存管理问题

过去几年，国内体育用品行业为沉重的库存所累。其中一大症结在于粗放式经营的批发销售模式：提前 18 个月规划未来的售卖款式、举办订货会获取订单、组织生产实现订单交付。这样市场上出现大批量高度同质化的产品，导致的恶果是大量的货积压在渠道，库存高企，只能打折处理。

那么如何准确捕捉市场需求以及订单信息，实现供应链的快速反应呢？李宁公司于 2012 年底开始告别传统的订货会形式，采用"有指导性的订货会订单+快速补货+快速反应"为特色的零售模式，升级企业规划系统和市场数据分析系统，推出快速反应产品和最佳库存保有单位（stock keeping unit，SKU）组合产品。以快速反应产品为例，原本上市周期为 6 个月的产品，现在只需要 2～4 个月。事先只进行少量铺货，用两周左右时间测试市场反应，随时监控销售情况，如产品热销，则迅速组织生产大规模铺货，否则，就减少甚至暂停生产。

精细化的操作模式，对于数据收集、分析以及内部协作无疑提出了更高的要求。因此，李宁公司开始着力打造供应链基础平台。借助激励机制、门店示范等多种手段，李宁公司终端门店 POS 机覆盖率达 85%左右。销售实时数据汇总以后，数据分析团队对不同地区的市场数据进行分析，向该地区分销商推荐订购最佳 SKU 组合，这样的产品组合更符合当地消费者习惯，使分销更顺利。

但是，令人吃惊的是，公司的库存状态不但没有得到根本性的改善，反而库存周转率呈现出明显的下降趋势，库存持有天数明显增加。

资料来源：程晓华，2020. 制造业全面库存管理[M]. 北京：北京理工大学出版社.

企业要有效地缓解供需矛盾，保持均匀地生产，必须持有一定的库存。但如果企业库存过高，无法及时获得资金回流，会导致经营困难。如何有效地进行库存管理成为几乎所有企业关注的焦点。企业必须尽力使库存保持在合理的范围内，以保证其经营管理水平和快速应变能力。

第一节 传统库存管理存在的问题

库存以原材料、在制品、半成品、成品等各种形式存在于供应链的各个环节。由于库存费用占库存物品价格的 20%～40%，因此库存管理对企业十分重要。

传统库存管理主要存在以下问题。

1. 对客户服务理解不恰当

传统库存管理绩效评价不能反映客户服务水平，客户满意度应该成为库存管理的一项重要指标。有的企业采用库存周转率作为库存管理的绩效评价指标，却没有考虑对客户的反应时间与服务水平；有的企业采用订货满足率来衡量客户服务水平，但是订货满足率不等于客户满意度。例如，一家计算机集成制造商接到客户一份包含多个产品的订单，客户要求一次性交货，而这些产品来自不同供应商，计算机集成制造商将所有客户需要的产品组装完成后一次性发送给客户，但是延迟了交货时间，客户对此不一定满意。这样，平均延迟时间、提前或延迟交货时间等服务指标也要考虑。因此，库存管理应着眼于提高整个供应链的效率和客户满意度。

2. 低效率的信息传递和共享

需求预测、库存状态、生产计划等都是库存管理需要的重要数据。在供应链中，这些数据分布于不同的供应链成员企业，要有效而快速地响应客户需求，必须实时地传递这些数据。然而，由于各成员企业信息化程度不一，信息传递经常延迟或不准确，给库存管理带来困难。信息传递时间越长，预测误差越大，信息有效性就越小，生产出过时的产品，造成过高的库存也就不奇怪了。

3. 库存控制策略简单化

传统的企业库存管理方式比较单一，以存储成本和订货成本为基准，确定经济订货批量和订货点。供应链运作中存在诸多的不确定因素，如订货提前期、货物运输状况、原材料的质量、生产时间、运输时间、需求的变化等，增加了库存管理的难度。例如，错误估计供应链中物料的提前期，造成有的物料库存增加，而有的物料库存不足。从供应链整体的角度看，库存管理必须考虑不确定性，显然传统的库存管理方式已不适用。

4. 缺乏供应链整体战略规划

现代产品设计与制造技术的出现，使产品的生产效率大幅度提高，但是，供应链库存的复杂性却常常被忽视。结果使得所有节省下来的成本都被供应链上的分销与库存成本抵消了。同样，在引进新产品时，如果不注意供应链整体战略规划，也会由于运输时间长、库存成本高等原因而无法在市场上获得成功。例如，一家全球性制造企业将生产出来的打印机发往各区域分销中心销售。假设当打印机到达各区域分销中心时，客户需求数量已经发生了改变。由于打印机是为特定区域而生产的，分销商难以应对需求的变化，造成产品积压，库存成本高企。后来，这家企业重新设计了供应链结构，工厂只生产打印机的通用部件，而体现差异化的部件由区域分销中心根据当地需求组装，这样库存就降低了。

第二节　供应链的不确定性与安全库存

一、供应链的不确定性

1. 不确定性的表现形式

供应链不确定性的表现形式有以下两种。

（1）衔接不确定性。供应链成员企业之间（或部门之间）的不确定性，可以说是供应链的衔接不确定性，这种不确定性取决于互相合作的程度。为了消除衔接不确定性，需要增强企业之间（或部门之间）的合作。

（2）运作不确定性。供应链运行不稳定是供应链内部缺乏有效的控制机制所致，为了消除供应链运行中的不确定性，需要增强供应链协调控制机制，提高系统的可靠性。

供应链作为一个系统是无法避免受到外界环境影响的，往往受多种不确定性因素共同作用。在数量尺度和时间尺度上，供应链成员企业间的衔接不确定性都远大于企业自身运作的不确定性。

2. 不确定性的来源

供应链不确定性的来源主要有以下 3 个方面。

（1）供应商的不确定性，主要包括生产能力变动、产品质量波动、价格调整、物流延迟等。

（2）制造商的不确定性，主要包括生产系统故障、人员变动、计划执行偏差等。

（3）客户的不确定性，主要包括需求预测偏差、购买力波动、从众心理和个性差异等。

3. 不确定性的原因

供应链不确定性的原因主要有以下 3 个。

（1）需求预测水平。需求预测水平与预测时间的长度有关，预测时间越长，预测精度越差。另外，预测的方法对预测也有影响。不精确的预测增加了供应链不确定性。

（2）决策信息的可靠性。信息的可靠性对预测同样造成影响，下游企业与客户接触的机会多，可获得的有用信息多；远离客户的上游企业，信息的可获得性和准确性差，因而预测的可靠性差。

（3）决策者心理的影响。决策者的心理偏好对需求计划的制订和调整以及信息分享程度都会产生一定的影响。

二、供应链的不确定性与库存的关系

供应链的不确定性将对库存产生影响。

1. 衔接不确定性对库存的影响

传统供应链的衔接不确定性是普遍存在的，主要是因为企业各自独立的信息体系（信息孤岛）。为了竞争，企业总是倾向封锁资源，包括那些完全可以提供给合作企业的信息。企业独立于由供应和需求关系而自然形成的供应链，换言之，相对于其中一方而言，另一方只是市场的一部分。企业间的合作仅仅是贸易上的短时合作，人为地增加了企业之间的信息壁垒，企业不得不为应付不确定性而建立库存。

2. 运作不确定性对库存的影响

通过建立战略合作伙伴关系，可以消除运作不确定性对库存的影响。当企业间的合作关系得以改善时，企业的内部生产管理也得以大大改善，因为当企业间的衔接不确定性因素减少时，企业的生产控制就可以做到实时、准确。这时，企业就能获得对生产系统有效控制的有利条件，消除生产过程中不必要的库存。

三、安全库存

对于企业来说，不确定条件下的库存管理显得尤为重要。企业必须保持适量的产品库存来满足客户的需求，预防由于客户需求增加或订货提前期延长导致的缺货情况。在这种情况下，如何确定合理的产品库存水平和准确的订货时间，就成为企业所面临的主要问题。

1. 安全库存的概念

安全库存是库存的一部分，主要是为了应对需求和订货发生短期的随机变动而设置的。

通过建立适当的安全库存，可以避免发生缺货，从而在一定程度上减少缺货损失。但安全库存的增加会使库存持有成本增加，因而必须在缺货成本和库存成本之间进行权衡。

安全库存量的大小可由客户服务水平来决定。所谓客户服务水平，就是客户需求情况的满足程度，包括数量、时效等。这里用数量满足程度表示客户服务水平，计算公式为

$$客户服务水平 = 1 - \frac{年缺货次数}{年订货次数} \times 100\%$$

客户服务水平较高，说明缺货发生的情况较少，从而缺货成本就较少，但因增加了安全库存量，导致库存的持有成本上升；而客户服务水平较低，说明缺货发生的情况较多，缺货成本较高，安全库存水平较低，库存持有成本较少。因此，必须综合考虑客户服务水平、缺货成本和库存持有成本三者之间的关系，最后确定一个合理的安全库存量。

2. 安全库存量的计算

借助于数理统计知识，对客户需求量的变化情况和提前期的变化作一些基本的假设。从而在客户需求发生变化、提前期发生变化或两者同时发生变化的情况下，分别计算安全库存量。

（1）需求发生变化，提前期为固定常数的情况。

假设需求的变化情况符合正态分布，由于提前期是固定的数值，因而可以直接求出提前期内需求分布的均值和标准差。或者可以通过直接的期望预测，以过去提前期内的需求情况为依据，从而确定需求的期望值和标准差，这种方法的优点是易于理解。

当提前期内的需求状况的均值和标准差被确定，则利用下面的公式可以获得安全库存量。

$$SS = z\sigma_d \sqrt{L}$$

式中：SS 为安全库存量；

σ_d 为提前期内需求的标准差；

L 为提前期；

z 为一定客户服务水平下需求变化的安全系数，如图 8.1 所示。

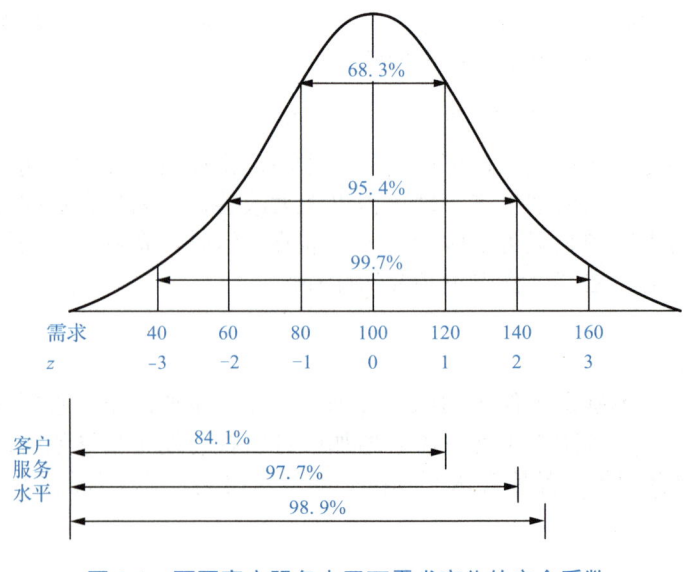

图 8.1　不同客户服务水平下需求变化的安全系数

由图 8.1 可以得出表 8.1。

表 8.1　客户服务水平与 z 的关系

客户服务水平/（%）	z	客户服务水平/（%）	z
84.1	1.0	98.9	2.3
90.3	1.3	99.5	2.6
94.5	1.6	99.9	3.0
97.7	2.0		

【例 8-1】　某饭店的啤酒平均日需求量为 10 升，并且啤酒需求情况服从标准差为 2 升/天的正态分布，如果提前期是固定的常数 6 天，试求满足 95%的客户服务水平的安全库存量。

解析

由题意可知：σ_d=2 升/天，L=6 天，$F(z)$=95%，则 z=1.65，可得

$$SS = z\sigma_d\sqrt{L} = 1.65 \times 2 \times \sqrt{6} \approx 8.08$$

即在满足 95%的客户服务水平的情况下，安全库存量是 8.08 升。

（2）提前期发生变化，需求为固定常数的情况。

如果提前期内的客户需求情况是确定的常数，而提前期是随机变化的，在这种情况下可利用下面的公式获得安全库存量。

$$SS = zd\sigma_L$$

式中：SS 为安全库存量；

　　　z 为一定客户服务水平下的安全系数；

　　　σ_L 为提前期的标准差；

　　　d 为提前期内的日需求量。

【例 8-2】　如果在例 8-1 中，啤酒的日需求量为固定的常数 10 升，提前期是随机变化的，而且服从均值为 6 天、标准差为 1.5 天的正态分布，试求满足 95%的客户服务水平的安全库存量。

解析

由题意可知：σ_L=1.5 天，d=10 升/天，$F(z)$=95%，则 z=1.65，可得

$$SS = zd\sigma_L = 1.65 \times 10 \times 1.5 = 24.75$$

即在满足 95%的客户服务水平的情况下，安全库存量是 24.75 升。

（3）需求和提前期都随机变化的情况。

在大多数情况下，需求和提前期都是随机变化的。此时，假设客户的需求和提前期是相互独立的，则利用下面的公式可以获得安全库存量。

$$SS = z\sqrt{\sigma_d^2\overline{L} + \overline{d}^2\sigma_L^2}$$

式中：SS 为安全库存量；

　　　z 为一定客户服务水平下的安全系数；

　　　σ_L 为提前期的标准差；

　　　σ_d 为提前期内需求的标准差；

$\overline{d}$ 为提前期内的平均日需求量；

$\overline{L}$ 为平均提前期水平。

3. 订货点的确定

订货点指库存量降低到某个水平时，就应该订货，再延迟会导致缺货。

在需求和提前期都是确定的情况下，订货点的计算公式为

$$R = dL$$

式中：R 为订货点的订货数量；

d 为提前期内的日需求量；

L 为提前期。

这个公式说明在需求和提前期均确定的条件下，订货点就等于提前期内的需求量，即如果提前期的需求量是 50 个单位，则订货点就等于 50 个单位。但这种方法仅限于需求和提前期都是确定的情况下使用，实际中这样的情况是不常见的。

当提前期或需求都是不确定时，由于不能完全确定在提前期内的需求量，因而就给库存增加了潜在的缺货可能。造成这种随机变化的原因可能仅来自需求，或者仅来自提前期，或者两者兼而有之。需求的突然增加或提前期的变化增加了库存的供应压力，从而可能导致缺货。显然，考虑到不确定因素，订货点的计算还应该加上安全库存量，则公式变为

$$R=提前期内的期望需求量＋安全库存量$$
$$=Q+\text{SS}$$
$$=\overline{d}\times\overline{L}+\text{SS}$$

式中：R 为订货点的订货数量；

$\overline{d}$ 为提前期内的平均日需求量；

$\overline{L}$ 为平均提前期水平；

SS 为安全库存量。

第三节　供应商管理库存

供应商管理库存

供应链中的各个环节（如零售商、分销商和供应商等）拥有各自的库存，采取不同的库存控制策略，因而不可避免地产生需求的扭曲现象，这使得供应商无法准确地获取需求信息，快速地响应客户的需求。因此需要一种能够统一管理库存的运作策略，使供应链各个环节的活动同步、协调地运行。在这种情况下，供应商管理库存（vendor managed inventory，VMI）应运而生。

一、VMI的概念

一般而言，库存设置与管理是由同一组织完成的。而这种库存管理模式并不总是最优的。关于 VMI，有人认为是一种供应商和需求方的合作性策略，以对双方都是最低的成本来获得产品，并在一个达成共识的目标框架下由供应商来管理库存，这样的目标框架经常被监督和修正，以产生一种持续改进的环境。因此，VMI 就是由供应商代替需求方管理库存的策略，库存的管理职能由供应商负责。

也有人认为，VMI 是一种库存管理策略，是以掌握零售商销售数据和库存量作为市场需求预测和库存补货的解决方案。经由销售数据得到市场需求信息，供应商可以更有效地计划、更快速地反映市场变化和消费者的需求。因此，VMI 可以降低库存量、改善库存周转，进而保持库存水平最优，而且供应商和零售商分享重要信息，所以双方都可以改善补货计划、促销计划和装运计划等。VMI 把由传统渠道产生订单作为补货依据，转变为以实际的或预测的消费需求作为补货依据。

VMI 突破了传统的条块分割的管理模式，能够以系统的、集成的方式进行库存管理，以使供应链系统同步化运作。

二、VMI的基本思想

VMI 的主要思想是供应商在需求方的允许下设立库存，决定库存水平和补给策略，拥有库存控制权。其好处在于，可以为需求方提供更好的服务，提供更精确的预测，降低营运成本、加快生产进度、降低库存量与库存维持成本以及实施有效的配送。

归纳起来，VMI 体现了以下原则。

（1）合作性原则。在实施该策略时，相互信任与信息透明是很重要的，供应商和需求方要有较好的合作精神，才能够保持较好的合作。

（2）使双方成本最小原则。VMI 不是关于成本如何分配或谁来支付的问题，而是通过该策略的实施减少整个供应链上的库存成本，使双方都获益。

（3）目标一致性原则。双方都明白各自的责任，观念上达成一致的目标。例如，库存放在哪里，是否要管理费、费用多少等问题都要协商一致，并且体现在合作协议中。

（4）持续改进原则。使供需双方能共享利益和减少浪费。精心设计与开发的 VMI 系统不仅可以降低整个供应链的库存水平，降低成本，而且可使需求方获得高水平的服务，改善资金流，与供应商共享需求，获得更高的客户信任度。

三、VMI系统的构成

VMI 系统主要可分成两个模块：一个是需求预测模块，可以产生准确的需求预测；另一个是配销计划模块，可根据实际需求方订单、运送方式，提供满意度高及成本低的配送。

1. 需求预测模块

需求预测主要用于协助供应商进行库存管理决策。准确预测可以让供应商知道应该销售何种产品、销售给谁、以何种价格销售、何时销售等。

需求预测可参考的资料包括：客户订货历史资料，即客户之前的订货资料；非客户历史资料，即市场情报，如促销活动资料。

需求预测包括以下几个程序。

（1）供应商收到需求方最近的产品活动资料，然后进行需求历史分析。

（2）使用统计分析方法，以客户的平均历史需求、客户的需求动向、客户需求的周期为依据，产生最初的需求预测。

（3）利用统计软件模拟不同条件（如促销活动、市场动向、广告效应、价格异动等）下的需求，生成调整后的需求预测。

2. 配销计划模块

配销计划模块主要是管理库存。比较库存计划和实际库存，以掌握目前库存尚能维持多久。依据需求预测、与用户约定的补货规则（如最小订购量、配送提前期、安全库存）、配送规则等，制订补货计划，最后生成最经济的配送策略（包括运送量、运输工具的承载量），并跟踪配送进度。

四、VMI的技术支持

支持 VMI 的技术主要包括 ID 代码、EDI/Internet、条码、连续补给程序等。

1. ID代码

供应商要有效地管理需求方的库存，必须对需求方的商品进行正确识别。因此，需要对商品进行编码，并将商品的标识（identification，ID）代码与供应商的产品数据库相连。目前国际上已有商品 ID 代码标准，如 EAN-13（UCC-12）、EAN-14（SCC-14）、SSCC-18 等，我国也颁布了关于物资分类编码的国家标准。

供应商应尽量将自己生产的商品按国际标准进行编码，以便对需求方库存中本企业的商品进行快速跟踪和分拣。因为需求方（批发商、分销商）的商品多种多样，有来自不同供应商的同类商品，也有来自同一供应商的不同商品。实现 ID 代码标准化，有利于使用 EDI 系统进行数据交换与传送，提高了供应商对库存管理的效率。

2. EDI/Internet

供应商要有效地对需求方（分销商、批发商）的库存进行管理，采用 EDI 或 Internet 进行供应链的商品数据交换，是一种安全可靠的方法。为了能够实现供应商对需求方的库存进行实时的测量，供应商必须每天都能了解需求方的库存补给状态。采用基于 EDIFACT 的库存报告清单能够提高供应链的运作效率，每天的库存水平（或定期的库存检查报告）、最低的库存补给量都能自动生成，这样大大提高了供应商对库存的监控效率。

在 VMI 系统中，关于供应商装运与开票等工作都不需要特殊的安排，主要的数据是物料信息记录、订货点和最小库存水平等，需求方唯一需要做的是接受 EDI 订单确认和配送建议，以及利用 VMI 系统发出采购订单。

3. 条码

为有效实施 VMI 系统，应该尽可能地使供应商的商品条码化。条码技术对提高库存管理效率是非常显著的，是实现库存管理电子化的重要手段。ID 代码与条码的对应关系如表 8.2 所示。

表 8.2 ID 代码与条码的对应关系

代码	国际条码标准	国家条码标准
EAN-13（UPC-12）	EAN-13	《商品条码 零售商品编码与条码表示》（GB 12904—2008）
EAN-14（SCC-14）	ITF-14	《商品条码 储运包装商品编码与条码表示》（GB/T 16830—2008）
SSCC-18	EAN/UCC-128	《商品条码 128 条码》（GB/T 15425—2014）

4. 连续补给程序

连续补给程序改变了零售商向供应商订货的传统方式，使供应商根据需求方库存和销售信息决定商品的补给数量。这是一种实现 VMI 策略的有力工具和手段。为了快速响应需求方降低库存的要求，供应商通过和需求方建立合作伙伴关系，主动提高交货的频率，使供应商从过去单纯地执行需求方的采购订单，变为主动为需求方分担补充库存的责任，在加快供应商响应客户需求速度的同时，也使需求方减少了库存水平。

五、VMI的实施方法与步骤

1. VMI的实施方法

（1）建立标准化的订单处理模式。首先由供应商和需求方一起确定订单业务处理过程所需要的信息和库存控制参数；然后建立一种标准处理模式，如 EDI 标准报文；最后把订货、交货和票据处理等各个业务功能集成在供应商侧。

（2）保证库存状态透明性。这是实施 VMI 的关键。供应商能够随时跟踪和检查需求方的库存状态，从而快速、准确地做出补充库存的决策，对自己的生产供应状态做出相应的调整。为此需要建立一个连接供应商和需求方的库存管理系统，使供应商有权限获取需求方的库存状态。

供应商与需求方通过 EDI 交换信息，如产品活动、订单预测、订单确认等，如表 8.3 所示。

表 8.3 供应商与需求方交换的信息

信息	内容
产品活动	可用产品、被定购产品、计划促销产品、零售产品
订单预测	预测订单量、预定出货日期
订单确认	订单量、出货日期、配送地点

2. VMI的实施步骤

VMI 的实施可以分以下几个步骤。

（1）建立客户情报信息系统。供应商要有效地管理销售库存，必须能及时获得客户的有关信息。通过建立客户的信息库，供应商能够及时掌握需求变化的有关情况，把以前由需求方进行的需求预测与分析功能集中到供应商的系统中来。

（2）建立销售网络管理系统。供应商要能很好地管理库存，必须建立起完善的销售网络管理系统，保证自己的产品需求信息和物流畅通。所以必须做到：保证自己产品条码的可读性和唯一性；解决产品分类、编码的标准化问题；解决产品存储运输过程中的识别问题。

（3）建立供应商与需求方的合作框架协议。供应商和需求方一起协商，确定处理订单的业务流程和控制库存的有关参数（如订货点、最小库存水平等）、库存信息的传递方式（如 EDI 或 Internet）等。

（4）组织机构的变革。供应商应该建立专门的职能机构用于管理需求方库存，进行库存控制、库存补给，以保证服务水平。

通常来说，下述情况适合实施 VMI：零售商或批发商没有信息系统或基础设施来有效管理库存；供应商实力雄厚并比零售商获得的市场信息量要大；供应商有较高的直接存储交货水平，因而供应商能够有效规划运输。

六、VMI的实施形式

VMI 的实施形式主要有以下 4 种。

（1）供应商提供包括所有产品的系统软件进行存货决策，需求方使用系统软件执行存货决策，需求方拥有存货所有权，管理存货。

（2）供应商在需求方的所在地，代表需求方执行存货决策，管理存货，但是存货的所有权归需求方。

（3）供应商在需求方的所在地，代表需求方执行存货决策，管理存货，拥有存货所有权。

（4）供应商不在需求方的所在地，但是定期派人代表需求方执行存货决策，管理存货，供应商拥有存货的所有权。

具体采用哪种形式，根据供需双方的实际情况确定。

第四节　集配中心作业模式及其改进

VMI 对产品需求方来说是一种先进的库存控制技术，在零售、制造行业的应用比较普遍。然而，该方式也存在很多局限：首先，库存成本有可能是从供应链下游企业转移到上游企业，供应链总库存成本并没有降低；其次，管理库存和实施及时配送不一定是供应商的核心竞争力，因此供应商很难做到及时响应需求；最后，需求方需要处理与众多供应商的业务，管理难度大，会增加运作成本；此外，还存在信息共享不充分、供应风险等问题。这些问题客观上制约了供应链企业竞争力和盈利能力的提升。

近年来，在 VMI 的基础上，入厂物流管理逐渐兴起一些新的模式，如集配中心作业模式、循环取货调达模式，在汽车制造企业应用最多。

一、集配中心作业模式

集配中心作业模式是借用集线器（hub）的概念而提出的，通过建立集配中心，负责收集供应商的零部件，然后按照看板方式或 JIT 方式向整机厂配送，如图 8.2 所示。

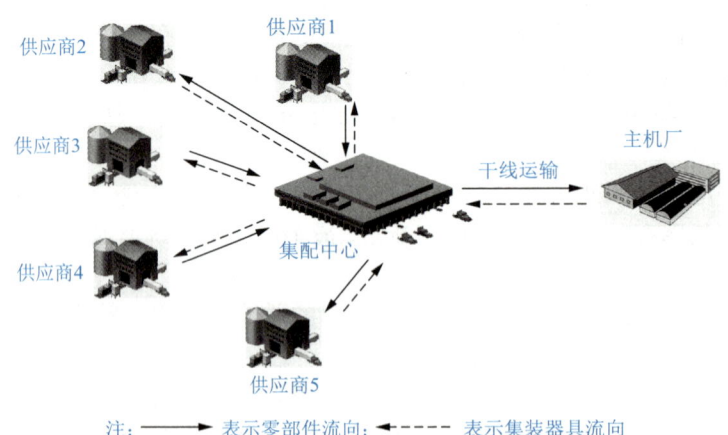

注：——→ 表示零部件流向；◄ - - - - 表示集装器具流向

图 8.2　集配中心作业模式

案例 8-1

江铃发动机厂的集配中心作业模式

江铃发动机厂在建厂规划时就用集配中心作业模式取代 VMI 模式。在江铃发动机厂附近设立由第三方物流（third-party logistics，3PL）管理的集配中心，用于储存来自上游供应商的供应物料。集配中心根据江铃发动机厂的日装配计划将物料分拣出来，然后直接送到生产线工位。该模式以信息化作为支撑点，供应商、集配中心和江铃发动机厂之间及时共享信息，共用一个信息平台，实现供应链同步运作。供应商能通过该平台清楚地看到自己每批配件的流向情况，从发运到集配中心收货、质检、入库、储存、出库、配送上线，以及配件在生产线上的情况、工费和料费的情况，甚至配件损耗情况，最后下线出厂的情况，无不清楚掌握。这为供应商科学制订生产计划，最大限度减少库存风险提供了决策支持，为实现供应链上合作企业共赢提供保障。

集配中心作业模式主要具有以下两个优点。

（1）第三方物流推动了合作三方（供应商、制造商、第三方物流）之间的信息交换和整合。第三方物流提供的信息是中立的，根据预先达成的框架协议，物料的转移标志了物权的转移。

（2）第三方物流能够提供库存管理、拆包、配料、排序和交付，还可以代表制造商向供应商下达采购订单。由于供应商的物料提前集中在由第三方物流运营的集配中心，使得上游的众多供应商省去了仓储管理及末端配送的成本，从而大大提高了供应链的响应速度并降低了成本。

二、循环取货调达模式

虽然集配中心作业模式在入厂物流中发挥了重要作用，但其改进、优化也为业界所重视。而循环取货模式为集配中心作业模式的持续改善提供了可行性。循环取货起源于英国北部的牧场，是为解决牛奶运输问题而发明的一种运输方式，很多售点需要牛奶，每个售点需要得都不多，采用一个车配送，一条路线覆盖各个售点，给每个售点补货，卡车按照预先设计好的路线依次将装满牛奶的奶瓶运送到各个售点，待原路返回牛奶场时再将空奶瓶收集回去。

丰田、通用、福特等汽车制造企业在集配中心作业模式的基础上引入循环取货，形成了循环取货调达模式。该模式是由第三方物流企业按照预先设计的循环取货路线，依次到供应商那里取货，然后送至集配中心，再由集配中心以 JIT 方式配送到主机厂，如图 8.3 所示。它是一种配合 JIT 生产的物流模式，具有多频次（取货周期短）、小批量（取货批量小）、定时性（取货时间窗确定）和合拍性（取货计划与生产计划吻合）的特点。

循环取货调达模式主要具有以下几个优点。

（1）物流过程可控性强。运输车辆的状态、驾驶员的素质和专业要求等可以得到保证。从而确保安全及时到货。

（2）充分利用资源，降低物流成本。在同等产量下，运输效率大大提高。容积率可以事先计划并在实施过程中尽量提高，从而使运输总里程和运输成本大大降低。通过循环取货，还可以省去所有供应商空车返回的浪费。

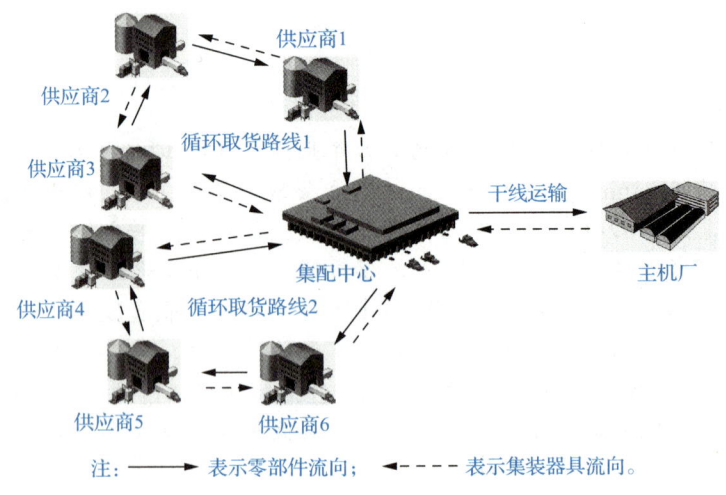

注：────表示零部件流向；─ ─ ─ ─表示集装器具流向。

图 8.3　循环取货调达模式

（3）作业标准化。通过推进作业标准化，对各物流公司的运输车辆、托盘、周转筐等实行标准化管理。同一种零部件、同一条路线、同一交货地，可精确到按小时进行取货和交货，窗口时间经过合理规划，取货和到货时间更精确。零部件库存更少、更合理。集装器具按标准设计，方便回收，大大加快了空容器的周转。

（4）风险控制能力增强。调达物流将采购、取货、运输、交货、集装器具回收等所有环节都纳入了交货管控，生产和运输组织合理有序，供应链更加顺畅。同时节省了大量人力、物力和资金占用。

实践证明，循环取货调达模式能够产生良好的效益。例如，TNT 公司在北美为福特汽车提供的循环取货物流服务，使送货时间压缩至 3 天、运输滞留时间减少 80%、过渡存货缩减 50%。我国一些汽车制造企业及产业链相关企业（如上海汽车、东风汽车等）实施循环取货调达模式后，也取得了明显的成本改善。

三、融合循环取货和甩挂运输的入厂物流模式

当前在循环取货调达模式的基础上，融合甩挂运输、越库作业模式，应用液化天然气（liquefied natural gas，LNG）新能源及 RFID 技术，提出了一种新型的低碳、高效的入厂物流模式，可望为制造企业深入挖掘物流效益，为实现精益物流管理提供有力的决策支持。该模式包括以下技术要点。

（1）基于 RFID 技术的集装单元管理系统。根据汽车零部件品类和配送特点，建立料箱料架 RFID 编码体系，开发料箱料架管理系统，并可与供应商和汽车制造商的 ERP 衔接，形成自动周转通知，以实现快速集装和配送的需要。

（2）越库作业优化调度。针对汽车零部件集配中心作业特点，通过越库作业调度仿真分析，建立订货与库存策略、作业设施布局与任务的协调机制，形成越库作业调度方案，为零部件快速集配提供方法支持。

（3）基于循环取货和甩挂运输协同的配送调度优化方法。根据对零部件配送订单和供

应商地理分布特性进行分析，确定以集配中心为核心的循环取货区域；根据零部件配送的频次、数量和时间窗等要求，并考虑道路交通管制等因素，以配送成本、碳排放为优化目标，考虑循环取货和甩挂运输协同，形成行之有效的配送调度计划。

（4）制定融合循环取货和甩挂运输的汽车入厂物流模式运作流程，形成规范化的体系。

第五节　多级库存控制

一、多级库存控制概述

多级库存控制的策略有两种，一种是中心化（集中式）库存控制策略，另一种是非中心化（分布式）库存控制策略。非中心化库存控制策略指各个库存点独立地采取各自的库存策略，这种策略在管理上比较简单，但不能保证整体供应链的最优化。如果信息的共享度低，多数情况并不保证产生最优结果，因此非中心化库存控制策略需要更多的信息共享。对于中心化库存控制策略，所有库存点的控制参数是集中决定的。中心化库存控制策略考虑了各个库存点的相互关系，通过协调可以获得库存的优化。但是中心化库存控制策略在管理上难度大，特别是在供应链的层次比较多的情况下，更增加了协调控制的难度。

供应链的多级库存控制应考虑以下几个问题。

1. 明确库存优化目标

成本是库存控制中必须考虑的因素，但是在现代市场竞争日益激烈的环境下，仅优化成本这样一个参数显然不够，应该把时间（库存周转时间）的优化也作为库存优化的主要目标来考虑。

2. 多级库存优化的效率问题

理论上讲，如果所有的信息都可获得，并把所有的管理策略都考虑到目标函数中去，中心化库存控制策略的优化效果比非中心化库存控制策略好。但是，事实未必如此，管理控制的幅度常常是下放给各个供应链的部门去独立进行，因为多级库存控制策略的好处也许会被集权化管理的成本所抵消。简单的多级库存控制并不能真正产生优化的效果，还需要对供应链的组织、流程进行优化，否则，多级库存控制策略效率将是低下的。

3. 明确库存优化的边界

供应链库存管理的边界即供应链的范围。在库存优化中，一定要明确所优化的库存范围是什么。绝大多数的库存优化集中在供应链下游，即关于制造商（产品供应商）—分销商（批发商）—零售商的三级库存优化。很少有关于在上游供应链中零部件供应商—制造商之间的库存优化。

4. 明确库存控制策略

在单库存点的控制策略中，一般采用周期性检查与连续性检查相结合的检查策略。这些库存控制策略对于多级库存控制仍然适用。但是，关于多级库存控制都是基于无限能力假设的单一产品的多级库存，对于有限能力的多产品的库存控制则是供应链多级库存控制的难点。

二、基于成本优化的多级库存控制

基于成本优化的多级库存控制，关键就是确定库存控制的有关参数：库存检查期、订货点、订货批量。

图 8.4 所示为多级供应链库存模型。

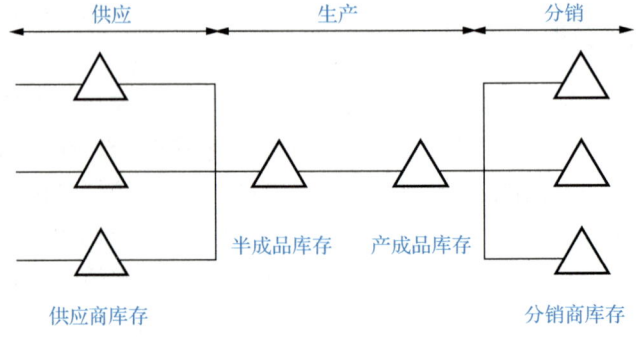

图 8.4　多级供应链库存模型

在多级库存控制中，考虑中心化（集中式）库存控制和非中心化（分布式）库存控制两种策略。在分析之前，首先确定供应链的库存成本结构。

1. 供应链的库存成本结构

（1）库存维持成本（holding cost）C_h。供应链的每个阶段都需要维持一定的库存以保证生产或供应的连续性。库存维持成本包括资金成本、仓库和设备折旧费、税费、保险金等。库存维持成本与库存价值和库存量有关，沿着供应链从上游到下游有一个累积的过程，如图 8.5 所示。

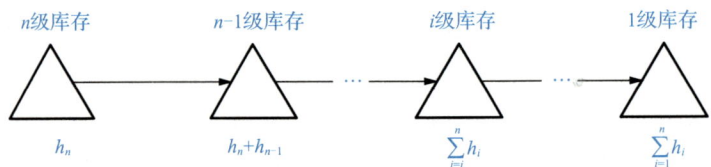

图 8.5　供应链库存维持成本的累积过程

在图 8.5 中，h_i 为单位周期内单位产品（零件）的库存维持成本。如果用 v_i 表示 i 级库存的库存量，则整个供应链的库存维持费用为

$$C_h = \sum_{i=1}^{n} h_i v_i$$

（2）交易成本（transaction cost）C_t。交易成本即供应链企业在交易合作过程中产生的各种费用，包括谈判费用、准备订单费用、商品检验费用、佣金等。交易的平均成本随交易量的增加而减少。

交易成本与供应链企业之间合作的密度程度有关。通过建立一种长期的互惠合作关系可以降低交易成本。建立战略合作伙伴关系的供应链企业之间，交易成本是最低的。

（3）缺货成本（shortage cost）C_s。缺货成本是由于供不应求，即库存量小于需求量时，造成的市场机会损失等。

缺货成本与库存量有关。库存量越多，缺货成本越小，反之，缺货成本越高。为了减少缺货成本，维持一定量的库存是必要的，但是库存过多又会增加库存维持成本。

在供应链中，提高信息的共享程度、增加供需双方的协调与沟通有利于减少缺货成本。

总库存成本为

$$C = C_h + C_t + C_s$$

多级库存控制的目标之一就是降低总库存成本。

2. 库存控制策略

多级库存控制的策略分为中心化库存控制策略和非中心化库存控制策略。

（1）中心化库存控制策略。

中心化库存控制策略是将控制中心放在核心企业上，由核心企业对供应链系统的库存进行把握，协调上下游企业的库存活动。这样，核心企业就成了供应链上的数据中心（数据仓库），担负着数据的集成、协调功能，如图8.6所示。

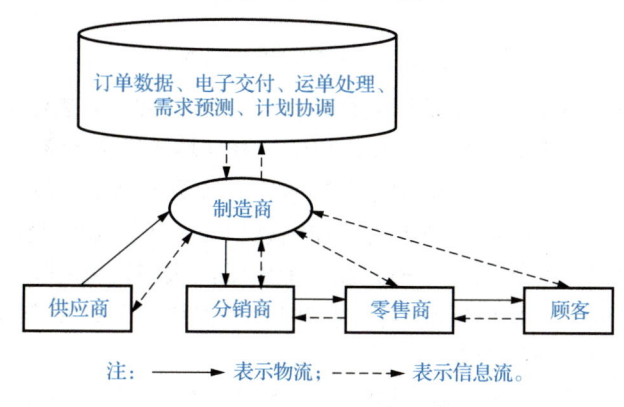

图 8.6　中心化库存控制策略

中心化库存控制策略的终极目标是使供应链总库存成本最低，即

$$\min \mathrm{TC} = \sum_{i=1}^{m}(C_{hi} + C_{ti} + C_{si})$$

从理论上讲，供应链的层次是可以无限的，即原材料供应商可分为一级供应商、二级供应商、三级供应商等，然后到核心企业（组装厂）；分销商也可以是多层次的，可分为一级分销商、二级分销商、三级分销商等，最后才到用户。但是，现实中供应链的层次并非越多越好，而是越少越好。图8.7所示为生产—分销—零售三级库存控制的供应链模型。

各个零售商的需求 D_{it} 是独立的，根据需求发出的订货批量为 Q_{it}，各个零售商的订货汇总到分销中心，分销中心将订货单发给制造商，制造商根据订货单决定生产计划。整个供应链在制造商、分销商、零售商三个地方存在三个库存，这就是三级库存。这里假设各零售商的需求为独立需求，需求率 d_i 与提前期 LT_i 为同一分布的随机变量，并且销售单一

产品，即为单一产品供应链。这就是一个串行与并行相结合的混合型供应链模型，可以建立库存控制模型为

$$\min\{C_{mfg} + C_{cd} + C_{rd}\}$$

其中，C_{mfg} 为制造商的库存成本，C_{cd} 为分销商的库存成本，C_{rd} 为零售商的库存成本。

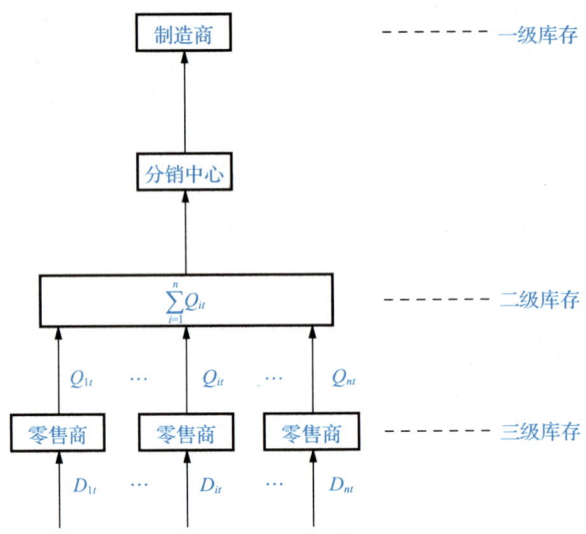

图 8.7　三级库存控制的供应链模型

至于订货策略采用连续检查还是周期性检查，原则上来讲两者都是适用的，但各有特点。问题在于采用传统订货策略的有关参数和供应链环境下的库存参数应有所不同，因此，不能按照传统的单点库存控制策略确定库存参数，必须寻找新的方法。

那么，到底如何体现供应链这种集成的控制思想呢？可以采用级库存（level stock）取代点库存解决这个问题。由于点库存控制没有考虑多级供应链中相邻节点的库存信息，容易造成需求变异放大现象。采用级库存控制策略，不仅可以了解每个供应链节点的库存，还可以了解供应链某一层级的库存。

供应链级库存=某一层级节点现有库存+所有下游库存

这样，不但要检查本企业的库存数据，还要检查其下游企业的库存数据。这种库存决策需要完全掌握下游企业的库存状态，因此避免了需求扭曲现象。建立在 Internet 和 EDI 技术基础上的供应链信息系统，为企业间的快速信息传递提供了保证。

（2）非中心化库存控制策略。

非中心化库存控制策略将供应链的库存控制划分为 3 个成本归结中心，即制造商成本中心、分销商成本中心和零售商成本中心，3 个成本归结中心各自做出优化的控制策略，如图 8.8 所示。非中心化的库存控制要取得整体的供应链优化效果，必须保证供应链的信息共享程度高，使供应链的各个中心都获得统一的市场信息。非中心化库存控制策略能够使企业根据自己的实际情况独立做出决策，有利于发挥企业自身的自主性和机动性。

非中心化库存控制的订货点确定，按照单点库存的订货策略进行，即每个库存点根据库存的变化，独立地决定库存控制策略；但同时要求企业之间的协调性比较好，如果协调性差，就与传统的单点库存的订货策略无甚区别。

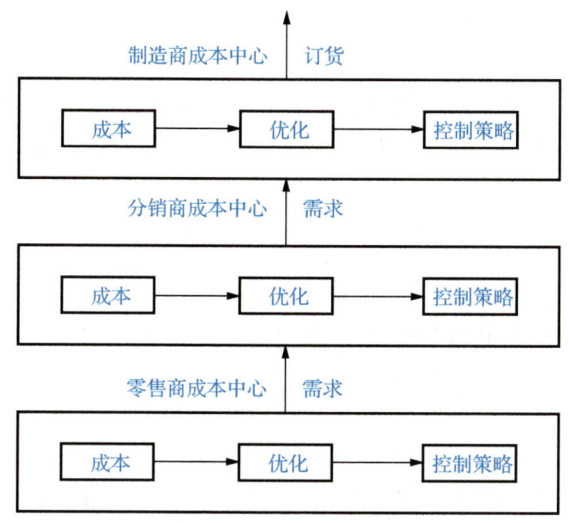

图 8.8　非中心化库存控制策略

三、基于时间优化的多级库存控制

随着市场变化，市场竞争已从传统的成本优先的竞争模式转变为时间优先的竞争模式，这就是敏捷制造的思想。所以供应链的库存优化的目标不能仅是成本优化，还应包括时间优化，如库存周转率的优化、供应提前期的优化、平均上市时间的优化等。可以从提高用户响应速度的角度，提高供应链的库存管理水平。

为了说明时间优化在供应链库存控制中的作用，下面举例说明。某零售业统计测算了多年库存水平的有关数据，也统计了相应状态下的供应提前期有关数据。结果发现，在供应提前期分别为 0、2、4 个时间单位（天、月），其分别对应的库存水平的变化呈现出一定的规律性。当提前期为 0 时，库存水平的变化相对平缓；当提前期为 2 时，库存水平的波动幅度开始增大；当提前期为 4 时，库存水平的波动幅度变得更大。

图 8.9 显示了随着时间的推移，零售商从供应商处获得的库存水平与供应提前期的关系。从图 8.9 中可以看出，随着供应提前期的增加，库存水平更高而且波动更大。

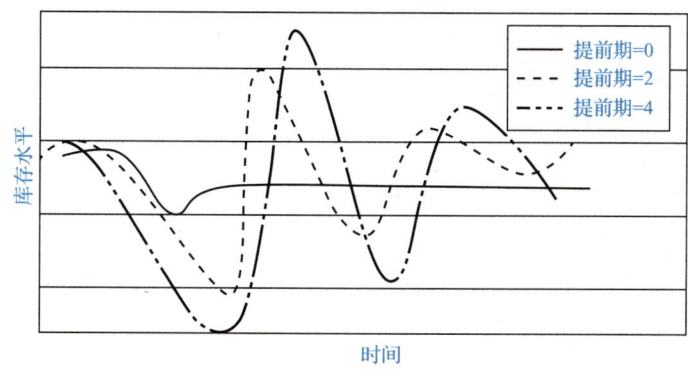

图 8.9　零售商库存水平与供应提前期的关系

高库存意味着占压高额流动资金，会直接降低企业的资金周转速度；同时，库存水平波动大，会出现库存增大时要求增加仓库管理人员，库存减少时，由于劳动管理制度的限制，不能随便减少仓库管理人员，这将会增加不合理的人员费用支出。这两个因素都会导致企业利润减少。

也就是说，延长供货提前期，会导致更高的库存，使得企业利润减少；缩短供货提前期，不但能够维持更少的库存，而且有利于库存控制，从而增加企业利润。

<h1 style="text-align:center">本 章 小 结</h1>

库存控制的目的是在满足客户服务要求的前提下，通过对企业的库存水平进行控制，力求降低库存水平、提高物流系统的效率，以强化企业的竞争力。有效地管理库存、控制库存成本，对于降低整个供应链的成本有非常重要的作用，对于企业的正常运作与发展有非常重要的意义。

供应链的库存与供应链的不确定性有很密切的关系。VMI 系统由需求计划和配销计划两个模块组成，其在 ID 代码、EDI/Internet、条码、连续补给程序等技术的支持下得以快速实施。在 VMI 的基础上，形成了集配中心作业模式和循环取货调达模式。多级库存控制包括中心化库存控制和非中心化库存控制两种策略。

 关键术语

安全库存 safety inventory　　　　库存维持成本 holding cost
订单满足率 order fill rate　　　　短缺成本 shortage cost
延期交货成本 back order cost　　　交易成本 transaction cost
供应商管理库存 vendor managed inventory，VMI

<h1 style="text-align:center">习　　题</h1>

一、选择题

1. 下面对安全库存表述正确的是（　　）。
 A. 可以避免缺货情形
 B. 增加库存成本
 C. 对客户服务水平影响不大
2. 集配中心作业模式与 VMI 模式的不同之处在于（　　）。
 A. 核心企业更专注主业
 B. 物流费用更高
 C. 供应商主导性更强
3. 下列库存管理方式中体现了风险分担的是（　　）。
 A. 供应商管理库存
 B. 联合库存管理
 C. 非中心化多级库存管理

二、思考题

1. 对于整个供应链来说，举例说明什么是库存。
2. 试举例阐述目前企业在供应链管理环境下的库存管理存在的主要问题。
3. 供应链中涉及的库存成本主要包括哪些？
4. 什么是安全库存？为什么需要安全库存？
5. 供应链管理环境下库存问题的特征有哪些？

 案例分析

协同供应链多级库存控制的多目标优化模型

考虑有制造节点的网状供应链多级库存系统，其最终产品为多个品种，在按照订单组织生产的同时还需要满足动态连续市场需求，供应链结构为网状拓扑结构，如图 8.10 所示。在多企业联合的库存控制模式下，由决策协调中心统筹规划库存策略。通过市场预测产生的需求具有不确定性，为了达到系统全局最优，需要在协同考虑最高需求满足率、最短总流程时间和最小总成本等多个目标条件下，给出供应链中各节点企业的库存控制策略。

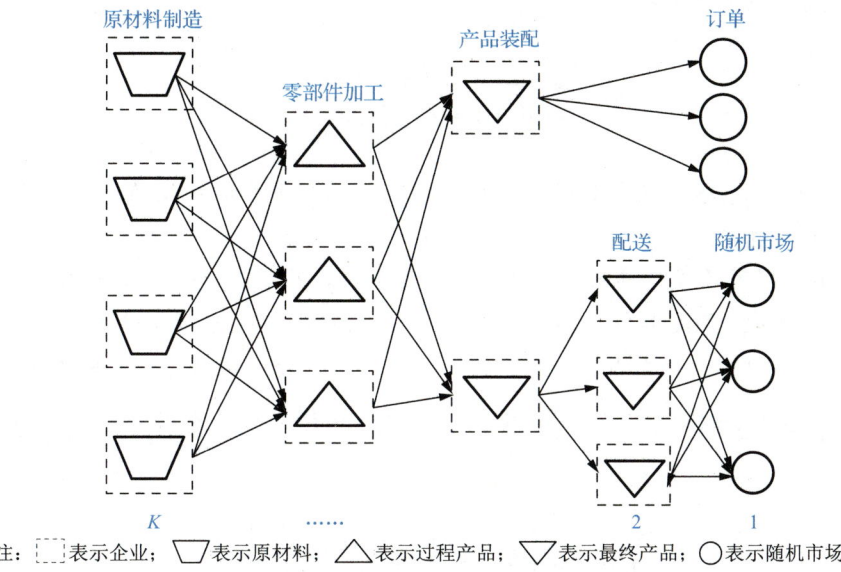

注：⬜表示企业；⬡表示原材料；△表示过程产品；▽表示最终产品；○表示随机市场或订单

图 8.10　网状供应链结构

1. 模型假设条件

（1）系统时间划分为基本时间段 t，$t = 1, 2, \cdots, T$，T 为系统计算总周期。

（2）节点级别设为 k，$k = 1, 2, \cdots, K$，物流方向为（$k+1$）级到 k 级，不存在逆向流动。每级节点数量为 N_k，单个节点记为 j_k。

（3）连续盘点，系统库存控制策略为（s, S）。

（4）系统需求分为两种，批量订单需求 Q_l，订单数量为 l，随机市场需求为 C_m，其需求源可能有多个，数量为 m，分别满足随机函数分布，订单和客户需求可以分解到不同的

节点，分解策略由系统协调中心制定。在一个总周期 T 内，需求连续发生。

（5）允许缺货，只在第一级库存产生缺货成本，系统内部各级间不计缺货损失。如果第一级库存只能满足订单需求和市场需求其中之一时，优先满足订单需求。在多级联合控制模式下，缺货补充只发生在上下级之间，同级库存不发生调拨关系。

（6）各节点针对各品种产品的备货期包括运输时间和本级生产时间，不考虑订单的传输延迟和处理延迟。

（7）库存能力有限，每个节点的最大允许库容设为 V_{j_k}。

（8）各节点生产能力有限，在 t 时段，其供应能力为 $P_{j_k,t}$。

2. 构造模型

相对于成本而言，供应链在实际市场环境下的长期运作过程中，优先考虑保证高需求满足率尤为重要，根据模型假设，系统有两种需求源，我们把需求满足率定义为订单满足率与市场客户满足率之和。

（1）定义订单满足率。

令 p_O 表示外部订单满足率，设 $I_{j_1,t}^{(v)}$ 表示 t 时段节点 j_1 中产品 v 的初始盘点数量，$\mathrm{IQ}_{j_1,t}^{(v)}$ 表示 t 时段节点 j_1 中产品 v 的运入数量，订单 Q_l 在 t 时段分配到 j_1 的需求量为 $D_{j_1,O_l,t}^{(v)}$，定义符号 $(x_1,x_2)^- = \min\{x_1,x_2\}$，则有

$$p_O = \mathrm{avg}\left\{\sum_j \sum_v \left[\frac{1}{T}\sum_{t=1}^{T}\left(\frac{I_{j_1,t}^{(v)} + \mathrm{IQ}_{j_1,t}^{(v)}}{\sum_l D_{j_1,o_t,t}^{(v)}},1\right)^-\right]\right\} \tag{1}$$

公式（1）表示 p_O 各节点各品种在总周期内的订单满足率的平均值。

（2）定义客户满足率。

令 p_M 表示外部市场客户满足率，对于任一需求源，可能由一个节点单独满足，也可能由几个节点联合满足，假定其供应节点为 $(j_1', \cdots, \overline{j}_1, \cdots, j_1^n)$，$D_{m,t}^{(v)}$ 表示 t 时间段市场需求源 m 对品种 v 的需求量，在节点满足订单需求后，用 $\mathrm{IN}_{j_1,t}^{(v)}$ 表示其剩余净库存，则有 $I_{j_1,t}^{(v)} + \mathrm{IQ}_{j_1,t}^{(v)} - \sum_l D_{j_1,O_l,t}^{(v)} = \mathrm{IN}_{j_1,t}^{(v)}$，若令 $\sum_{\overline{j}_1}\mathrm{IN}_{j_1,t}^{(v)} = I$，则 I 为所有供应需求源 m 的节点的总净库存，则有

$$p_M = \mathrm{avg}\left\{\sum_m \sum_v \left[\frac{1}{T}\sum_{t=1}^{T}\left(\frac{I}{D_{m,t}^{(v)}},1\right)^-\right]\right\} \tag{2}$$

公式（2）表示 p_M 取各市场源所需各品种在总周期内的用户满足率的平均值。

（3）总流程时间。

根据模型假设条件，j_k 在接到 j_{k-1}' 的订单后，如果输出库存大于下级需求，则立即运输，其备货期等于运输时间，若输出库存不足，则等待直至生产完成，若进一步生产原料（输入库存）不能满足制造所需，则等待时间增加输入库存的订购补充时间 W_{Ru}，所以 j_{k-1}' 的备货期 $L_{j_{k-1}}$，最长包括运输时间、生产时间和输入库存补充时间 $W_{j_k,Ru}$，$W_{j_k,Ru}$ 需要根据网络运行情况来确定。设从节点 j_{k-1}' 向上级节点 j_k 对于品种 v 在时间段 t 的订货数量为 $Q_{(j_k,j_{k-1}'),t}^{(v)}$，

t 时段开始处置订单的生产时间为 $Q_{(j_k,j'_{k-1}),t}^{(v)}(t_P)$，各级别之间需求的运输时间为 $Q_{(j_k,j'_{k-1}),t}^{(v)}(t_T)$，周期 T 内的任务的总流程时间为 TT，则有

$$\text{TT} = \sum_{t=1}^{T}\sum_{k}\sum_{j}\sum_{v}\left\{Q_{(j_k,j'_{k-1}),t}^{(v)}(t_T)+Q_{(j_k,j'_{k-1}),t}^{(v)}(t_P)+W_{j_k,Ru}\right\} \qquad (3)$$

（4）总订货成本。

该库存系统中，总成本由订货成本、运输成本、存储成本和缺货成本构成，由于多级库存系统的特殊性，一方面要考虑各级别的生产成本，另一方面还要考虑产品购置费的逐级包含关系，避免重复计算传递的上级订货成本。所以模型中将订货成本分为两部分，订货交易成本和本地生产成本（在第 K 级，本地生产成本为原料成本），不考虑库存占用资金的利息。设品种 v 在第 k 级针对第 $k-1$ 级的单位订单处理成本为 $\text{cA}_{j_k,j'_{k-1}}^{(v)}$，单位生产成本为 $\text{cP}_{j_k,j'_{k-1}}^{(v)}$，$c_a$ 表示系统总订货交易成本，c_p 表示系统总生产成本，c_o 表示系统总订货成本，则有

$$c_o = c_a + c_p = \sum_{t=1}^{T}\sum_{k}\sum_{j}\sum_{v}\left\{\text{cA}_{j_k,j'_{k-1}}^{(v)}Q_{(j_k,j'_{k-1}),t}^{(v)}+\text{cP}_{j_k,j'_{k-1}}^{(v)}Q_{(j_k,j'_{k-1}),t}^{(v)}\right\} \qquad (4)$$

（5）总运输成本。

设从节点 j_k 向下级节点 j'_{k-1} 对于品种 v 在时间段 t 的运输数量为 $\text{OQ}_{(j_k,j'_{k-1}),t}^{(v)}$，其单位运输成本为 $\text{cT}_{(j_k,j'_{k-1}),t}^{(v)}$，$c_t$ 表示周期 T 内的总运输成本，则有

$$c_t = \sum_{t=1}^{T}\left[\sum_{k}\sum_{j}\sum_{v}\text{cT}_{(j_k,j'_{k-1}),t}^{(v)}\text{OQ}_{(j_k,j'_{k-1}),t}^{(v)}\right] \qquad (5)$$

（6）总存储成本。

计算节点存储成本时需要区分输入产品 u 和输出产品 v 的存储成本，设 $I_{j_k,t}^{(u)}$ 和 $I_{j_k,t}^{(v)}$ 表示 t 时段节点 j_k 中输入库存和输出库存的初始数量，物料 u 由前一层节点的运入数量为 $\text{IQ}_{(j'_{k+1},j_k),t}^{(u)}$，该时段产品 v 的投产数量为 $P_{j_k,t}^{(v)}$，完工数量为 $\hat{P}_{j_k,t}^{(v)}$，因为物料与产品之间是多对多的关系，所以其存储数量等于初始数量与运入数量的和，减去所有产品 v 对物料 u 的用量之和；产品 v 运向后一层节点的数量为 $\text{OQ}_{(j_k,j'_{k-1}),t}^{(v)}$，其单位存储成本为 $\text{cH}_{j_k,t}^{(u)}$ 和 $\text{cH}_{j_k,t}^{(v)}$，c_h 表示周期 T 内的总存储成本，则有

$$c_h = \sum_{t=1}^{T}\sum_{k}\sum_{j}\left\{\sum_{u}\text{cH}_{j_k,t}^{(u)}\left[I_{j_k,t}^{(u)}+\sum_{j'_{k+1}=1}^{l(Ru)}\text{IQ}_{(j'_{k+1},j_k),t}^{(u)}-\sum_{v}\eta(u,v)P_{j_k,t}^{(v)}\right]+\sum_{v}\text{cH}_{j_k,t}^{(v)}\left[I_{j_k,t}^{(v)}+\hat{P}_{j_k,t}^{(v)}-\sum_{j'_{k-1}=1}^{l(Sv)}\text{OQ}_{(j_k,j'_{k-1}),t}^{(v)}\right]\right\} \qquad (6)$$

由公式（6）可知，系统总存储成本由物料存储成本和产成品存储成本构成。

（7）系统总缺货成本。

根据模型条件，缺货发生在系统第一层（$k=1$），设订单 O_l 单位缺货成本为 $\text{cS}_{O_l}^{(v)}$，市场需求单位缺货成本为 $\text{cS}_m^{(v)}$，定义符号 $(x_1,x_2)^+ = \max\{x_1,x_2\}$，$c_{so}$ 表示总订单缺货成本，c_{sm} 表示总市场需求缺货成本，c_s 表示系统总缺货成本，则有

$$c_s = c_{so} + c_{sm} = \sum_{t=1}^{T}\left\{\sum_{j}\sum_{v}\left\{\text{cS}_{O_l}^{(v)}[(-1)\text{IN}_{j_1,t}^{(v)},0]^+\right\}+\sum_{m}\sum_{v}\left\{\text{cS}_m^{(v)}[(-1)(I-D_{m,t}^{(v)}),0]^+\right\}\right\} \qquad (7)$$

供应链管理（第2版）

由公式（7）可知，系统优先满足订单需求，其次满足市场需求，在库存不足的情况下，可能同时带来两方面的惩罚成本。

根据系统控制目标，设系统总需求满足率为 TP，系统总成本为 TC，品种 u 和品种 v 所占单位库容为 $V^{(u)}$ 和 $V^{(v)}$，建立优化模型为

$$\max \mathrm{TP} = (p_O + p_M)/2 \tag{8}$$

$$\min \mathrm{TT} \tag{9}$$

$$\min \mathrm{TC} = c_o + c_t + c_h + c_s \tag{10}$$

$$V^{(u)}\left(\sum_k \sum_j \sum_u I^{(u)}_{j_k,t+1}\right) + V^{(v)}\left(\sum_k \sum_j \sum_u I^{(v)}_{j_k,t+1}\right) \leqslant \sum_k \sum_j V_{j_k} \tag{11}$$

$$\sum_{t=1}^{T} \sum_j \sum_u Q^{(u)}_{j'_{k-1},t} \leqslant \sum_{t=1}^{T} \sum_j P^{(v)}_{j_k,t} \tag{12}$$

$$\sum_{t=1}^{T} Q^{(v)}_{(j'_{k+1},j_k),t} \leqslant \sum_{t=1}^{T} \eta(u,v) Q^{(u)}_{(j_k,j'_{k-1}),t} \tag{13}$$

公式（8）表示需求满足率由订单满足率和市场客户满足率两部分构成。公式（10）表示系统总成本包含订货成本、运输成本、存储成本及惩罚成本。模型目标函数使得决策变量能够对最大需求满足率、最短总流程时间和最小系统总成本 3 个目标协同选优。

约束条件（11）表示经过时间段 t 的系统运作，在时间段（$t+1$）节点的初始库存不应超过系统总库容。约束条件（12）表示（$k-1$）级的订货数量不应超过第 k 级的生产供应能力。约束条件（13）限定了节点内部连接的长期物料需求平衡关系。

3. 模型求解

该模型求解的关键是找到使得系统目标最优的合理物流数量，物流数量包括节点的下级需求数量、运出数量、订货数量和运入数量。实际上，在 t 时段，系统中任一节点发生的物流数量由后续节点订货数量和本地库存策略共同确定。

根据模型条件，设 $s^{(v)}_{j_k}$ 为节点 j_k 的订货点，$S^{(v)}_{j_k}$ 为其需要达到的库存水平，$\mathrm{AO}^{(u)}_{j_k,t}$ 为已经订货但未到达的货物数量，$\mathrm{BO}^{(v)}_{j_k,t}$ 为后续节点订货但未满足的货物数量，则有

$$\mathrm{AO}^{(u)}_{j_k,t} = \sum_{t=1}^{T}\left\{\sum_{j'_{k+1}=1}^{l(Ru)}\left[Q^{(u)}_{(j'_{k+1},j_k),t} - \mathrm{IQ}^{(u)}_{(j'_{k+1},j_k),t}\right]\right\} \tag{14}$$

$$\mathrm{BO}^{(v)}_{j_k,t} = \sum_{t=1}^{T}\left\{\sum_{j'_{k-1}=1}^{l(Sv)}\left[Q^{(v)}_{(j_k,j'_{k-1}),t} - \mathrm{OQ}^{(v)}_{(j_k,j'_{k-1}),t}\right]\right\} \tag{15}$$

公式（14）通过计算所有向上级节点发出的订货数量与运入数量的差额得到节点未达库存，公式（15）通过计算所有下级节点提交的订货需求与运出数量的差额得到节点未满足库存，则定义节点实有库存为：节点初始物料库存与未达库存经过物料系数转换得到节点可生产库存，计算可生产库存与初始产品库存之和得到节点可向下级提供的库存数量，其与当前未满足库存的差额即为节点实有库存。设 $I'^{(v)}_{j_k,t}$ 为节点实有库存，则有

$$I'^{(v)}_{j_k,t} = I^{(v)}_{j_k,t} + \sum_u[(\eta(u,v)\mathrm{AO}^{(u)}_{j_k,t} + I^{(u)}_{j_k,t})] - \mathrm{BO}^{(v)}_{j_k,t} \tag{16}$$

由公式（16）可知，实有库存 $I'^{(v)}_{j_k,t}$ 实际上反映了节点的向下供应能力。节点根据实有库存与订货点的比较情况确定是否向上级订货，若实有库存大于订货点，则不需要订货，

否则订货。订货数量由库存水平与实有库存的差额转换为相应运入库存得到，则有

$$Q^{(u)}_{(j_k, j_{k+1}),t} = \sum_v [\eta(u,v)(S^{(v)}_{j_k} - I'^{(v)}_{j_k,t})] \quad I'^{(v)}_{j_k,t} \leq s^{(v)}_{j_k} \tag{17}$$

又由于系统运行于网状拓扑结构中，本级节点同时对应多个上级节点，订货数量需要在节点间进行分配，则有

$$Q^{(u)}_{(j_k, j_{k+1}),t} = \sum_{j'_{k+1}=1}^{l(Ru)} Q^{(u)}_{(j_k, j'_{k+1}),t} \tag{18}$$

系统运输方案可以按照以下步骤确定：将新的需求计入 $BO^{(v)}_{j_k,t}$，按照先进先出原则，逐次比较初始盘点库存 $I_{j_k,t}$ 与 $BO^{(v)}_{j_k,t}$ 中按时间排序的订单数量，如果能够满足需求，则按需求数量起运，在 $BO^{(v)}_{j_k,t}$ 中减去该笔订单；否则，等待下一周期，运输发生时段由备货期 L_{j_k} 确定，则有

$$OQ^{(v)}_{(j_k, j'_{k-1}),t} = Q^{(v)}_{(j_k, j'_{k-1}),(t-L_{j_k})} \tag{19}$$

而节点运入库存 $IQ^{(u)}_{(j_{k+1}, j_k),t}$，则可以由上级节点运出库存递推确定。

由以上分析可知，在确定了各节点库存策略（$s^{(v)}_{j_k}, S^{(v)}_{j_k}$）和分配关系的条件下，首先根据公式（14）~（19），由模型条件（11）~（13）约束，通过推演完整周期的物流运转仿真过程，可以得到网络中各节点随时间变化的物流数量；然后按照公式（1）~（7）计算既定方案的性能指标，进而根据公式（8）~（10）获得模型各目标函数值；最后通过分析函数值在多目标意义下的排序关系，即能够比较不同优化方案的优劣。所以，模型的优化变量为（$s^{(v)}_{j_k}, S^{(v)}_{j_k}$）和各节点分配关系。

对于 $s^{(v)}_{j_k}, S^{(v)}_{j_k}$ 的求解，在单目标模型下，常用的方法是动态规划法，但是在多目标模型下，由于其目标函数未必具有凸性，另外，在网络结构中局部最优与全局最优是冲突的，系列结构中的动态规划最优性原理不能成立，因此，Zipkin 模型中的通用多级库存基本递推公式对本文模型并不适用。针对本文模型，基本方法是在处理物流分配关系的同时优化库存策略的遍历方法，首先在给定库存策略下搜索各节点最优分配方案，计算目标函数值，调整当前库存策略，重复搜索和计算过程，遍历全部库存策略，最后给出全局最优解。设系统节点数量为 n_1，（$s^{(v)}_{j_k}, S^{(v)}_{j_k}$）取值规模为 n_2 和 n_3，每个节点的分配方案数量为 $\omega(j_k)$，则该问题的计算复杂度为 $O(n_2 \times n_3 \times \omega(j_k))^{n_1}$，而 $\omega(j_k)$ 是与（$s^{(v)}_{j_k}, S^{(v)}_{j_k}$），$Q^{(v)}_{(j_k, j'_{k-1}),t}, l(Ru)$ 相关的函数，对于大型分布式制造企业或供应链型集团企业，上述模型可能具有数百个节点和层叠分配关系，计算量大且复杂，用传统的松弛方法、分支定界法等求解该问题十分困难。

演化多目标优化方法是求解这一问题的有效方法，对于上述模型，由于网状结构的多级库存系统在优化库存策略的同时，还需要同时优化一般形式物流结构下的分配关系，结合仿真方法，可以考虑用一种在外层对库存策略和内层对分配方案分别进行寻优的双层演化多目标搜索算法求解。

资料来源：卫忠，徐晓飞，战德臣，等，2007. 协同供应链多级库存控制的多目标优化模型及其求解方法[J]. 自动化学报，33（2）：181-187.（节选）

讨论题：

本例中节点企业的订货点该如何设置？

第九章 供应链企业组织结构和业务流程再造

【学习目标】

➢ 掌握企业组织结构的基本类型，并了解不同组织结构的优缺点。

➢ 理解业务流程再造的基本思想、目标、原则及实施步骤。

➢ 理解 GSCF、SCOR 两种供应链业务流程管理框架的含义。

➢ 掌握供应链管理环境下业务流程的主要特征。

【知识架构】

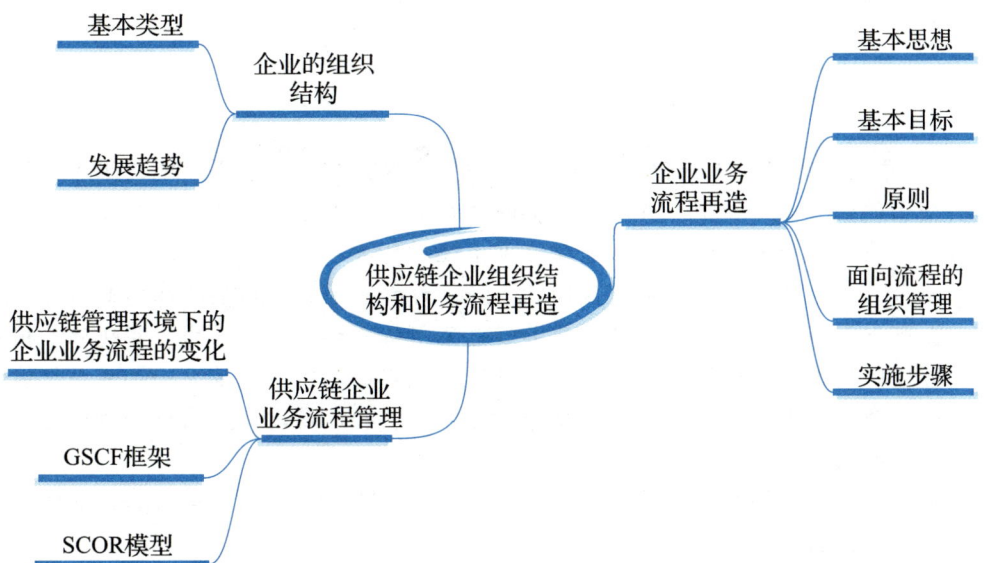

导入案例

阿里巴巴依托组织和流程变革进行全面企业战略转型

2015 年起，阿里正式提出"大中台、小前台"的"中台战略"，依托组织和业务变革进行全面的企业战略转型。在这一战略的指导下，阿里巴巴搭建起包括业务、数据和技术在内的多个赋能平台；平台从电商订单系统、会员系统、商品信息等部门抽取共性需求，整合为模块化功能，赋能前端团队。在平台的支持下，前端团队的业务领域得以拓宽，如阿里新零售等；同时，传统业务线也不断从平台中汲取活力，实现业务模式创新。此外，阿里平台组织的 KPI 中，在保障服务稳定的基础上，较大一部分与价值创造相关，如服务接入量、满意度、创新度等指标，完整的绩效评估体系进一步促进了"中台战略"的有效落地。

资料来源：钟华，2017. 企业 IT 架构转型之道：阿里巴巴中台战略思想与架构实战[M]. 北京：机械工业出版社.

建立在传统管理模式下的企业组织，主要以劳动分工和职能专业化为基础，组织内的部门划分非常细，各部门的专业化程度较高。这种组织结构及与其相伴的业务流程适合于市场相对稳定的环境，而在当今市场需求多变的情况下，则显现出不适应。因此，要建立适应供应链管理的企业组织结构，对业务流程进行重组。本章讨论传统组织结构和业务流程的缺陷，介绍企业流程重组（business process reengineering，BPR）的基本含义，并结合供应链管理的特征，研究了供应链企业业务流程重组的原则、基本思路和方法。

第一节　企业的组织结构

一、组织结构的基本类型

从传统管理到现代管理，企业的组织结构形式发生了很大的变化。传统的组织结构主要有直线制、职能制、直线-职能制等。现代组织结构主要有事业部制、矩阵制等。虽然组织结构多种多样，但其中最主要的是直线-职能制和事业部制两种，其他组织结构都与这两种有密切关系。了解组织结构，选择适宜的组织结构，有利于建立适应企业自身特点的组织结构框架。

1. 直线制组织结构

直线制组织结构是最早使用也是最为简单的一种组织结构，是一种集权式的组织结构。组织中各级行政管理部门是垂直排列的，下属部门只接受一个上级的指令，不设专门的职能部门。直线制组织结构具有以下特征。

（1）具有一条等级化的指挥链。

（2）权力与责任相匹配。

（3）工作标准化。

直线制组织结构如图 9.1 所示

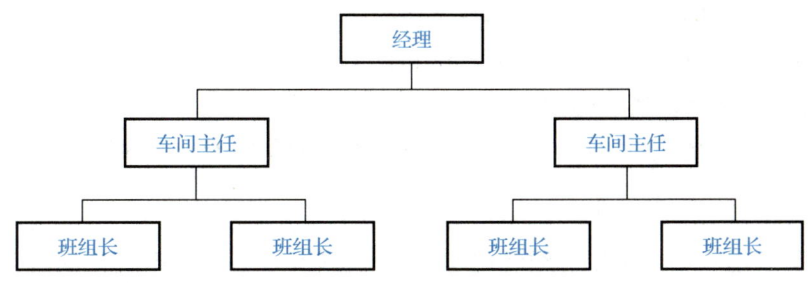

图 9.1　直线制组织结构

中小企业或单一事业型的大企业大多采用直线制组织结构。直线制组织结构具有以下优点。

（1）结构简单、权力集中，命令统一，决策迅速。

（2）管理层次少，信息传递快，能高效地执行任务。

（3）责任明确，管理者对所属单位负全责，便于考核管理绩效。

直线制组织结构具有以下缺点。

（1）对各部门业绩的评价标准不一，带来评价困难。

（2）各职能部门往往仅从自己部门的角度思考问题，易引起部门之间的对立。因此，上层管理者浪费大量时间在协调上。

（3）难以培养具有全盘视野的管理者。

2.　职能制组织结构

职能制组织结构也称 U 形组织结构，主要以工作方法和技能作为部门划分的依据。现代企业中许多业务活动都需要有专门的知识和技能，通过将专业技能紧密联系的业务活动归类到一个部门，可以更有效地利用技能，提高工作效率。当企业组织的外部环境相对稳定，而且组织内部不需要进行太多的跨部门的协调时，这种组织结构对企业而言是最适宜的。对于只生产一种或少数几种产品的中小企业而言，职能制组织结构不失为一种最佳的选择。职能制组织结构如图 9.2 所示。

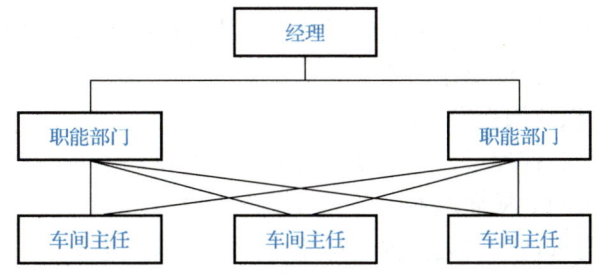

图 9.2　职能制组织结构

职能制组织结构具有以下优点。

（1）职能部门任务专业化，这样可以避免人力和物力资源的重复配置。

（2）便于发挥职能专长，这有利于激发职能人员的积极性。

（3）可以降低管理费用，这主要来自各项职能的规模经济。

职能制组织结构具有以下缺点。

（1）决策过程缓慢，不利于企业满足迅速变化的客户需求。

（2）一个部门难以配合另一部门的目标和要求。

（3）职能部门之间的协调性差。

（4）不利于培养全面的管理人才，因为每个人都力图向专业的纵深方向发展。

3. 直线-职能制组织结构

直线-职能制组织结构是以直线制组织结构为基础，在各级行政管理部门下设置相应的职能部门。这些职能部门从事专业管理，作为该级行政主管的参谋，但不能对下级部门直接下达命令。直线-职能制组织结构适合复杂但相对来说比较稳定的企业组织，尤其是规模较大的企业组织。

直线-职能制组织结构如图9.3所示。

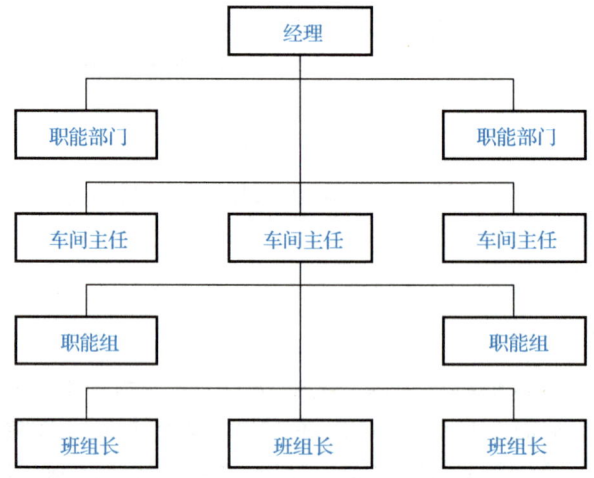

图 9.3　直线-职能制组织结构

直线-职能制组织结构与直线制组织结构相比，其最大的区别在于更为注重职能部门在企业管理中的作用。直线-职能制组织结构既保留了直线制组织结构集中管理的特征，又发挥了职能制组织结构中职能部门专业管理的优势，从而提高了管理效率。直线-职能制组织结构的产生使组织管理大大前进了一步。

但直线-职能制组织结构也存在以下缺点。

（1）权力集中于最高管理层，下级缺乏必要的自主权。

（2）各职能部门之间的横向联系较差，容易产生脱节。

（3）各职能部门与管理部门之间的目标不统一，容易产生矛盾。

（4）信息传递路线较长，反馈较慢，难以适应环境变化。

4. 事业部制组织结构

事业部制组织结构是一种分权制的组织结构，可以针对单一产品、产品组合、工程或项目、地区或利润中心来组织事业部。在事业部制组织结构中，重要决策可以在较低的组织层次做出。因此，与职能制组织结构相比，事业部制组织结构有利于以一种分权的方式来开展管理工作。事业部制组织结构一般适合在有比较复杂的产品类别或有较广泛地区分布的企业中采用。

事业部制组织结构如图 9.4 所示。

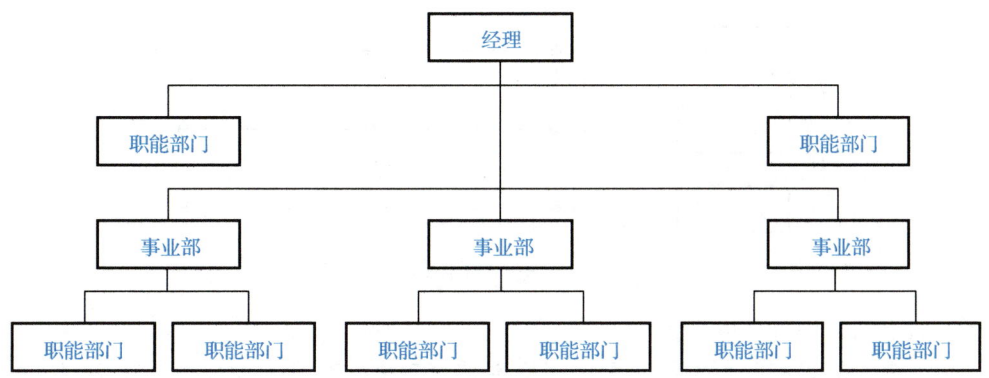

图 9.4　事业部制组织结构

事业部制组织结构具有以下优点。

（1）提高了管理的灵活性和适应性。由于各事业部单独核算、自成体系，在生产经营上具有较大的自主权。这样既有利于调动各事业部的积极性和主动性，有利于培养高级管理人才，又便于各事业部之间开展竞争，从而有利于增强企业对环境变化的适应能力。

（2）有利于最高管理层摆脱日常行政事务，集中精力做好企业大政方针的决策。

（3）便于组织专业化生产，采用流水作业和自动生产线等先进的生产组织形式，有利于提高生产效率，保证产品质量，降低产品成本。

事业部制组织结构具有以下缺点。

（1）增加了管理层次，造成机构重叠，管理人员和管理费用增加。

（2）由于各事业部独立经营，各事业部之间人员交换困难，难以相互支援。

（3）各事业部经常从本部门出发，容易滋长不顾公司整体利益的本位主义和分散主义倾向。

5. 矩阵制组织结构

矩阵制组织结构是由纵、横两套管理系统组成的组织结构，一套是纵向的职能领导系统，另一套是为完成某一任务而组成的横向项目系统。也就是既有按职能划分的垂直管理系统，又有按项目划分的横向管理系统。有的企业同时需要完成几个项目，每个项目要求配备不同专业的技术人员或其他资源。为了加强对项目的管理，每个项目在总经理领导下由专人负责。因此，在直线-职能制组织结构的基础上，衍生出横向项目系统，形成纵横交错的矩阵制组织结构。其中，工作小组或项目小组一般由拥有不同背景、不同技能、不同知识、分别选自不同部门的人员组成。组成工作小组后，小组成员为完成某个特定项目而共同工作。

矩阵制组织结构如图 9.5 所示。

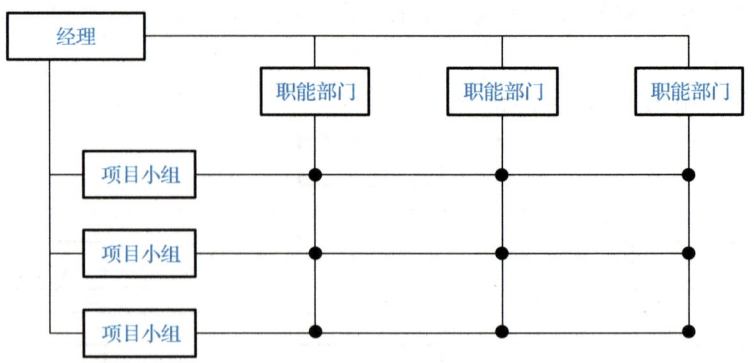

图9.5　矩阵制组织结构

矩阵制组织结构具有以下优点。

（1）将组织的纵向联系和横向联系很好地结合起来，有利于加强各职能部门之间的协作和配合。

（2）具有较强的机动性，能根据特定需要和环境变化而变化，保持高度的适应性。

（3）将不同部门、具有不同专长的专业人员组织在一起，有利于互相启发，集思广益，有利于攻克各种复杂的技术难题，更加圆满地完成任务。

矩阵制组织结构具有以下缺点。

（1）在资源管理方面更加复杂。

（2）稳定性差。小组成员是由各职能部门临时抽调的，项目完成后，还要回到原职能部门，容易使小组成员产生临时观点，不安心工作，从而对工作产生一定影响。

（3）权责不清。每个成员都要接受两个或两个以上的上级领导，职权关系较混乱，容易造成管理失去秩序，从而降低整个组织的工作效率。

矩阵制组织结构适合在需要对环境变化做出迅速反应的企业中使用。例如，咨询公司和广告公司就经常采用矩阵型组织结构，以确保每个项目按计划准时完成。在复杂而动荡的环境中，由于采取了灵活的项目小组形式，大大增强了企业对外部环境的适应能力。

二、企业组织结构创新的基本趋势

早在20世纪70年代，著名管理学家德鲁克就曾说，以获取和利用知识作为竞争优势的知识型行业需要新的管理方式，过去制造业使用的那一套组织结构和管理模式已经不适用了，思想的交流与传播难以从等级制的直线式渠道进行，直线制组织结构已经不能适应以知识为背景的组织机构的需要了。在知识经济、经济全球化的推动下，企业组织结构创新主要呈现三大趋势：一是围绕提高企业应变能力、价值增值能力，进行企业流程再造、缩小核算单位，使组织制度非层级化、组织规模小型化；二是努力降低管理层次，加强横向联系，建立虚拟企业和项目小组，使组织结构化、网络化；三是重新调整企业与市场的关系，调整企业供应链，建立战略联盟，不断调整企业组织结构。

1. 企业组织结构的非层级化

企业组织结构的非层级化主要表现在以下几个方面。

（1）组织内不同层级的地位差距和等级观念弱化，组织成员之间的交流增加。

（2）同一层级从事不同职能工作的员工之间的横向交流增多，员工向多面手发展。

（3）企业内部进行充分授权，个人或内部组织的自主性、独立性增强。

（4）不同层级之间建立的跨层级小组或团队增多，增强了企业的应变能力。

（5）企业内部组织之间的横向和纵向协调增加，严格的领导和被领导界限被打破，一个员工可以接受来自上级、同级和下级三方面的指令。

（6）企业与企业之间的分工和协作关系进一步深化，以业务为核心在企业与企业之间的不同层级之间实现直接互动。

从企业组织结构的角度来看，这些变化的本质特征是非层级化，是在企业员工决策自主权增加、员工之间借助信息网络技术相互联系增加的情况下，为打破金字塔型组织结构严格的等级、部门和岗位界限所进行的企业组织结构的动态调整。

2. 企业组织结构的扁平化

传统的层级组织之所以机械、僵化，很重要的原因在于拥有庞大的中间管理层。扁平化就是精简中间管理层，压缩组织结构，尽量缩短指挥链，改善沟通，消除机构臃肿和人浮于事的现象。现代管理理论（如学习型组织理论、企业再造理论等）都提出了建立扁平化的企业组织的主张。实现组织结构由垂直化到扁平化，首先要注重企业信息系统的建设，用以取代原来中层人员的上通下达及收集整理材料信息的功能，为扁平化组织的高效运行提供功能支持；其次要注重提高组织成员独立工作的能力，为扁平化组织的高效运行提供能力保障，同时构建以流程为核心的组织结构，如构建矩阵制组织结构。

3. 企业组织结构的柔性化和网络化

企业组织结构要具有对未来环境变化的实时响应能力。组织结构的柔性化主要体现在网络化、团队化和组织规模的小型化。随着企业管理信息系统和网络系统的应用、发展及完善，员工的工作方式已经由等级制命令型转变为协商互动型，企业组织也变成了一个由相对平等、自主、富于创新的小型经营单元组成的网络型组织。

从企业内部角度来看，网络型组织由若干独立的、彼此有一定纵横联系的经营单元组成，网络成员之间形成比较松散的"联邦"关系，整个组织由具有自我管理、自我组织和自我约束能力的经营单元组成，其特征是：①强调团队是各个项目中的基本活动单位；②把来自组织不同部门的人员集合，形成跨职能团队；③创造更广泛的、跨部门和跨职能的、横向进行信息分享和合作的团队。

从企业外部角度来看，网络型组织利用互联网、产业供应链和资金链，在企业之间建立了多种形式的合作关系，使企业自身成为企业外部网络的一个组成部分，成为外部产业供应链上的一个"插件"。

综上所述，网络化不但调整着企业内部的组织结构，而且改变着企业与企业之间的边界。

4. 企业组织结构的多样化

尽管直线制、直线-职能制、事业部制等企业组织结构相对于不断变化的企业外部环境而言有许多缺点，但这些组织结构仍然有继续存在下去的客观理由。

在经营业务单一、不需要大量创新性工作的企业里，直线制或直线-职能制组织结构仍然有效。事业部制组织结构主要适用于产品品种较多、市场规模不断扩大的传统工业企业，而在那些下属单位或部门因为生产工艺的要求不能实现独立核算的大企业，也可以采用模拟分权式的事业部制组织结构。在那些以创新为主的企业中，在组织中建立项目小组最为适宜。大型高科技企业也可以将职能制组织结构和项目小组结合起来，在赋予员工基本职能的同时，还可以按照完成某一任务或项目的要求，将不同职能部门的员工组织起来，形成合作团队。在那些市场变化快、知识更新换代快的行业，建立自律、自适应、自学习的学习型组织，不断提高组织自身的知识水平非常重要。在企业之间竞争非常激烈，各个企业都拥有其他企业难以取代的优势的行业中，建立虚拟企业战略联盟有利于塑造企业新的竞争优势，深化企业之间的分工和协作。

　　总之，那些在过去成功适应某种生产类型的企业组织结构，今天仍然有其存在的理由；随着企业生产类型的多样化和市场需求的不断变化，企业的组织结构也趋于多样化。

第二节　企业业务流程再造

企业业务流程再造基本思想

一、业务流程再造的提出

　　业务流程再造（business process reengineering，BPR）是 20 世纪 90 年代由美国麻省理工学院教授哈默和 CSC 管理顾问公司董事长钱皮提出的。他们给 BPR 下的定义是：为了飞跃性地改善成本、质量、服务、速度，必须对工作流程进行根本性的重新思考并彻底改革。其基本思想就是必须彻底改变传统的工作方式，也就是彻底改变传统的自工业革命以来按照分工原则把一项完整的工作分成不同部分、由各自相对独立的部门依次进行工作的工作方式。

　　BPR 强调以业务流程为改造中心，以关心客户的需求和满意度为目标，对现有的业务流程进行再思考和再设计，利用先进的制造技术、信息技术及现代化的管理手段，实现技术上的功能集成和管理上的职能集成，从而打破传统的职能型组织结构，建立起全新的过程型组织结构，最终实现企业经营在成本、质量、服务和速度等方面的巨大改善。

　　BPR 之所以能引起广泛的重视，与企业面临的竞争环境分不开。当前各国企业都处在一个科学技术飞速发展、产品生命周期越来越短、用户需求越来越趋于多样化的时代，都面临着竞争激烈、瞬息万变的市场环境。要想在这样的环境中生存和发展，企业就必须不断地采取各种管理措施来增强自身竞争能力。

　　在国外，有些企业把建立计算机化的管理信息系统称为企业业务流程工程化（business process engineering，BPE）。BPE 实际上就是按照工程化的方法，在企业建立计算机管理信息系统，以提高企业的业务处理流程的效率。然而，长期的 BPE 实践并没有使企业得到或没有完全得到所期望的结果。起初，人们认为产生这种现象的原因是计算机系统不够先进，因而总在计算机硬件、软件上找原因，结果促进了计算机、数据库、局域网等技术的飞速发展。但企业组织结构和业务流程并没发生大的变化。因此，一方面，信息技术越来越先进；另一方面，组织结构上存在的问题对企业提高应变能力的阻力越来越大。这对矛盾的加剧使人们逐渐认识到，企业能否用信息技术来提高自身的竞争能力，在很大程度上取决于由谁来应用和如何应用这些技术。过去开发管理信息系统没有取得成功的企业都处在原有的组织结构和管理模式之下，所改变的只是用计算机模仿手工劳动，造成了先进的信息技术迁就于落后的管理模式的结果。这样实施管理信息系统，当然难以达到预期目标。因此，就需要改变管理模式，以与管理信息系统相匹配。于是，BPR 思想产生了。

可见，BPR 是伴随管理信息系统在企业中的应用而产生的，是企业实现高效益、高质量、高柔性、低成本的战略措施。BPR 打破了企业按职能设置部门的管理模式，代之以业务流程为中心，重新设计企业管理过程，提高了企业管理效率，因而受到了企业的欢迎，得到了企业管理学术界的重视。

二、业务流程再造的基本目标

业务流程再造体现了两个不同层次的目标。

（1）通过对企业原有业务流程的重新塑造，包括进行相应的资源结构调整和人力资源结构调整，使企业在盈利水平、生产效率、产品开发能力和响应速度等关键指标上取得巨大的进步，最终提高企业整体竞争力。

（2）通过对企业原有业务流程的再造，使企业不仅取得经营业绩上的巨大提高，更重要的是使企业组织结构发生革命性的转变。具体而言，这种转变旨在将企业组织结构转变为以业务流程为中心的组织结构，实现企业经营理念和管理模式的根本转变。

业务流程再造的基本方向有以下几个。

（1）在信息技术的支持下，以业务流程为中心，大幅改善管理流程。

（2）放弃陈旧的管理方法和程序。

（3）评估管理流程的所有要素对于核心任务的重要性。专注于流程和结果，而非强调组织功能，要严格衡量绩效。

三、业务流程再造的原则

实施 BPR 将会涉及企业的各个层面，是一项系统工程。在具体操作时，应针对支撑企业目标实现的关键结果领域（key result area，KRA），选择相对薄弱的流程作为改造的切入点，并对组织进行相应的调整。通常，信息技术及制造型企业可以从核心业务流程着手，如产品开发流程、市场营销流程、订单履行流程、工程项目管理流程、供应链管理流程等业务流程。同时，企业的评价体系也应随之调整，保障 BPR 的有效实施。从实践的角度出发，企业实施 BPR 应把握以下几个原则。

1. 实现从职能管理到流程管理的转变

BPR 强调管理要面向业务流程。为客户创造价值（最终为企业创造价值）的是业务流程，而不是互相割裂的职能部门。面向业务流程就是要打破职能部门之间的界限，以业务流程的产出和客户（包括内部客户）为中心，协调相关部门的资源，减少无效劳动和重复劳动，降低无效支出，提高工作效率和对客户的响应速度。

2. 着眼于整体流程最优

在传统的职能管理模式下，业务流程被分割为各种简单的任务，各职能部门只负责本部门相应的任务，势必造成部门管理者只关心本部门的局部效率，而忽视全流程的整体效率。BPR 强调的是流程全局最优，以及整个企业范围内核心业务流程的最优。

3. 实施BPR伴随着组织的调整

BPR 要求流程适应客户、竞争和环境变化的需求，而不是适应原有组织的需求，组织只是为流程有效运作服务的。因此，流程的再造通常会引起组织的再造或调整。

4. 员工的评价体系是使流程高效运作的保障

再优秀的流程也需要人来操作，充分发挥员工的能动性和创造性对企业来说是至关重要的。面向流程管理需要落实到评价体系上，引导员工为整个流程的效率负责，而不是局限于传统职能部门有限的职责范围内。

5. 流程应涵盖客户和供应商

企业活动概括来说就是整合内外部资源，通过高效的流程满足客户的需求。因此准确了解客户需求是流程的出发点。另外，企业的资源都是有限的，外部资源必不可少，而且相对于内部资源来说，外部资源（包括供应商、分销商及零售商等）是不可控的，更需要在流程中高度重视。

6. 重视信息系统的支持

流程运作离不开信息的及时传递。高效的信息系统能保证信息的及时采集、加工、传递，实现信息的合理、及时共享，提高流程的运行效率和对外部环境变化的响应速度。

四、面向流程的组织管理

在传统的面向职能的组织管理中，组织运营是围绕着职能及其分解后的任务来组建的，而面向流程的组织管理则发生了革命性变化。面向流程的组织管理就是通过组织结构和管理模式上的变革，将一些割裂的流程连起来，使其成为一个连续的流程，通过对流程的整合和优化，实现对客户服务、成本和效率的全局优化。面向职能和面向流程的组织管理对比如表 9.1 所示。

表 9.1　面向职能和面向流程的组织管理对比

特性	面向职能	面向流程
组织结构	层次状；关注焦点是职能	扁平化；关注焦点是流程
运营机制	以职能为中心；存在职能界限；流程不连续；运营局部最优	以流程为中心；针对客户点对点管理；流程连续；以客户服务成本和效率最优为目标
员工	按职能安排；专业技能分工；工作以个人为中心；对客户关注有限	按流程安排；技能综合多面手；工作以小组为中心；关注客户
评价体系	由于职能界限而被分离；评价以职能目标为主	在流程中集成；评价以流程整体目标为主
沟通	垂直方向	水平方向
企业文化	前线（市场）/后方（内部）隔开；专业术语	整个流程以客户为中心；通俗的语言

在面向职能的组织管理中，人们关注和解决问题的焦点是职能、部门和任务。每个职能部门的员工最关心的是本部门而不是整个企业，其业绩考评与其所在部门效益息息相关，员工一般具有与本职相关的专业知识。他们讨论和关心的是某一项固定的任务。

在面向流程的组织管理中，组织运营是围绕着企业的核心流程进行的。在这样的组织中，人们关心的是企业的整个运营流程。这些运营流程与客户需求密切相关，直接体现企业的价值链及其关键指标。企业的组织结构趋于扁平化，员工清楚地知道流程的结构及绩效指标，他们对客户的需求有高度的敏感性。采用先进的信息系统，将企业内部组织与外部客户联系起来，也使组织内部的沟通变得顺畅。

五、业务流程再造的实施步骤

一般来说，BPR 的实施步骤有以下 7 个。

1. 设计远景

企业高层管理人员应当从企业战略的高度来考虑 BPR。在信息化项目启动的第一阶段，高层管理人员就应当考虑 BPR 的必要性。考虑的问题包括：过去的流程是否需要做根本的改变？企业的信息化项目要达到什么目标？只有对这些问题有了清晰的认识，才能推动后续的流程再造工作有条不紊地进行。

2. 项目启动

在此阶段，企业高层管理人员要确定哪些流程需要再造，要设定清晰的流程再造目标、成立 BPR 项目领导小组，并制定详细的项目规划。这里需要强调的是，企业一定要让了解企业业务的高层管理人员直接加入项目小组，并担任主要领导，不要让信息技术部门来主导项目小组。

3. 流程诊断

对现有流程进行建模和分析，发现现有流程中的瓶颈，作为业务流程再造的参考。尽管有的人认为 BPR 不应当拘泥于现有流程，但在实际工作中，忠实地描述现有流程，在此基础上寻找流程再造的突破口还是最直接便捷的方法。

4. 设计新流程

在分析现有流程的基础上，设计新的流程，并且设计支持新流程的信息技术架构。本步骤的主要任务包括：定义新流程的概念模型、设计新流程原型和细节、设计与新流程相配套的人力资源结构、设计新的信息系统。

5. 实施新流程

新的流程是否可靠、方便、完善，还有待在实践中检验。在 BPR 实践中，管理层、项目组和员工之间需要进行广泛、深入的沟通来解决流程变动引起的分歧。例如，一家化纤公司在实施 BPR 的过程中，工作流程发生了变化，采购部门和财务部门都认为应由对方来输入某一类单据。最后，BRP 实施小组的负责人从物流的合理性方面考虑，决定由采购部门输入。经过一段时间的训练，员工适应了新系统，工作效率有很大提高。

6. 流程评估

BPR 项目结束后，就可以根据项目开始时设定的目标对新流程进行评估，看新流程是否达到了预期目标。

7. 持续改善

一次 BPR 项目的实施并不代表企业改革任务的完成，企业整体绩效的提高还需要持续改善才能实现。这种持续的改善实际上就是不断对流程进行调整和优化。

六、实施业务流程再造应注意的问题

（1）大量的研究与实践已经充分表明，企业实施 BPR 与成功地应用 ERP 和推进信息化建设有必然的联系。企业管理者的认识不能仅仅停留在企业应用 ERP 和信息化建设方面，还应着眼于新经济时代的竞争和挑战，切实提高企业管理水平和竞争力。

（2）根本性思考和彻底重组的思想能给企业带来显著的效率提升，因此在实行 BPR 的过程中，要做到以下三点：①要想管理创新，首先要思想创新和观念创新；②要综合运用其他管理思想和方法，相互补充相辅相成；③制定的目标要切实可达，要对具体问题进行具体分析。

（3）企业实施 BPR 一定要从经营发展战略、营销体系、管理模式、组织结构和员工评价体系等方面全面考虑。整个流程再造过程要采取自上而下和自下而上相结合的原则，但首先要自上而下。

（4）在实施 BPR 的过程中，企业必须研究整个流程中输入、处理、输出三个环节的内容、形式和方法。此外，不但要有定性的评价指标，还要有各种定量的评价指标。只有这样才能使流程再造落到实处，才能实现流程再造的预期目标，从根本上提高企业的管理水平和竞争力。

（5）选择 BPR 的时机和条件。企业并不总需要进行彻底的流程再造。BPR 虽然是高收益的项目，但也伴随着巨大的风险，因此必须明确流程再造的动机，选择好流程再造的最佳时机。以下三种情况通常是比较好的时机。

① 当企业陷入困境，营业额和市场占有率大幅度下降，产生严重的亏损，面临生存危机时，这时员工的配合意愿强，愿意为流程再造承担额外的工作。

② 趁主要竞争对手进行流程再造之际，进行本企业的流程再造。

③ 企业预感到某项新技术足以改变市场的竞争规则时，可进行流程再造，以创造竞争优势。

（6）选择 BPR 的环节。BPR 不能全线出击，首先应分析全部业务流程，选择存在突出问题的流程或核心流程进行再造。

确定再造流程时必须考虑以下问题。

① 这个流程是否已经成为企业发展的"瓶颈"？

② 这个流程再造后能否解决企业面临的危机？

③ 这个流程再造成功的概率有多大？

④ 这个流程再造失败的后果有多严重？

第三节　供应链企业业务流程管理

一、供应链管理环境下的企业业务流程的变化

供应链管理环境下的企业业务流程有哪些特征，目前还是一个有待于进一步研究的问题。本节从三个方面分析供应链管理环境下企业业务流程的变化。

1. 供应商与需求方之间业务流程的变化

在供应链管理环境下，制造商与供应商、制造商与分销商、供应商与供应商之间一般借助 Internet 或 EDI 进行业务联系，由于实施了电子化交易，因此许多过去必须通过人工处理的业务环节，在信息技术的支持下变得更加快捷了，有的环节甚至取消了，从而引起业务流程的变化。例如，过去供应商总是在接到制造商的订单后，再进行生产准备等工作，等到零部件生产出来，已消耗了很多的时间。这样一环一环地传递下去，导致产品生产周期很长。而在供应链管理环境下，供应商可以通过网络方便地获得需求方生产进度的实时信息，在库存即将到达订货点时（即使没有接到制造商的订单）就主动做好准备工作，从而大大缩短供货周期。由于这种合作方式的出现，原来那些专门为处理订单而设置的部门、岗位和流程就可以考虑重新设计了。

2. 企业内部业务流程的变化

借助先进的信息技术和供应链管理思想，企业内部的业务流程也发生了很大的变化。以生产部门和采购部门的业务流程为例，过去在人工处理环境下，先由生产部门制订出生产计划，再由采购部门编制采购计划，还要经过层层审核，才能向供应商发出订单。这是一种顺序工作方式。由于流程较长，流经的部门较多，因而会出现脱节、停顿、反复等现象，导致一项业务要花费较多的时间才能完成。在供应链管理环境下，以信息系统作为支持平台，数据可以实现共享，并且可以实现并发处理，因而使原来的顺序工作方式发生变化。例如，生产部门制订完生产计划后，采购部门就可以通过数据库读取生产计划，计算需要消耗的原材料、零配件的数量，迅速制订出采购计划。通过查询数据库中的供应商档案，获得最适合的供应商信息，就可以迅速向有关厂家发出订单。更进一步地，可以通过 EDI 直接将采购信息发布出去，直接由供应商处理。

3. 支持业务流程的技术手段的变化

在供应链管理环境下，企业内部业务流程和外部业务流程发生变化不是偶然出现的，至少有两方面的原因。一是"横向一体化"管理思想改变了管理人员的思维方式，把企业的资源概念扩展了，更倾向于与企业的外部资源建立配置联系，因此加强了企业间业务流程的紧密性；二是供应链管理促进了信息技术在企业管理中的应用，使并行工作成为可能。借助于强大的数据库和网络系统，供应链企业可以快速交换各类信息，为实现同步运作提供了可能。

二、两种供应链业务流程管理模式——GSCF框架和SCOR模型

1. GSCF供应链管理流程

全球供应链论坛（Global Supply Chain Forum，GSCF）将供应链管理流程定义为：供应链管理是对贯穿从最终用户到原始供应商的关键商业流程的整合，这些流程为用户以及其他利益相关者提供能够创造价值的产品、服务和信息。

GSCF 框架如图 9.6 所示。

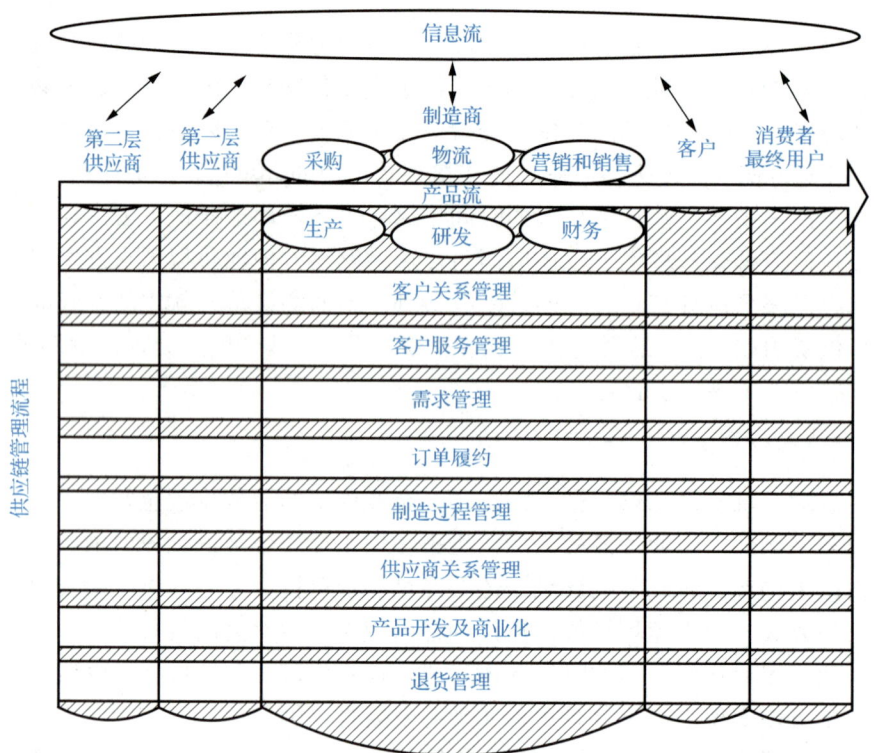

图 9.6　GSCF 框架

在 GSCF 框架中包括以下 8 种供应链管理流程。

（1）客户关系管理，提供一个如何与客户建立并保持关系的平台。

（2）客户服务管理，提供与客户之间进行接触的重要接口，以监管产品及服务协议。

（3）需求管理，提供一个用来平衡客户需求与供应链能力（包括降低需求的被动性及增强供应链的灵活性）的平台。

（4）订单履约，包括确定客户需求、设计物流网络、履行客户订单等活动。

（5）制造过程管理，包括用来获得、实施并管理制造灵活性，以及制造商生产产品的所有必要的活动。

（6）供应商关系管理，提供一个如何与供应商建立并保持关系的平台。

（7）产品开发及商业化，提供一个与客户及供应商一起进行产品开发并将产品推向市场的平台。

（8）退货管理，包括退货、反向物流、退货查验及退货规避等活动。

客户关系管理和供应商关系管理是供应链上最重要的流程，其他 6 个流程都将围绕它们进行协调。这 8 个流程中的任何一个都是跨部门、跨企业的，并可被分解成一连串的战略级子流程和一连串的运营级子流程。每一个子流程均包括一组活动。

2.　供应链运作参考模型

供应链运作参考（supply chain operations reference，SCOR）模型由国际供应链委员会

（Supply Chain Council，SCC）于 1996 年开发出来。之后，SCC 与美国生产与库存控制协会（American Production and Inventory Control Society，APICS）于 2014 年合并为 APICS-SCC，APICS-SCC 于 2018 年又更名为国际供应链管理协会（Association for Supply Chain Management，ASCM），至此 SCOR 模型由 ASCM 负责解释和更新。SCOR 模型从最初的 1.0 版本迭代到 12.0 版本用了 20 年时间。随着数字化时代的来临，ASCM 在 2022 年又发布了 SCOR 模型数字化标准版。

SCOR 模型分为 4 个组成部分：商业流程再造、标杆设置法、最佳实践分析及人力。SCOR 模型描述了如何使用商业流程再造技术来捕捉一个流程的当前状态，并决定其未来状态；标杆设置法用来为业绩评估标准设定目标值；最佳实践分析用于辨识被业界公认为顶级的企业所成功采用的管理方法及软件方案；人力部分定义了人们执行供应链流程所需的技能。

供应链运作参考模型

SCOR 模型 12.0 版本包括 6 个主要流程：计划（plan）、采购（source）、制造（make）、交货（deliver）、退货（return）和使能（enable）。而在 SCOR 模型数字化标准版中，变为 7 个主要流程：编排（orchestrate）、计划（plan）、订购（order）、采购（source）、转换（transform）、履行（fufill）和回收（return），如图 9.7 所示。

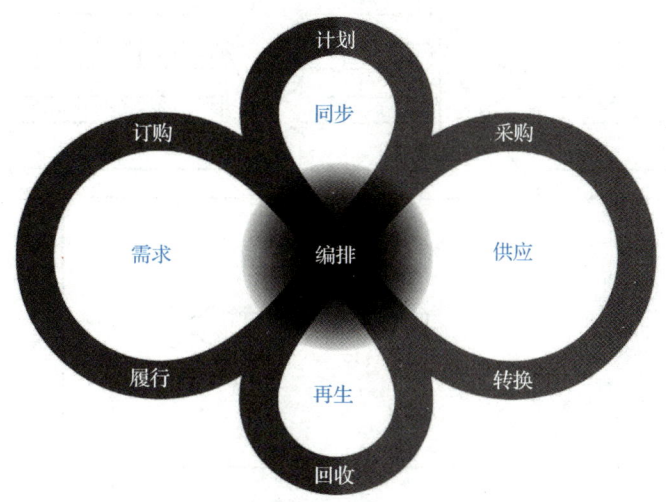

图 9.7　数字化标准版 SCOR 模型

（1）编排，描述了与供应链战略的集成和启用相关的活动。这包括业务规则和企业业务规划、人力资源、网络设计和技术、数据分析、合同和协议、法规和合规性、风险缓解，环境和治理、循环供应链活动及绩效管理等。

（2）计划，描述了与制定供应链运营路线相关的活动。订单、采购、转换、履行和退货流程要按计划执行，包括确定需求、收集可用资源、平衡需求和资源，确定计划的能力与需求或资源的差距，以及纠正这些差距的活动。

（3）订购，描述了与客户购买产品和服务相关的活动，包括收集位置、定价、付款方式、履行状态及其他订单信息。

（4）采购，描述了与产品和服务的采购、订购、调度、交付、接收和转让相关的活动。

（5）转换，描述了与产品的调度和创建相关的活动，包括生产、组装和拆卸、维护、维修等。

（6）履行，描述了与执行客户订单或服务相关的活动，包括安排订单交付、拣货、包装、运输、安装、调试和开票等。

（7）回收，描述了与产品和服务相关的逆向活动，以及利用网络进行诊断、评估授权、回收或其他为客户服务的循环活动。

每个流程在 4 个不同层面上被实施。第一层定义供应链的数量以及使用何种评估指标；第二层定义原材料流动中的计划和执行过程，如图 9.8 所示；第三层定义每个交易元素的输入、输出及流动方式；第四层定义诸过程的实施细节。

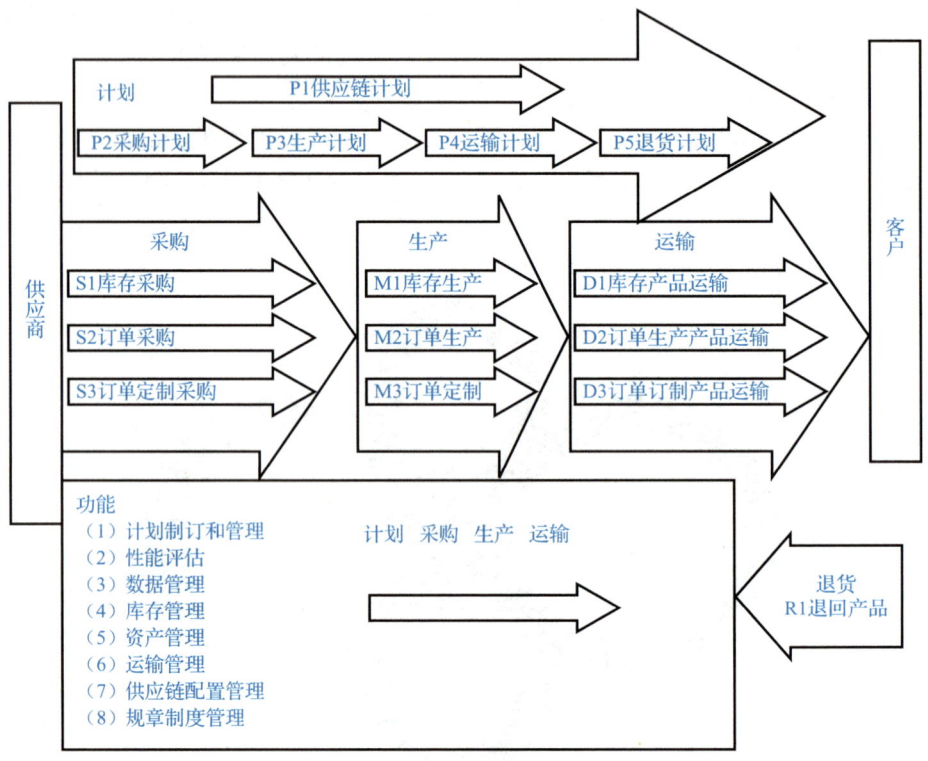

图 9.8　SCOR 模型第二层流程

3. GSCF框架和SCOR模型的优缺点

GSCF 框架和 SCOR 模型都有其自身的优缺点。管理人员必须认识到这些优缺点，并了解它们将会给企业带来的价值以及在实施时所必须解决的潜在问题。

（1）焦点。

GSCF 框架和 SCOR 模型的焦点可概括如下：SCOR 模型集中在交易的有效性上，而 GSCF 框架则集中在关系管理方面。尽管管理者关注每笔交易的效率，但是如果不重点管理那些关键的关系，在供应链范围内将交易成本最小化将是无法实现的。没有认识到这种关系的价值将会限制整个供应链效率的发挥。

SCOR 模型能够有效判断哪些地方有取得快速回报的机会，这样可以满足高层管理者对降低成本和提高资产利用率的愿望。

GSCF 框架则更侧重战略，它通过与供应链上的关键成员建立密切的、跨部门的合作关系，来提高企业的长期价值。GSCF 框架把识别、建立并保持商业关系的能力作为一种竞争优势。在许多企业里，管理层已经开始认识到无形资产在产品营销中的重要性，以及为了取得成功所必须具备的互动能力、沟通能力及持久的合作关系。

（2）战略对接。

每一个 GSCF 流程都直接或间接地通过客户关系管理流程和供应商关系管理流程，将整个企业战略及各个部门战略实现对接。例如，制造管理流程首先将审查企业战略、制造战略、采购战略、销售战略及物流战略。为了确保企业诸项活动能对市场变化做出及时、正确的反应，在各流程与企业战略之间以及在各流程和各部门战略之间建立连接是必要的。

SCOR 流程则建立在运营战略之上。尽管运营战略应该建立在企业的整体战略之上，并与其他各部门的战略实现对接。但是，SCOR 却没有明确地考虑其他各部门的战略。这种部门战略与企业战略之间的割裂将会危及企业范围内的各项资源的对接。对那些准备采用 SCOR 模型的企业管理者来说，应当将 SCOR 模型置于企业整体战略之中。这将有助于对接资源与目标，并有助于对相关实施建议进行优先等级排序。

（3）活动范围的广度。

GSCF 框架涉及范围甚广，其活动包括产品开发、需求产生、关系管理及退货规避。GSCF 框架的核心是提供一种能够使供应链合作关系保持稳定的结构，为所有用来识别、开发客户并维护合作关系的主要活动指明方向。这也是为何各部门的参与对整个 GSCF 框架的实施如此重要的原因。GSCF 框架的 8 个流程所涉及的活动已经触及企业几乎所有的商务活动。相比之下，SCOR 模型所涉及的范围是有局限性的。SCOR 模型所涵盖的活动仅局限于那些生产前后所涉及的产品流动，以及为有效地管理这些流动所需要的各项计划。

（4）跨职能参与。

SCOR 模型和 GSCF 框架的相似之处在于两者均提倡跨职能参与和协作，并都认识到商业流程将不会取代企业的职能部门。然而，两者所涉及的职能部门的数量是不同的，所涉及的职能部门的类型也不尽相同。

因为 GSCF 框架涉及的是商业行为中的各个方面。所以每个流程小组中的成员由来自所有职能部门的代表组成，这些职能部门包括但不限于营销、生产、财务、采购与物流。流程小组成员将提供在各自职能方面的技能专长，并确保任何决定都将对整个企业有益（图 9.9）。

在 SCOR 模型下，跨职能的参与主要是通过采购、生产和物流 3 个职能部门来完成的。图 9.10 给出了每个职能部门为 SCOR 的各个流程所提供的输入信息。这样能使实施 SCOR 框架变得更为简单方便，因为在许多企业里，与这 3 个职能部门相关的各项活动基本上已经被整合到整个企业的组织结构之中了。这种有限的部门参与将无法取得预期的经营业绩，甚至可能导致某项创新举措的失败。

例如，一家耐用消费品的制造商实施了一个能在 24～48h 全国送货上门的快速送货系统。设计该系统原本是为了使零售商能在拥有较少库存的情况下改善客户服务水平。6 年后，该公司不但没有降低库存水平，反而将服务承诺拉长到了 48～72h。该系统之所以未能取得预期的效果，是因为营销环节一直在为客户提供批量采购的激励机制。由此可见，如果不将各个环节管理好，供应链的创新举措带来的正面影响将被削弱。没有使全部职能部门参与进来是有代价的。那些没有参与的职能部门将有可能削弱创新效果。使用 GSCF 框架则能增加成功的可能性，因为所有的职能部门都将参与该创新举措的计划与实施。

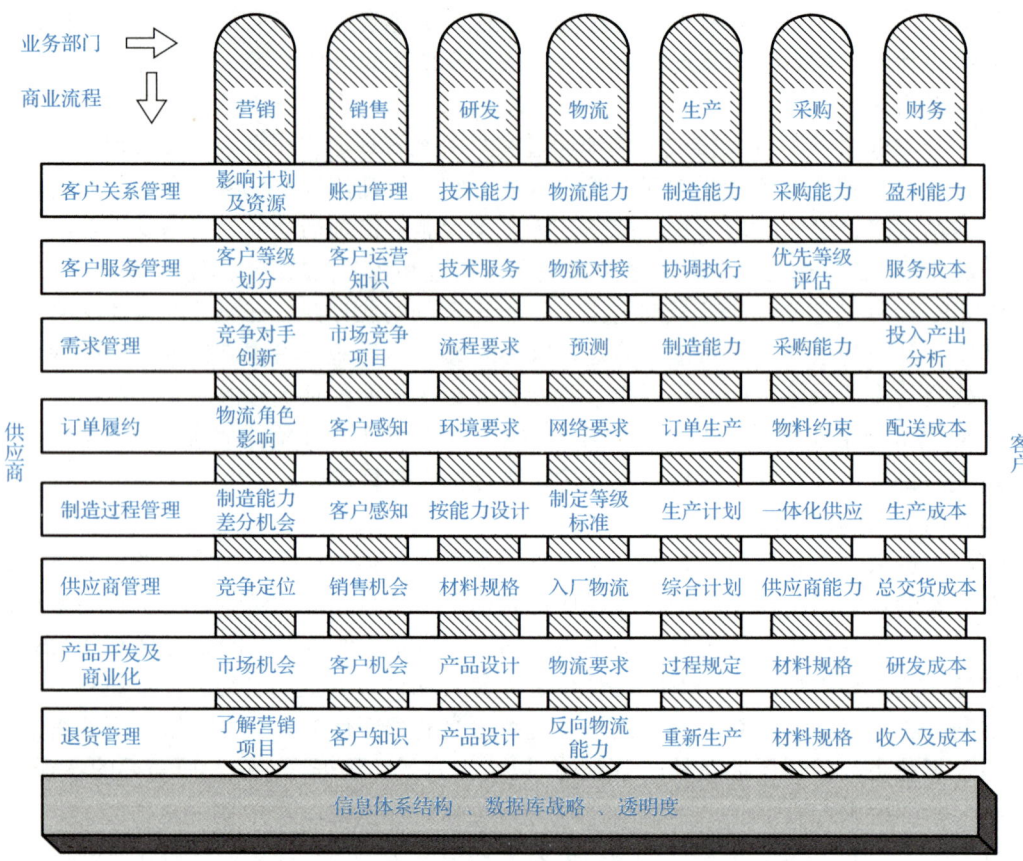

图 9.9　GSCF 框架下的部门参与

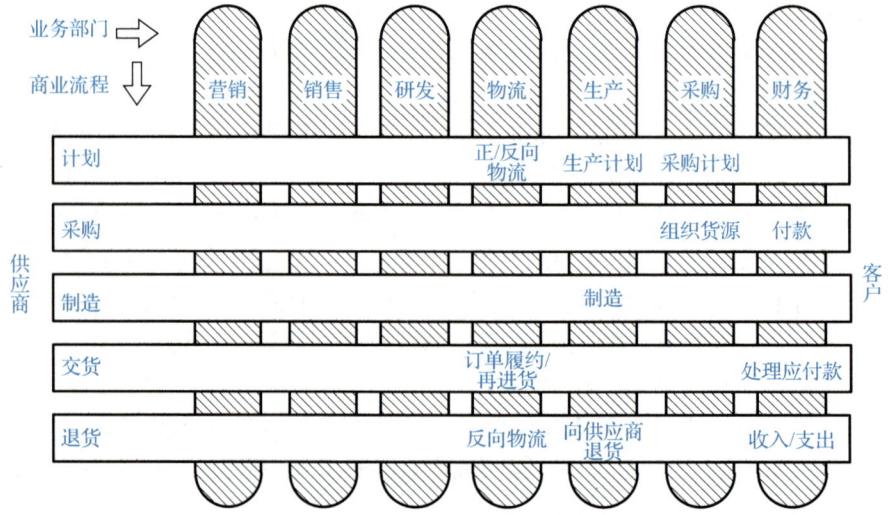

图 9.10　SCOR 模型下的部门参与

（5）流程标杆设置与业绩标杆设置。

标杆设置方法有两种类型，即业绩标杆设置和流程标杆设置。业绩标杆设置是学习竞争对手或相似行业中的其他公司是如何完成关键运营业绩指标的。而流程标杆设置则关心如何学习及复制这些最佳实践案例。SCOR 模型和 GSCF 框架采用了不同的方式来衡量供应链管理中的各项工作是如何创造价值的。

在 GSCF 框架中，运营指标用于衡量"经济增加值"和"客户及供应商盈利"。GSCF 不但可以被用来衡量成本的降低及资产利用率的提高，还可被用来识别客户合作关系管理对于收入的影响。例如，邀请客户参与产品开发及商业化流程管理，将能使企业生产出更加符合客户需求的产品，并缩短产品投放市场的时间，从而为企业带来更多的利润。

SCOR 的目标是提高运营效率，所以评价指标侧重于衡量降低成本及提高资产利用率。这使业绩评价工作变得简单，原因是衡量一个具体的项目能为企业节省多少钱，要比衡量一个客户群体对企业的服务改进、新营销方案及新产品所做出的反应更容易一些。此外，当企业存在大量的低效运作时，降低成本的措施能为企业节省大量的开支。然而，当企业的运作效率被提高到一定水平之后，降本增效的幅度会越来越小。因此，对于运作效率较低的企业来说，实施 SCOR 模型能带来较大幅度的成效；对于那些运作效率已经很高的企业来说，则应侧重于通过企业外部关系管理挖掘更多的价值，适合采用 GSCF 框架。

本 章 小 结

在当今信息化的时代，面对日益激烈的市场竞争及不稳定的市场需求，原有的企业组织结构已不能适应现在的市场环境，企业需要对自身的组织结构及业务流程进行变革。

企业组织结构的基本类型分为直线制、职能制、直线-职能制、事业部制、矩阵制等，并向着非层级化、扁平化、柔性化、网络化、多样化等方向发展。

业务流程再造是以业务流程为中心、以满足客户的需求和提高客户满意度为目标，对企业现有的业务流程进行再设计，利用先进的信息技术以及现代化的管理手段，实现技术上的功能集成和管理上的职能集成，建立起全新的过程型组织结构，最终实现企业经营在成本、质量、服务和速度等方面的巨大改善。

在供应链管理环境下，企业业务流程的变化主要体现在供应商与需求方之间的业务关系的变化、企业内部业务的变化、业务流程支持技术的变化三个方面。两种供应链业务流程管理框架——GSCF 和 SCOR 均侧重于实施跨部门的商业流程，并各有所长。

 关键术语

业务流程再造 business process reengineering，BPR
业务流程工程化 business process engineering，BPE
供应链运作参考 supply chain operations reference，SCOR
关键结果领域 key result area，KRS

习　题

一、选择题

1. SCOR 模型 12.0 版本的主要流程包括（　　）。
    A. 计划、履行、控制、反馈
    B. 计划、采购、制造、交货、退货、使能
2. 下列关于业务流程再造的描述，不正确的是（　　）。
    A. 按业务流程进行组织变革
    B. 原有企业业务的自动化
    C. 面向供应链构建业务流程
3. 在物流管理组织结构的演变中，试图在一个高层管理者的领导下，统一所有的物流功能和运作，目的是对所有原材料和制成品的运输和存储进行战略管理，以使企业获得最大效益。这种组织基本上属于（　　）。
    A. 传统物流管理组织结构　　B. 简单功能集合的物流组织结构
    C. 物流功能独立的组织结构　　D. 一体化物流组织结构

二、简答题

1. 业务流程再造的基本思想是什么？
2. 信息化与业务流程再造的关系是什么？

 案例分析

海尔以"市场链"为纽带的业务流程再造

一、以"市场链"为纽带的业务流程再造提出背景

以信息技术、网络技术为代表的高新技术正快速把企业带入一个新经济时代，企业经营国际化、全球经济一体化已成为主流趋势。在这种形势下，企业只有满足用户的个性化需求，才能从根本上赢得市场竞争的优势。这就要求企业的生产能力、布局、组织结构及员工素质必须适应个性化的市场要求。个性化不是一句空话，没有与个性化需求相适应的员工创新力和责任心的提升，企业就谈不上竞争力，更谈不上与国际化大企业的竞争，而解决这些问题的根本在于从组织结构层次上对原有的业务流程进行重新设计和再造，提升业务流程适应市场的速度，在流程上与国际接轨；从员工层次上提升员工的责任心和创新能力，建立起员工的责任心和个性化需求有机联系的管理创新机制。海尔业务流程再造就是在这种背景下提出的。

二、以"市场链"为纽带的业务流程再造的内涵

1. "市场链"与业务流程再造的含义

"市场链"主要是指把市场经济中的利益调节机制引入企业内部，在集团的宏观调控下，把企业内部的上下流程、上下工序岗位之间的业务关系由原来单纯的行政关系转变成平等

的买卖关系、服务关系和契约关系，通过这些关系把外部市场订单转变成一系列内部流程订单，形成以订单为中心、上下工序和岗位之间相互咬合、自行调节运行的业务链。

业务流程再造是指从根本上对原来的业务流程进行彻底的重新设计，把直线职能型的组织结构转变成平行的流程网络组织结构。它强调以首尾相接的、完整连贯的整合性业务流程取代过去的被各种职能部门割裂的、不易看见也难于管理的破碎性流程。每个业务流程都有直接服务的顾客；领导面对的是市场和顾客，而每一位员工同样面对着市场和顾客；每个业务流程都具有高度的决策自主权；每个业务流程的经营效果都可以用货币计算；企业的产品质量、成本和周期等绩效指标取得了显著的改善。

2. 以"市场链"为纽带的业务流程再造的含义

以"市场链"为纽带的企业业务流程再造是指把"市场链"和业务流程再造有机集成，以索酬、索赔和跳闸为手段，以流程再造为核心，以订单为凭据，重新整合管理资源与市场资源，在全方位优化（overall every control and clear，OEC）管理平台上形成每个人（流程）都有自己的顾客、每个人（流程）都与市场零距离、每个人（流程）的收入都由"市场"来支付的管理运营模式。

其具体有以下几个特征。

（1）以 SST 为手段。所谓 SST，是指索酬、索赔、跳闸这三个词的第一个拼音字母的缩写，其中跳闸是指在订单履行的过程中出现问题时，由利益相关的第三方制约并解决问题。再造后形成的业务流程体系通过索酬、索赔和跳闸手段，形成业务流程"市场链"，在每个流程内的上道工序岗位与下道工序岗位通过索酬、索赔和跳闸手段，形成岗位之间的"市场链"。

（2）以流程再造为核心。流程再造从根本上对原来的组织结构进行重新设计和整合，从原来的直线职能型的组织结构转变成平行的流程网络组织结构，优化管理资源和市场资源的配置，实现组织结构的扁平化、信息化和网络化，从组织结构层次上提高企业管理系统的效率和柔性。

（3）以订单为凭据。企业从外部市场获得订单开始，以完成客户订单为目标，根据业务流程顺序分解成一系列内部流程订单，通过内部流程订单的履行达到完成终端客户的订单目标，流程之间以订单为凭据，形成市场契约关系。

（4）以 OEC 管理为平台。OEC 管理贯穿企业整个内部市场链，流程之间的内部订单履行以 OEC 管理为保障，通过索酬、索赔和跳闸手段，在规定的时间、地点和条件下迅速完成订单的各项内容。

（5）以追求顾客满意度最大化为目标。通过"市场链"把终端客户的满意度无差异地传递给每一个业务流程和岗位，使每一个流程都有自己的直接顾客，每一个流程都与市场零距离。流程的工作方式是针对顾客的要求主动做而不是向上级请示后再做，从而快速满足顾客的个性化要求。

（6）价值分配市场化。业务流程再造后所有的业务流程与岗位的收益不再是"大锅饭"，而是全部由自己服务的顾客来支付。

三、以"市场链"为纽带的企业流程再造的主要内容与做法

（一）构建内部业务流程及其经营关系

1. 集团内部的核心流程和支持流程的建立

组织结构调整以前，海尔集团为传统的事业部制结构，集团下设 6 个产品本部，每个

产品本部根据具体产品分设产品事业部，各事业部内分别设有资材、规划、财务、劳人保、销售、法律、科研、质管、文化、设备、检验等职能处室。同时集团下设规划、财务、人力、法律、营销、技术、文化、保卫八大职能中心，它和事业部下属的职能处室是传统的行政关系；产品本部和产品事业部是行政隶属关系；产品事业部是独立核算单位，它和下属职能处室是行政隶属关系。在这种组织机构下，集团是投资决策中心，本部是经营决策中心，产品事业部是利润中心，分厂是成本中心，班组是质量中心。这样形成的业务流程是纵向一体化的结构。

海尔集团根据国际化发展思路对原来的事业部制的组织机构进行战略性调整。

（1）把原来分属于每个事业部的财务、采购、销售业务全部分离出来，整合成独立经营的商流推进本部、物流推进本部、资金流推进本部，实行全集团范围内统一营销、统一采购、统一结算。

（2）把集团原来的职能管理资源进行整合，如人力资源开发、技术质量管理、信息管理、设备管理、法律、保卫等职能管理部门全部从各个事业本部分离出来，以集团的职能中心为主体，注册成立独立经营的服务公司。

（3）把这些专业化的流程体系通过"市场链"连接起来，设计索酬、索赔、跳闸标准。整合后集团形成直接面对市场的、完整的物流、商流等核心流程体系，以及资金流、技术质量管理、人力资源、设备管理等支持流程体系。经过对原有的职能结构和事业部的重新设计，把原来的职能型的结构转变成流程型网络结构，垂直业务结构转变成水平业务流程，形成横向网络化的新业务流程。这种结构实现了企业内部和外部网络相连，使企业形成一个开放的而不是封闭的系统，这个开放的系统通过整合各方面的资源来达到满足顾客需求的目的，从而实现与顾客零距离。

2. 核心流程和支持流程内部的流程的建立

（1）核心流程内部的流程的建立（以商流为例进行说明）。

商流内部设立企划部、市场资源部、广告部和全国各地工贸公司。全国各地工贸公司设置产品线和区域线。这样商流内部便形成以产品线、市场资源部、区域线为核心流程，以企划部和广告部为支持流程的横向网络化结构。在商流的核心流程当中，产品线主要负责市场订单的获得和产品的直销工作；市场资源部主要负责营销渠道的建设和管理；区域线主要负责商业单位订单执行及回款的控制。在商流的支持流程中，企划部主要负责订单的分解及商流的总体规划；广告部主要负责集团广告的策划和媒体管理。

（2）支持流程内部的子流程的建立（以人力资源开发中心为例进行说明）。

人力资源开发中心内部设立生产效率组、市场效率组、培训部。这样人力资源开发中心内部形成以生产效率组和市场效率组为核心流程，以培训部和中心人力主管为支持流程的内部业务流程。生产效率组长和市场效率组长分别通过现状的调查研究，从市场（生产效率组的市场指各产品事业部，市场效率组的市场指商流、物流、资金流）获得需要提高效率的订单，将订单传递给人力主管和人事、分配、用工、培训管理员，由他们操作完成订单，满足顾客需求，从而获得报酬，这样就形成人力资源开发中心的核心流程。在核心流程的业务操作过程当中，人力主管、分配管理员、用工管理员、人事管理员要分别从中心主管（包括中心效率主管、分配主管、用工主管和人事主管）获得信息、政策及平台等方面的支持；培训管理员需要从培训部获得培训课题、教材、设备等方面的支持。这样就形成了以中心人力主管和培训部为主的支持流程。

3. 流程的岗位负债经营机制的确立

海尔提出了负债经营机制。负债经营的过程是：首先确定负债资源，建立负债经营计算平台，对比国际先进水平、本企业上一年度最高水平，确定资源增值的目标，然后通过竞标的形式确定经营自我的创新主体，创新主体与下一流程签订负债经营合同，明确 SST 标准；最后创新主体利用创新的工作方式去经营负债资源，达到资源增值的目标。负债经营思想可以用图 9.11 表示。

4. 建立内部价格体系

下面仅列举几个主要流程之间的内部价格体系的建立，其他流程之间的价格体系雷同。

产品事业部与商流的价格体系是以整合前产品事业部的销售费用占销售额的比例作为基数（以后以上一年度的销售费用作为基数），双方通过协商确定新的折扣比例，核算出商流从产品事业部的采购价，即采购价=产品市场价格×（1-折扣比例）。

产品事业部与物流的价格体系是根据以前产品事业部每批次采购物品所需的采购费用作为基数（以后以上一年度的采购费用作为基数），双方通过协商确定新的折扣比例，核算出产品事业部从物流的采购价，即采购价=物流采购价×（1+折扣比例）。

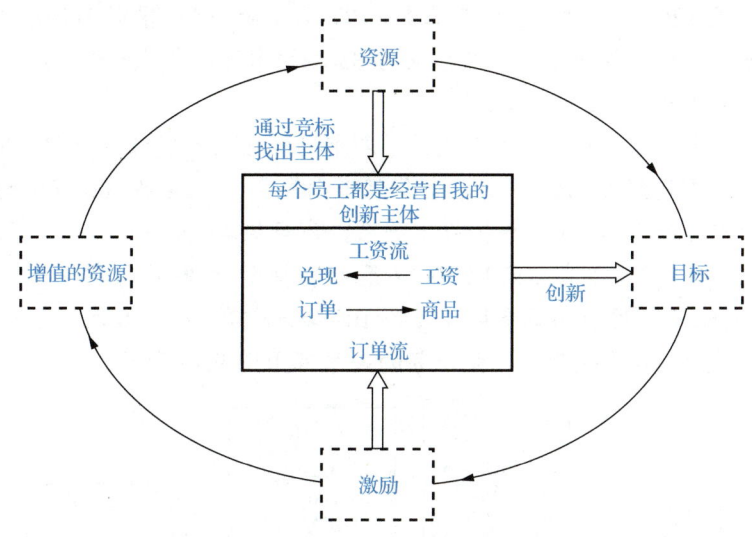

图 9.11 负债经营思想示意图

人力资源中心与产品事业部的内部价格体系是以由于人力资源中心的服务而提高生产效率从而降低的成本作为基数，双方通过协商确定一个比例和基数相乘得出的数额，作为人力资源中心应得的报酬。

研发中心与产品事业部的内部价格体系是以研发的新产品带来的新增利润作为基数，双方通过协商确定一个比例和基数相乘得出的数额，作为研发中心应得的报酬。

5. 建立流程（岗位）的业绩评价体系和价值分配体系——"市场"工资模式

流程再造前后业绩评价和分配体系截然不同，以海外出口为例。

假设以一个 100 万元的订单计划，对应酬劳为 100 元的订单流为例来描述整合前后的流程（岗位）业绩评价体系和价值分配体系的变化。

假设完成 100 万元订单的三个流程——市场经理、备货经理、商务经理，分别占工作的 50%、30%、20%（此比例的分解在实际操作中主要依据海尔集团的计效联酬和点数工资方案中各岗位之间的计效货点数关系确定）。市场经理从市场获得了 100 万元的订单，把订单转化到备货经理；备货经理根据订单计划完成 100 万元产品的备货；但是商务经理却由于自己的原因只完成了 85 万元的订单出运，如图 9.12 所示。

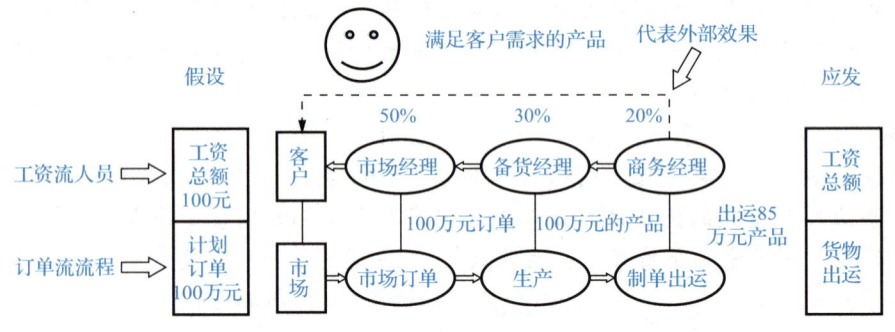

图 9.12　原来分配体系

在整合前，三者的收入分别为：市场经理 100 元×50%＝50 元；备货经理 100 元×30%＝30 元；商务经理 85 元×20%＝17 元。合计企业支出 97 元工资，但是根据 100 万元订单对应 100 元的关系，根据实际市场效果企业只应该支付 85 元的工资，也就是说，企业在这种评价体系和分配体系下多支出了 12 元的工资。

在整合后，三者成为一种"购买"关系，即市场经理向备货经理提供 100 万元的订单，备货经理应该支付市场经理酬劳 50 元；备货经理向商务经理提供 100 万元的货物，商务经理应该支付备货经理酬劳 80 元。根据以上关系，商务经理实际出运 85 万元货物，应该获得 85 元酬劳，用来"购买"备货经理 100 万元的货物用掉 80 元，实际获得酬劳 5 元；备货经理得到 80 元酬劳，用来购买市场经理的 100 万元订单用掉 50 元，备货经理实际得到 30 元；市场经理得到 50 元酬劳。这些酬劳的关系可用图 9.13 所示。

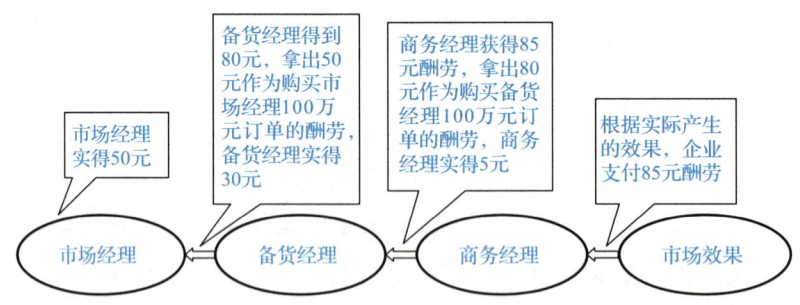

图 9.13　酬劳示意图

6. 以 OEC 作为业务流程的基础管理

OEC 管理是海尔集团业务流程再造的一个主要平台，无论是流程管理，还是岗位管理，无论是负债经营，还是市场链，都是以 OEC 为基础和保障的。OEC 的核心体现在每一个岗位、每一个流程都有一个 3E 卡。总之上述措施的实施都离不开 OEC 管理。

（二）流程和资源的整合

1. 支持流程与核心流程的整合

支持流程必须要向核心流程提供信息、服务和有效的指导，核心流程才能在外部市场上取得更好的销售成绩，才能据此付费给支持流程，两个流程之间的关系是相互支持、相互制约、互为"市场"。它们之间的关系是契约关系。

业务流程再造前后职能管理业务发生了一系列变化，职能部门过去主要是行使管理职能，整合后职能部门变成独立核算的服务型公司，主要是行使服务职能。只有被服务单位对服务效果认可了，才能从被服务单位获得报酬。以人力资源部门为例，人力资源开发中心和技术中心流程整合前后的对比如表 9.2 所示。

表 9.2　人力资源开发中心和技术中心流程整合前后的对比

部门	对比内容	整合以前	整合以后
人力资源开发中心	职能	职能指导、监督作用：发现并纠正各单位劳动人事管理过程中出现的问题	职能服务作用：为各单位提供劳动人事管理、效率提高等服务，各单位在劳动人事管理过程中出现的问题是本部门内部的问题
	职责	（1）负责各单位的劳动人事管理总体指导政策的制定；（2）监控指导各单位进行劳动人事管理，发现管理过程中的问题并指导纠正；（3）监督指导各单位员工培训工作	（1）负责提高各单位效率，效率提高得到单位的认可后可获取酬劳；（2）负责各单位劳动人事管理工作，如果管理中出现问题将被索赔；（3）负责依据各单位提出的培训要求，设计培训课题，并组织进行培训，培训效果达到各单位的要求，将获取酬劳，否则将被索赔
	经济关系	由集团支付所有费用开支，旱涝保收	用获取的酬劳支付费用开支

2. 外部市场资源与内部流程的整合

海尔集团在 1999 年分别成立了物流本部和商流本部，是为了最大限度地整合市场资源，大幅度降低运营成本，取得整合的集成效益。整合包括：一是物流与供应商的"市场链"整合，实施全球化规模采购，借力整合邮政配送网络；二是商流与销售渠道的"市场链"整合，海尔集团提出了"商家设计，海尔制造"的与市场零距离的营销模式。

（1）物流与分供方的整合机制——以时间换空间。首先是整合采购，将集团所有事业部的物资集中采购，通过规模优势，在全球范围内采购质优价廉的零部件，既降低了产品成本和提高了产品竞争力，又保持了产品质量的一致性。有的供应商还直接参与海尔的产品设计，通过与国际化供应商建立起密切的合作伙伴关系，实现了采购 JIT。其次在内部实施 ERP 管理系统，通过以 ERP 为后台的 B2B 网上采购与网上招标、网上支付，实现集团内部生产、库存、销售、财务、人力资源与外部供应商和分销商信息的共享计划，最大限度地缩短采购周期。在储运方面，统一运输，优化运输网络，通过 SST 机制整合邮政配送网络，为零距离销售提供了保证。在生产物资配送方面，实施 JIT 配送，加快了库存资金的周转速度，减少了呆滞物资。

（2）商流与销售渠道的"市场链"整合——以空间换时间。商流在内部业务流程整合的基础上，形成了能满足顾客个性化需求的开发设计系统、柔性制造系统，以及能使信息增值的电子商务系统，提出了基于电子商务平台的"商家设计，海尔制造"的与市场零距离的营销模式，最大限度地整合了企业外部市场资源。这种"商家设计、海尔制造"的营销模式实质上就是海尔商流充分整合营销渠道的市场优势和了解顾客的优势，把这种优势通过"市场链"的整合无差异地传递给海尔，实现海尔与市场的零距离。

资料来源：海尔集团官网。

讨论题：

1. 供应链管理与业务流程重组有什么关系？
2. 供应链管理环境下企业业务流程再造的实施过程主要有哪些步骤？

第十章　供应链绩效评价

【学习目标】

➤ 理解供应链绩效评价的意义、特点、原则和基本内容。

➤ 了解供应链绩效评价的影响因素。

➤ 理解并掌握常用的几种供应链绩效评价模型。

➤ 掌握供应链绩效评价指标体系的构建方法。

【知识架构】

绩效评价的概念

供应链绩效评价的特点

供应链绩效评价的作用及原则

供应链绩效评价的内容

供应链绩效评价与企业绩效评价异同

供应链绩效评价概述

平衡计分卡

供应链运作参考模型

标杆法

物流计分卡

供应链绩效评价模型

供应链绩效评价

供应链绩效评价的影响因素

外部因素

内部因素

侧重角度

供应链绩效评价指标体系

构建原则

选取过程

供应商绩效评价指标

销售商绩效评价指标

核心企业绩效评价指标

蚂蚁的故事——认识绩效考核的真正意义

小蚂蚁每天很早上工，而且一来就开始做事，他生产效率很高而且工作愉快。作为老板的狮子一直很奇怪为什么蚂蚁能自行工作而不用监督。他认为在没有监督的情况下小蚂蚁的生产效率这么高，如果有人监督他的工作生产效率应该会更高，因此他招募了有专家经验的蟑螂作为监督员，蟑螂以撰写优良报告而著称。

蟑螂的第一个决定是设立打卡计时系统。他需要一个秘书帮他录入报告。他招募了蜘蛛替他管理档案和监听电话，狮子对蟑螂的报告非常满意，并要求他用图表来分析生产效率和变化趋势，以便他在董事会上做汇报。因此蟑螂必须买一台新的电脑和打印机，并招募苍蝇来管理咨询部门。

曾经很有生产效率和积极性的蚂蚁，恨透了这些占据他大部分时间的文件作业和会议。狮子决定任命蝉作为蚂蚁工作的部门的负责人。蝉的第一个决定是为办公室新买一张地毯、一把舒适的椅子，又要了一台电脑，还从原来部门带过来一位助理帮助他处理文件和制订预算控制计划。蚂蚁工作的部门现在是一个令人郁闷的地方，不再有人笑，而且大家都变得很抓狂。

于是，蝉说服狮子开始进行组织氛围调查。在检查了蝉的部门的运作费用后，狮子发现生产效率大大下降。于是他决定招募有名望和眼界的顾问猫头鹰来稽核并寻求解决之道。猫头鹰在部门待了三个月之后给出了一份调查报告，结论是：部门人员过多。

于是狮子决定进行裁员。当然首选就是小蚂蚁，因为他进度缓慢而且态度消极。

第一节　供应链绩效评价概述

任何管理工作都要通过对该工作产生的效果进行度量和评价，据此判断这项工作的绩效及其存在的问题。21 世纪的竞争是供应链与供应链之间的竞争，因此供应链绩效评价成为关键。供应链绩效评价既是判断供应链有效性的基本手段，也是供应链绩效改进的基本前提。

一、绩效评价的概念

绩效评价（performance evaluation）是指运用一定的技术方法，采用特定的指标体系，依据统一的评价标准，按照一定的程序，通过定量、定性分析，对业绩和效益做出客观、标准的综合判断，真实反映现实状况，预测未来发展前景的管理控制系统。

绩效评价的过程主要包括绩效指标定义、分析和报告、评价和改进 3 个阶段，这 3 个阶段循环往复，不断升级。绩效评价模型如图 10.1 所示。

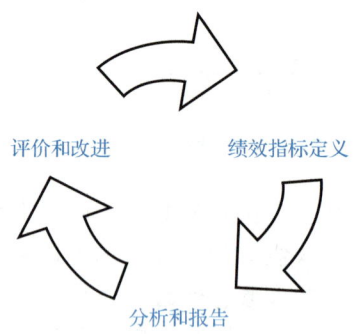

图 10.1　绩效评价模型

绩效评价的目的主要有两个：一是判断各方案是否达到了预定目标，能否在满足各种内外约束条件下实现系统的预定目标；二是按照预定评价指标体系评出方案的优劣，做好决策支持。

供应链绩效评价应围绕供应链系统来进行。具体来说，绩效评价包括以下几个步骤。

（1）建立绩效评价体系。

（2）选择评价指标集。

（3）选定评价模型。

（4）确定评价方法。

（5）评价实际绩效，撰写评价报告。

（6）根据评价建议对评价对象进行改进。

二、供应链绩效评价的特点

供应链绩效评价特点、
指标体系及方法

　　根据供应链管理运行机制的基本特征和目的，供应链绩效评价指标应该能够恰当地反映供应链整体运营状况，以及上下节点企业之间的运营关系，而不是孤立地评价某个节点企业的运营情况。例如，对于供应链上的某个供应商来说，该供应商所提供的某种原材料价格很低，如果仅以这一点作为评价指标，就会认为该供应商的运营绩效较好。如果其下游节点企业仅考虑原材料价格，而不考虑原材料的加工性能，就会选择该供应商所提供的原材料，如果这种原材料的加工性能不能满足该节点企业的生产工艺要求，势必要增加生产成本，那么节约的采购成本就被增加的生产成本抵消。所以，评价供应链绩效，不仅要评价各节点企业的运营绩效，还要考虑各节点企业对其相邻节点企业或整个供应链的绩效影响。

现行企业绩效评价主要是基于部门职能的绩效评价，不适用于对供应链绩效的评价。供应链绩效评价是基于业务流程的绩效评价。基于职能的绩效评价指标和基于供应链业务流程的绩效评价指标的构成情况分别如图 10.2 和图 10.3 所示。

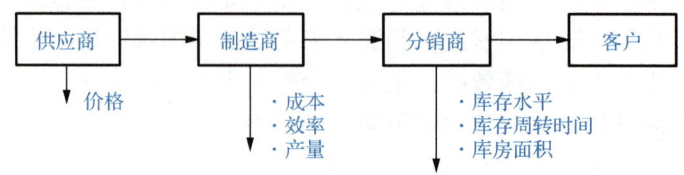

图 10.2　基于职能的绩效评价指标构成

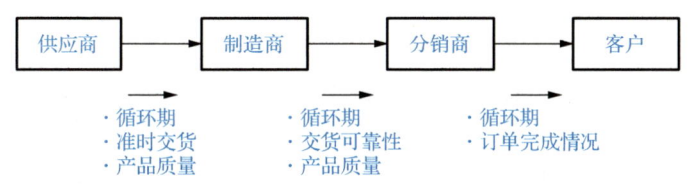

图 10.3　基于供应链业务流程的绩效评价指标构成

三、供应链绩效评价的作用及原则

1. 供应链绩效评价的作用

为了能够评价供应链的运营给企业群体带来的效益，就得对供应链的运营状况进行必要的度量，并根据度量的结果对供应链的运行绩效进行评价。供应链绩效评价主要有以下作用。

（1）供应链绩效评价具有统一客观的参照体系，有利于消除和减少由于主观因素带来的不公正、不全面、不客观现象。

（2）通过供应链绩效评价，有利于及时发现供应链运作过程中存在的问题，为供应链管理的合理性和可行性提供依据。

（3）通过供应链绩效评价，有利于帮助供应链节点企业树立正确的价值观和行为取向，尽可能减少供应链总成本。

（4）通过供应链绩效评价，有利于监督和控制供应链运营的效率，充分发挥供应链管理的作用。

总之，供应链绩效评价是对供应链整体运营状况和供应链节点企业之间的运营关系进行评价。供应链绩效评价的最终目的不仅是获得企业或供应链的运营状况，更重要的是优化企业或供应链的业务流程，它为供应链管理体系的优化提供了科学的依据。

2. 供应链绩效评价的原则

在实际操作中，为了建立能有效评价供应链绩效的指标体系，应遵循以下原则。

（1）突出重点，要对关键绩效指标进行重点分析。

（2）采用能反映整个供应链业务流程的绩效指标体系。

（3）能反映整个供应链的运营情况，而不是仅反映单个节点企业的运营情况。

（4）尽可能采用实时分析与评价的方法，绩效指标能反映供应链实时运营状况，因为这要比仅做事后分析有价值得多。

（5）在衡量供应链绩效时，要采用能反映供应商、制造商以及用户之间关系的绩效评价指标，把评价的对象扩大到供应链上的相关企业。

（6）能够为建立供应链协调机制提供依据，实现各节点企业间近期利益和远期利益的统一。

四、供应链绩效评价的内容

进行供应链绩效评价时，以企业为分界点，通常将具体评价内容分为以下 3 个方面：内部绩效评价、外部绩效评价和供应链整体绩效评价。

1. 内部绩效评价

内部绩效评价主要是对供应链中各节点企业的内部绩效进行评价，主要包括以下评价内容。

（1）完成特定运营目标所发生的成本。

（2）供应链内部企业满足客户或下游企业需要的相对能力。由于难以定量地衡量，一般以订单处理、服务反馈周期等指标作为补充指标。

（3）产品的投入与产出之间的相对关系。

（4）企业设施和设备等资产及流动资本的使用情况。

（5）质量评价，主要用以确定企业物流活动的效率，通常根据完美订货率来衡量。完美订货率关注的是整体的物流绩效，代表着理想的绩效。

2. 外部绩效评价

外部绩效评价主要是对供应链中企业之间运营关系的评价，主要包括以下评价内容。

（1）客户满意度，主要通过企业和行业组织调查或者系统的订货跟踪实现。由于难以精确地定量衡量，一般以可靠性、订发货周期、信息的可用性、问题解决的及时性等指标作为补充。

（2）最佳实施标杆。以行业内公认的供应链运作最优秀的企业为标杆，通过对比组织指标上的实施和程序，衡量企业自身的综合绩效。越来越多的企业应用最佳实施标杆，将它作为企业与竞争对手或最佳企业比较的指标，特别是一些供应链核心企业在重要的战略领域将其作为检验供应链运营绩效的指标。

3. 供应链整体绩效评价

供应链整体绩效评价主要包括以下内容。

（1）供应链成本。与内部绩效评价中的成本不同，供应链整体绩效评价中的成本是总成本，一般包括订货成本、原材料成本、运输成本、生产成本及库存成本等。

（2）供应链效率。评价内容包括库存周转率、供应链响应时间。库存周转率高意味着库存管理良好，供应链响应时间短能够更快地满足市场变化。

（3）资产利用度。资产利用度体现资产在供应链运营中的利用程度，如固定资产利用率。

五、供应链绩效评价与企业绩效评价的异同

供应链绩效评价的侧重面与传统绩效评价相比发生了较大的变化。第一，加强了对于运作的评价，不但对成本有一定的要求，而且时间、地点、柔性也成为关注的重点。第二，扩展了企业产品以及运作的框架内涵，注重技术、人力资源的集成，流程改进和创新是关键。第三，认识到最优业绩是不断改进和发展的结果。

就绩效系统本身而言，传统的绩效评价系统过于看重成本指标，全面性不足，与供应链管理的目标难以取得一致，同时较少地考虑不确定因素对于供应链绩效的影响。

企业绩效评价主要基于财务指标评价企业经营状况和企业发展潜力。财务会计中的财务目标和股东利益最大化依然是许多企业经营的主要目标。但是，对于整个供应链的绩效

评价，单纯的财务指标评价已经不能满足实际操作的需要，主要体现在以下几点。

（1）财务指标的计算数据来自历史的会计数据，通过过去的运营报表得出。这种历史导向的评价难以适应供应链管理的敏捷性和前瞻性特点。

（2）财务指标集中于评价企业的收益成本方面的绩效，忽略了重要的、战略性非财务指标，如客户忠诚度、服务水平、产品质量等。

（3）财务指标缺乏实时性，不能随时提供反映生产经营状况的信息，对战略执行缺乏实效。

不同行业的企业为了同一个目的，可以形成一个供应链。但是，企业生产经营具有多样性，可能涉及多个供应链。财务指标反映的是单个企业的经营状况，不利于准确反映整个供应链的绩效。绩效评价指标之间缺少平衡，虽然有的绩效评价系统已经引入非财务指标，但是缺乏系统性，导致指标重叠，评价效果与目标偏差较大。在供应链环境下，对于制造、分销的日常控制使用非财务指标，而在战略决策时则多使用财务指标。供应链管理的战略目标要通过各级指标逐级反馈得到，有必要对各级指标进行分类。

供应链绩效评价指标比企业绩效评价指标更为集成化。这既可以反映整个供应链的运行状况，同时也可以诊断单一企业内部的绩效问题，具体表现如下。

（1）供应链绩效注重组织的未来发展性，加强了绩效评价的前瞻性。

（2）供应链绩效评价除了对企业内部运营进行评价，更多地注意外部监控，以保证企业内外部在绩效上达到一致。

（3）既关注非财务指标又关注财务指标，关注供应链的长期发展和短期利润的有效组合，实现两者之间的有效传递。

（4）供应链绩效评价系统注重指标之间的平衡。

第二节　供应链绩效评价的影响因素

一、供应链绩效评价的外部因素

1. 行业特征

供应链所涉及的行业特征使得供应链管理绩效评价的差别很大。例如，对于制造业，其供应链管理的侧重点在于采购过程及物料管理，其管理的逻辑是从传统内部行为扩展至企业外部，达到和战略合作伙伴共同发展的目的。而对于仓储、零售业，其供应链管理的侧重点则在于运输和物流管理，将过去狭窄的企业物流部门扩展为从供应商到客户的物流价值链，有效的商品分销和物流组织是业务流程的主要组成部分。这两种行业的供应链管理内容和方法有所不同，因此，其绩效评价的侧重点也有所不同。

2. 竞争者

竞争者的技术优势、业务流程的革新、人力资源的整合都是影响供应链绩效的因素。一般很难用数学分析的方法准确掌握竞争者的优势所在，但是作为供应链绩效的影响因素，一般情况下都是从客户的角度出发，利用标杆法对供应链中的非增值活动进行分析，找出竞争者在可能的领域对供应链的潜在威胁和机遇，从而提出供应链改进的目标和方向。

3. 技术

技术主要是在产品或服务以及信息流上对供应链的绩效产生影响。不断出现的新技术对于产品开发的影响很大，先进的信息技术也使供应链管理效率不断提高。此外，新技术的推出也使以往在实践中难以实施的绩效评价变得容易进行。

4. 经济及社会环境

经济及社会环境包括世界范围内的经济前景和政治环境。经济压力迫使供应链降低成本以面对世界范围的竞争，而良好的供应链管理可以帮助降低成本。社会环境的变化对于供应链合作伙伴关系也会产生重要的影响。另外，全球性供应链在不同的国家或地区的工业结构、经济发展阶段、客户要求等因素的影响下，会出现不同的绩效目标。

二、供应链绩效评价的内部因素

1. 流程机制

供应链运作的流程因其产品（服务）和客户特点不同，在业务流程的设计上也有所不同。一般可分为分散采购集中制造和集中采购分散制造两种业务流程。但是，具体采用哪一种流程，则由该供应链系统所提供的产品（服务）及客户特点而定。此外，不同的市场层面也会使业务流程有相当大的差异。不同的业务流程，其供应链绩效评价所关注的方面不同。

2. 合作伙伴

供应链关系应被看作永久的而不是临时的关系，注重长远的战略利益和整体利益，而非短期的个体利益。供应链管理实行的是要使所有参与者共赢的战略，从而使整体供应链获得更大的利润，并且处于供应链上的所有企业都能够获取自己应得的那部分利润。合作伙伴关系对于供应链响应速度、灵活性、成本等具有重要的影响。

3. 组织结构

组织结构对供应链绩效有着直接且重要的影响。首先，明确的组织结构有助于优化资源配置，能够确保供应链各环节的任务得到高效执行。其次，清晰的组织结构有助于建立有效的沟通渠道，确保信息在供应链各环节的快速传递，增强供应链的灵活性和协同性，从而更好地应对市场变化。最后，合理的组织结构设计能够简化决策流程，减少决策过程中的时间成本，对于把握市场机遇、降低风险至关重要。

4. 供应链战略

供应链绩效评价要与供应链战略目标相一致，以反映供应链战略的执行效果。在供应链发展的不同阶段，供应链绩效评价的方法和目标也不同。美国学者史蒂文森将供应链发展分为基础建设阶段、功能形成阶段、内部集成阶段、外部集成阶段 4 个阶段，供应链运作则从单一组织运营变为多组织协调。供应链绩效评价也从内部单一评价扩展为多方共同评价。

5. 企业在供应链中位置

企业在供应链中所处的位置不同，对绩效的评价要求不同。例如，供应商更注重产品质量和交货可靠性，地区分销商更注重所提供的产品价格和种类，而本地分销商更注重送货速度和服务水平等，如图 10.4 所示。

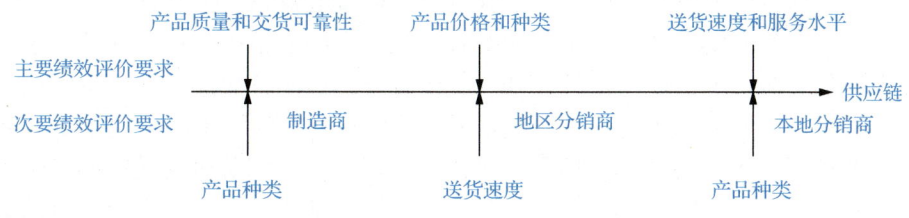

图 10.4　供应链中不同企业对绩效的评价要求

三、供应链绩效评价的侧重角度

1. 物流角度评价

供应链和物流系统是统一的。物流的改进对于提高整个供应链的客户服务水平，降低供应链整体库存和成本都起着很大的作用。从物流角度评价供应链主要包括以下几个方面。

（1）速度。物流速度就是物流业务中数据传递、计划调整及执行的速度。其中，数据传递速度指关键业务数据（如计划、预测）的传递速度；计划调整速度指计划重新制订的速度，以及运输能力和产品调整能够跟上计划变动的能力；执行速度指通过减少制造、包装、运输的时间，缩短提前期，以最快的速度满足客户的要求。

（2）可变性。增加对客户需求变动的柔性处理，以及满足客户定制化、运输要求变动的能力。

（3）可视性。物流可视性描述了员工参与内部计划信息，与合作伙伴的信息相互共享，以及合作伙伴访问企业内部数据库获取相关信息，这是为了实现供应链整体运作。

2. 供应链的采购、供应角度评价

供应链管理与从传统采购物料部门演化而来的供应集成战略是相同的。它的思想是扩展传统企业的外延，寻求建立供应链战略合作伙伴关系，实现具有共识的优化和效率目标。该角度评价主要包括以下内容。

（1）提前期的评价。采购提前期是一种反映组织经营效率的指标，它是指从发出采购订单到该订单产品交付的整个周期。过长的提前期意味着供应链管理的成本高昂。缩短提前期可能会涉及工作日历、生产准备期、停机时间、运输及配送时间等一系列时间的调整。

（2）成本的评价。成本无疑是供应链绩效评价中非常核心的内容。采购方和供应方之间的交易费用、库存费用及运输费用是供应链运营成本的重要组成部分。采购方式、库存策略、网络布局及路由选择等对供应链运营成本具有重要的影响。

3. 供应链组织角度评价

供应链组织和业务流程再造关系密切，在构建特定的供应链组织结构的基础上，供应链组织绩效对整个业务流程再造效果十分重要。供应链组织绩效评价主要包括以下内容。

（1）柔性。供应链的组织形式就是为了能够更好地适应激烈竞争的市场，提高对用户的服务水平，及时满足用户的要求。为了提高供应链的柔性（灵活性），还需要 Internet、Intranet、EDI 等信息技术的支持，以提高市场信息在供应链中的反馈速度和供应链中各企业的响应速度。柔性是评价供应链组织结构合理性的一个重要指标。不同核心企业所构建的供应链组织结构也有所不同，但必须以能适应市场需求为第一标准。

（2）集成性。供应链中各成员企业的关系不同于传统的单个企业之间的关系，它集成了各成员企业的资源，能够获得优势互补的整体效益。供应链集成包括信息集成、物资集成、管理集成等。供应链集成度的高低或者说整体优势发挥的大小，关键在于信息集成。

（3）协调性。供应链的协调包括利益协调和管理协调。利益协调是在构建供应链组织结构时明确链中各企业之间的利益如何分配；管理协调则要求有适应供应链组织结构的计划和控制管理以及信息技术的支持，协调物流、资金流、信息流的有效流动，降低整个供应链的运行成本，提高供应链对市场的响应速度。

（4）简洁性。供应链是物流链、信息链，也是一条增值链，并不是任意构建的。供应链中的每个环节都必须有价值增值的作用，非价值增值环节不仅增加了供应链管理的难度，还增加了产品（服务）的成本，降低了供应链的柔性，影响供应链中企业的竞争实力。因此在设计供应链的组织结构时，必须慎重选择成员企业，严格分析每个环节是否存在真正的价值增值。

（5）稳定性。影响供应链稳定的一个因素是供应链中成员企业的稳定性。如果供应链中的成员企业不能长期合作，必然影响整个供应链的稳定性；另一个因素是供应链的组织结构，如果供应链中的环节过多，信息传递就会出现扭曲，造成整个供应链的波动，稳定性相应就差。

第三节　供应链绩效评价模型

供应链绩效评价模型是供应链绩效的核心部分，用来指导建立供应链绩效评价指标体系。常用的绩效评价模型有平衡计分卡（balanced scorecard，BSC）、供应链运作参考（supply chain operations reference，SCOR）模型、标杆法（benchmarking）、物流计分卡（logistics scorecard，LS）等。

一、平衡计分卡

1. 平衡计分卡的概念

哈佛大学教授卡普兰（Kaplan）与诺朗顿研究院执行官诺顿（Norton）于 1990 年开展了一项关于未来企业业绩评价方法的研究计划，目的是找出超越传统的以财务指标为主的业绩评价模式。平衡计分卡即从该研究计划中诞生。平衡计分卡不但完全改变了企业业绩评价思想，还推动企业自觉地建立目标管理体系，在产品、流程、客户和市场开发等关键领域获得突破性进展，从而带动了业绩评估及管理制度的一次革命。研究者认为传统的财务指标只提供了有关绩效的较为狭窄而不完整的信息，过于依赖历史数据，而这些数据又阻碍了未来商业价值的实现。因此，不能只用财务指标来评价绩效，还需要考虑能反映客户满意度、内部业务流程以及学习和成长性方面的指标来进行绩效评价。平衡计分卡的设计体现了反映过去绩效的财务评价和代表未来绩效的驱动力。因此，平衡计分卡不仅是一种新的绩效评价系统，更是一种以系统的过程来实施企业战略并获得反馈的管理系统，被称为一种革命性的评估和管理工具。

平衡计分卡通过把企业 4 个方面的绩效评价指标写在卡片上的方式，记录实际指标完成的情况，用财务指标衡量企业经营活动的结果，同时用一些重要的业务指标来补充财务指标。这些业务指标又是未来财务绩效的驱动力，使高层管理者从 4 个方面来观察企业。

2. 平衡计分卡的原理

平衡计分卡 4 个方面之间的关系如图 10.5 所示。

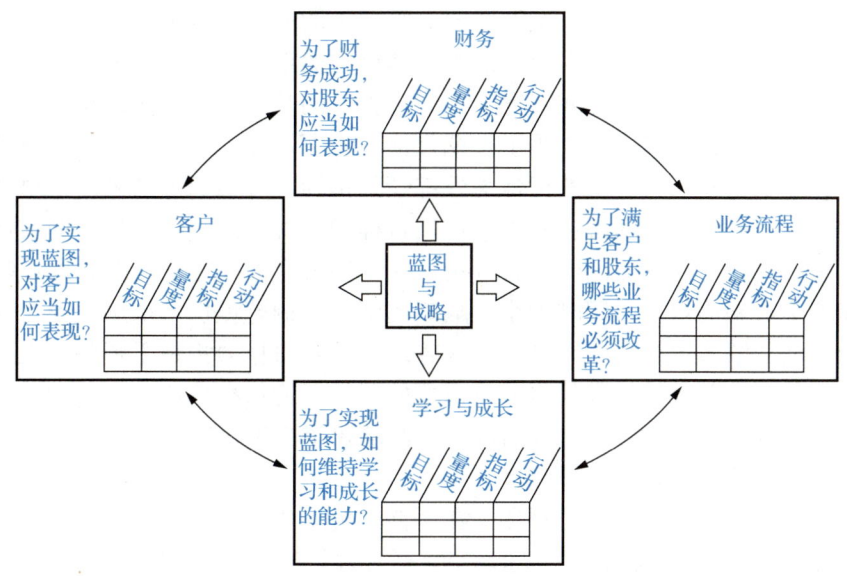

图 10.5　平衡计分卡 4 个方面之间的关系

（1）财务方面。其目标是解决"股东如何看待我们？"这一类问题。财务指标可以体现股东的利益，在平衡计分卡里，其他 3 个方面的改善必须反映到财务指标上。管理质量、客户满意度、生产率的提高必须最终转化为市场份额的扩大、收入的增加、经营费用的降低等财务成果，否则做得再好也无济于事。因此，财务方面是其他 3 个方面的出发点和归宿。平衡计分卡将财务指标作为所有目标评价的焦点。财务指标包括销售额、利润额、资产利用率等。

（2）客户方面。其目标是解决"客户如何看待我们"这一类问题。客户指标体现了企业对外界变化的反应，只有了解客户，不断地满足客户的需求，产品的价值才能够得以实现，企业才能获得持续增长的经济源泉。客户方面的指标包括客户满意度、对客户的挽留度、招揽新的客户量、获利能力和在目标市场中所占的份额。此外，还应包括客户需求的具体评价，具体包括产品质量、交货时间、服务质量、成本等方面。

（3）业务流程方面。其目标是解决"我们擅长什么"这一类问题。业务流程是指企业从输入各种原材料到企业创造出对客户有价值的产品或服务为终点的一系列活动。它是企业改善其经营绩效的重点，客户满意度、股东价值的实现都要从业务流程中获得支持。评价指标包括生产率、生产周期、成本、合格品率、新产品开发速度等。

（4）学习与成长方面。其目标是解决"我们是在进步吗"这一类问题。学习与成长是指企业创新、提高和学习的能力。企业只有不断地开发新产品，为客户提供更多价值并提高经营效率，才能发展和壮大，从而增加股东价值。学习来自 3 个主要的企业资源：员工、信息系统和企业的程序。强调员工的能力是"以人为本"的管理思想的结果。平衡计分卡前 3 个方面的目标一般会揭示人才、系统和流程的现有能力和实现业绩突破所必需的能力之间的差距，为了弥补这些差距，企业必须投资于员工培训，加强信息系统，理顺企业的日常工作流程，而这些目标都是通过学习与成长实现的。

3. 平衡计分卡的特点

为适应企业经营环境的变化，企业经营业绩评价的重心已从事后评价转到为实现企业战略目标服务，业绩评价已经成为企业战略管理过程的重要一环。而平衡计分卡的设计思路就充分体现了这一点，将企业战略置于中心位置，同时将战略转化为具体的、可测评的目标和指标。在平衡计分卡中，兼顾了长期目标与短期目标，财务目标与非财务目标，滞后型指标与领先型指标，内部绩效指标与外部绩效指标，既强调了结果，也对获得结果的动因、过程进行了分析，管理的注意力从短期目标的实现转移到战略目标的实现，从对结果的反馈思考转向到对问题原因的实时分析，从而能够全面、客观、及时地反映企业经营绩效状况和战略实施的效果，同时为企业战略的制定、调整提供了依据，使企业管理者能够快速、全面地了解企业的现状。同时企业管理者能够将精力集中于那些对企业生存、发展有关键作用的信息和数据，并且将所有重要的绩效评价指标放在一起考评，从而能注意到某一方面的改进是否以牺牲另一方面为代价，防止了次优化行为。

平衡计分卡的特点主要有以下几个。

（1）财务指标与非财务指标的平衡。在平衡计分卡中，既包括了财务指标（如营业收入、利润、投资回报率等指标），又包括了非财务指标（如客户保持率、合格品率、客户满意度等指标）。传统的绩效评价体系主要是以财务指标为主，它能够综合反映企业的业绩，与营利组织的主要目标直接联系，故容易被企业和股东所接受。但财务指标也有不足之处：财务指标本身不能揭示绩效的动因或绩效改善的关键因素；另外，财务指标主要偏重于企业内部评价，忽视了对外部环境（如客户、市场）的分析。平衡计分卡则弥补了上述不足，能够兼顾财务、客户、业务流程、学习与成长 4 个方面的内容，做到了财务指标和非财务指标的有机结合，实现了企业内部和外部之间、财务结果和这些结果的执行动因之间的平衡。这就体现了财务指标与非财务指标的平衡。

（2）结果指标与动因指标的平衡。在平衡计分卡中，既包括了结果指标，又包括了动因指标。例如，客户满意度指标能够促使企业扩大销售，从而提高企业的利润。在这里，利润作为一种结果指标，而客户满意度就是动因指标。因此，平衡计分卡不仅是重要指标或重要成功要素的集合，并且包括一系列相互联系的目标和联系方法。这些目标和联系方法不仅是一致的，而且是相互补充的。平衡计分卡包括各种重要变量之间的一系列复杂的因果关系，同时包括对结果的衡量和对业绩的影响因素，而且这些因果关系描述了企业战略的路径。

（3）长期指标与短期指标的平衡。在平衡计分卡中，既包括了短期指标（如成本、利

润等指标），又包括了长期指标（如客户满意度、雇员满意度、雇员培训次数等指标）。平衡计分卡不仅是控制行为和评估历史业绩的工具，而且可以用来阐明战略和传播企业战略，帮助衔接个人、企业及部门间的计划，以实现共同的目标。同时企业的所有成员均沿着学习与成长、业务过程、客户、财务目标这条因果关系线不断修正自己的行动，使企业成员的日常工作与企业的战略目标保持一致。因此，平衡计分卡成为联系长期战略和短期行为的桥梁，体现了长期指标与短期指标的平衡。

（4）外部指标与内部指标的平衡。在平衡计分卡中，既包括了外部指标，又包括了内部指标。例如，客户满意度是通过对客户的调查而得到的，反映了外部人员对本企业的评价，是外部指标；而合格品率、培训次数、成本、员工满意度等是企业内部对本企业的评价，是内部指标。股东和客户是外部群体，而员工是内部群体，内部战略是取得外部战略的驱动因素。针对高层管理者的平衡记分卡关注外部战略，着重于重要战略性利益相关者的目标，即股东和客户的目标，主要用外部指标来指导和检验目标实现情况；而针对基层员工的平衡计分卡则关注内部战略，主要用来诊断企业内部问题和优化内部流程，从而达到战略目标的实现及内部指标的分解。每个外部指标的背后都有若干个内部指标的支持。这就体现了外部指标与内部指标的平衡。

4. 平衡计分卡实施存在的问题

（1）平衡计分卡是一种战略管理工具，是在战略目标明确的基础上，将目标层层分解到实施部门的。如果企业自身战略目标不明确，势必给平衡计分卡的实施带来一定困难。另外，由于目前市场需求和供给变化迅速，企业的战略目标常会有改变，这使得平衡计分卡的实践效果打了折扣。

（2）评价指标中定量数据过多，造成各部门为了达到考核指标，而不惜牺牲其他方面的利益，从总体或长期来看，可能会损害企业的形象、商誉和长远利益。同时，评价指标太多太繁杂，重点不突出。

（3）评价指标的可操作性不强，有些指标不太常用，有些很难得到。

（4）指标的评价标准及计算方式有不合理的地方，造成缺乏客观公正的判断标准和依据。

（5）评价指标主要是定量指标，缺少对定性指标的评价，无法对供应链进行综合评价。

二、供应链运作参考模型

供应链运作参考模型将业务流程再造、标杆管理及最佳业务分析集成为多功能一体化的模型，为供应链管理提供了一个跨行业的普遍适用的统一标准。为了更好地理解和管理供应链，供应链运作参考模型从 5 个维度评价供应链绩效，即可靠性、响应能力、灵活性、成本和资产。其中，可靠性、响应能力和灵活性是针对企业外部的客户而言的，而成本和资产则是针对企业内部绩效而言的。例如，在供应链运作参考模型的第一层中，可靠性表现为配送绩效、供应链饱和度及完美订货率的实施；资产表现为资金流周转时间、供货的仓储天数和资产的周转。因此，对于供应链绩效应当进行多维的、全面的描述和测评，以最大限度地满足客户的需求为出发点，在提高供应链可靠性、响应速度和灵活性的同时，降低成本、加速资产的流动，以提高整体供应链的绩效。

1. 供应链运作参考模型的优点

（1）提供了一个对各行业的供应链通用的标准化模型。

（2）给出基于业务流程的供应链绩效评价角度。

（3）提供了业务流程的分解方法，在绩效目标及评价指标之间建立了相应的联系。

（4）强调供应链绩效评价与供应链实践相结合。

（5）为供应链绩效评价信息系统的标准化做出了有益的尝试。

2. 供应链运作参考模型的缺点

（1）没有指出供应链绩效评价维度之间的因果关系。

（2）没有对客户满意度进行评价。

（3）评价指标主要是定量指标，缺少对定性指标的评价，无法对供应链进行综合评价。

（4）没有从供应链未来发展的角度对供应链的可持续发展能力进行评价。

三、标杆法

标杆法是美国施乐公司建立的一种经营分析方法。20 世纪 70 年代末，施乐公司在复印机市场失去了优势地位，开始对其制造成本施行标杆法，并对制造质量及特性进行改进。施乐公司实施标杆法获得成功，之后将标杆法运用于各下属企业，使其小型复印机在市场上重新居于优势地位。目前，标杆法已在医院、银行及物流企业中得到广泛的应用，在供应链构建中的作用也日趋明显。可以说，供应链标杆法是传统标杆法进一步衍化的结果。

1. 标杆法的构成

标杆法可以概括为两部分，即最佳实践和衡量标准。所谓最佳实践，指行业中的领先企业在经营管理中所推行的最有效的措施和方法。所谓衡量标准，指真实客观地反映经营管理者绩效的一套评价指标体系，以及与之相适应的作为标杆的基准数据，如客户满意度、单位成本、周转时间及资产计量指标。

供应链标杆法是一种新型的标杆法。它将标杆法的思想贯穿于从供应商、制造商、分销商到第三方物流及最终用户的整个供应链过程，是使一个企业不断学习、改进、维持竞争力的重要手段。标杆法经常用于评价竞争对手的经营业绩，是对两个企业的绩效进行比较的方法。

2. 标杆法实施的过程

标杆法可以分为战略性标杆、操作性标杆和支持活动性标杆。标杆法的实施过程如图 10.6 所示。

供应链的流程相当复杂，需要进行标杆管理的环节很多，必须抓住关键环节，也就是确定标杆管理的优先环节。标杆法对于评价一个企业的策略、运作方式和业务流程是十分有用的，可以帮助企业检查自身的策略缺陷，明确哪些业务流程需要再造。许多企业用标杆法评价竞争对手，以便持续改进本企业的运作模式和业务流程。

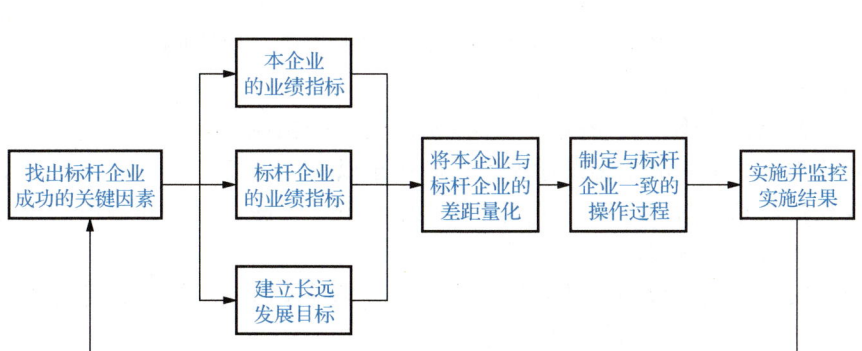

图 10.6　标杆法的实施过程

3. 实施标杆法的不足

实施标杆法有以下不足。

（1）标杆法是将本企业的业绩指标与竞争对手的业绩指标进行对比分析，因此获得竞争对手的业绩指标是关键。但目前由于市场竞争激烈，竞争对手对资料和数据较为敏感，有些关键数据很难得到。

（2）在应用标杆法的过程中，很多企业会不自觉地复制竞争对手的某些管理和操作过程，但并不是所有的竞争对手都可作为标杆企业，企业应根据自身的实际情况，选择适合自己的标杆企业。

企业运用标杆法能够发现自身的不足和需要改进的地方，因此企业应该有较为灵活的管理模式使得改进成为可能，否则标杆法只能发现不足而不能真正使企业改进。

四、物流计分卡

物流计分卡由国际物流资源公司开发。物流计分卡推荐使用一套集成的绩效指标，分成以下几个类别。

（1）物流财务绩效指标，如投资回报率及费用支出等。

（2）物流生产率绩效指标，如每小时发货数及运输工具利用率等。

（3）物流质量绩效指标，如库存精确性及运输损毁率等。

（4）物流周转时间绩效指标，如运输时间及订单接收时间等。

物流计分卡专门针对供应链物流管理中的财务、生产率、质量及周转时间等进行分析。

第四节　供应链绩效评价指标体系

一、构建原则

为了科学、客观地反映供应链的运营情况，应该考虑建立与之相适应的供应链绩效评价指标体系。供应链绩效评价指标体系应当满足重点性、通用性、成长性、科学实用、效益性、可操作性等基本原则，从而为决策者提供准确的决策依据。

（1）重点性原则。衡量供应链的绩效时，应突出重点，对影响供应链整体运行状况的关键绩效指标进行重点分析。

（2）通用性原则。不同类型或具有不同战略目标的供应链，其评价指标不尽相同，但有些指标对绝大多数供应链来说是通用的，应该予以重点考虑。

（3）成长性原则。对供应链的绩效评价不仅要分析供应链过去和当前的状况，还要研究潜在的能力和未来的发展。

（4）科学实用原则。供应链绩效评价指标应准确地反映实际情况，评价内容与评价方法相适应，以获得客观、真实的评价结果。

（5）效益性原则。评价指标体系的设计应考虑以最少的投入创造最大的产出，经济效益在评价指标体系中应处于重要的位置，这要求评价指标体系的设计要尽量简化，突出重点，从而使评价指标体系在实践中易于操作、切实可行。

（6）可操作性原则。评价指标应具有足够的灵活性，以使企业能根据自己的情况，对指标灵活运用。

二、选取过程

不同供应链有不同的战略目标，同一供应链在不同的时期也有不同的战略目标，供应链绩效评价指标必须与供应链战略目标一致。供应链绩效评价常采用平衡计分卡，而平衡计分卡的主要特点就是以战略目标为中心，它不仅提供了一种全新的绩效管理框架，同时为企业在战略管理与绩效考核之间建立联系提供了思路与方法。供应链绩效评价指标选取的第一步是确定供应链的战略目标，接下来将战略目标分解，根据供应链的核心竞争力确定绩效评价指标。供应链的核心竞争力即供应链的成功因素，将成功因素与供应链的战略目标相结合，从而确定关键评价指标。确定评价指标的过程需要结合供应链实际状况，多方搜集资料，然后对指标进行归类、分层，最后建立评价指标体系。评价指标选取过程归纳如图 10.7 所示。

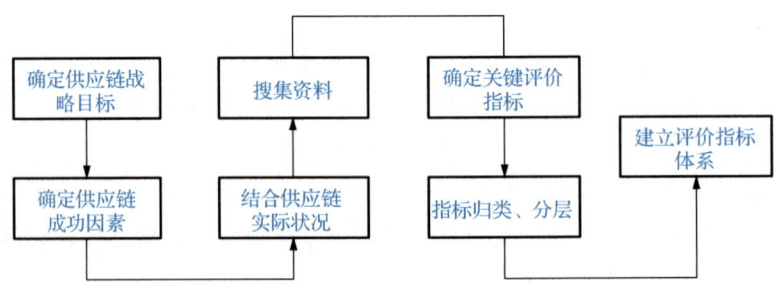

图 10.7　评价指标选取过程

三、供应商绩效评价指标

供应商处于供应链的上游，是供应链的起点，供应商提供的原材料的价格、质量以及交货期会直接影响产成品的价格和质量。对核心企业来说，考察和评价供应商最注重的是交货质量和交货的可靠性，根据供应链平衡计分卡原理，供应商绩效评价指标包括产品质量、产品价格、交货情况、财务状况、市场影响力和技术开发能力。

1. 产品质量

产品质量是从客户角度出发对供应商绩效进行考察，可以从产品合格率和返修退货率两个定量指标，以及产品全面质量管理情况和产品质量体系认证情况两个定性指标进行评价。

（1）产品合格率（rate of product qualification，RPQ）。产品合格率指一段时间内合格产品数量占总采购量的百分比。设时段 T 内核心企业向某供应商采购某产品共 N 件，其中合格产品的数量为 Q 件，则该段时间内该供应商提供产品的合格率为

$$R_{PQ} = \frac{Q}{N} \times 100\%$$

（2）返修退货率（percentage of repairing and exchanging purchase，PRE）。返修退货率指一段时间内累计返修退货数量占产品总采购量的百分比。设核心企业在时段 T 内向某供应商采购某产品共 N 件，其中返修退货数量为 R 件，则该段时间内该供应商的返修退货率为

$$P_{RE} = \frac{R}{N} \times 100\%$$

（3）产品全面质量管理情况和产品质量体系认证情况。产品全面质量管理情况和产品质量体系认证情况是企业产品质量稳定的保证，同时它们还有助于企业加强质量控制、提高质量管理水平。

2. 产品价格

供应商的价格会直接影响核心企业的成本，进而影响产品价格，所以价格也是从客户角度对供应商的评价。

（1）价格竞争优势（predominance of price）。设某供应商提供的某产品的价格为 P，核心企业需要支付的变动费用为价格的 $S\%$，同行业中该产品的平均价格为 $\overline{P}$，估计的平均变动费用为平均价格的 $\overline{S}\%$，则该供应商的价格竞争优势为

$$P_{price} = \frac{P(1+S\%) - \overline{P}(1+\overline{S}\%)}{\overline{P}(1+\overline{S}\%)} \times 100\%$$

（2）运输费用率。产品的运输费用率的计算公式为

$$运输费用率 = \frac{一定数量产品的运费}{产品数量} \times 100\%$$

3. 交货情况

交货情况是供应商及时满足客户订单的能力，即从业务流程角度出发对供应商的考察，可通过准时交货率、订货满足率两个定量指标，以及接受紧急订货的能力和应对突发事件的能力两个定性指标来描述。

（1）准时交货率（percentage of on-time delivery，POTD）。准时交货率指一段时间内供应商准时交货的次数占总交货次数的百分比。设时段 T 内某供应商准时交货次数为 V，总交货次数为 S，则该段时间内该供应商的准时交货率为

$$P_{OTD} = \frac{V}{S} \times 100\%$$

（2）订货满足率（rate of order fulfillment，ROF）。订货满足率指一段时间内实际送达的订货数量占总订货数量的百分比。设时段 T 内核心企业向某供应商订购的某产品共计 n 次，其中第 j 次的订货数量为 U，实际送达的订货数量为 E，则该段时间内该供应商的订货满足率为

$$R_{OF} = \frac{\sum_{j=1}^{n} E_j}{\sum_{j=1}^{n} U_j} \times 100\%$$

（3）接受紧急订货的能力和应对突发事件的能力。客户因特殊情况要求供应商在短时间内交付货物，以及产品在运输、交货过程中会由于客观条件出现意料之外的突发事件，供应商对这些事件的处理也能反映供应商的交货能力。

4. 财务状况

评价财务状况的指标很多，主要考虑供应商是否有足够的流动资金采购原材料，从长期来看，还要评价供应商的盈利能力和偿债能力。

（1）流动比率（liquidity ratio）。

$$\text{流动比率} = \frac{\text{流动资产}}{\text{流动负债}} \times 100\%$$

（2）总资产回报率（rate of returns of total asset）。

$$\text{总资产回报率} = \frac{\text{利润总额}}{\text{平均资产总额}} \times 100\%$$

（3）资产负债率（asset liability ratio）。

$$\text{资产负债率} = \frac{\text{负债总额}}{\text{资产总额}} \times 100\%$$

5. 市场影响力

（1）销售增长率（increase of sales，IS）。销售增长率指一段时间相对于上一段时间销售额的增长情况。设时段 T 内某供应商供应的某产品的销售额为 S_T，时段 $T-1$ 内该产品的销售额为 S_{T-1}，则该产品的销售增长率为

$$I_s = \frac{S_T - S_{T-1}}{S_T} \times 100\%$$

（2）市场占有率（percentage of market share，PMS）。市场占有率指一段时间内某供应商提供的某产品的销售额占行业内同类产品销售总额的百分比。设时段 T 内某供应商供应的某产品的销售额为 S_T，行业内同类产品的销售总额为 S，则该供应商生产的产品的市场占有率为

$$P_{MS} = \frac{S_T}{S} \times 100\%$$

6. 技术开发能力

市场影响力和技术开发能力都是从未来发展角度对供应商进行考察。

（1）科研费用率（rate of research and development expense，RRDE）。科研费用率指一段时间内科研资金占总销售收入的百分比。设某一时段内某供应商的科研经费为 E，该段时间内的总销售收入为 S_Z，则该供应商的科研费用率 R_{RDE} 为

$$R_{RDE} = \frac{E}{S_Z} \times 100\%$$

（2）新产品销售比率（new product sale ratio，NPSR）。新产品销售比率指一段时间内新产品的销售收入占总销售收入的百分比。设某一时段内某供应商的新产品销售收入为 S_N，其他产品的销售收入为 S_O，则该时段内的新产品销售比率为

$$N_{PSR} = \frac{S_N}{S_N + S_O} \times 100\%$$

（3）主要产品核心优势（定性指标），指性能、设计与外观、服务与支持等方面的优势。

（4）信息化水平（定性指标），指企业信息基础设施建设、应用系统、数据分析及信息安全方面的能力。

上述 6 个方面的内容共有 19 项具体指标，其中 6 项为定性指标，其余为定量指标。供应商绩效评价指标体系结构如图 10.8 所示。

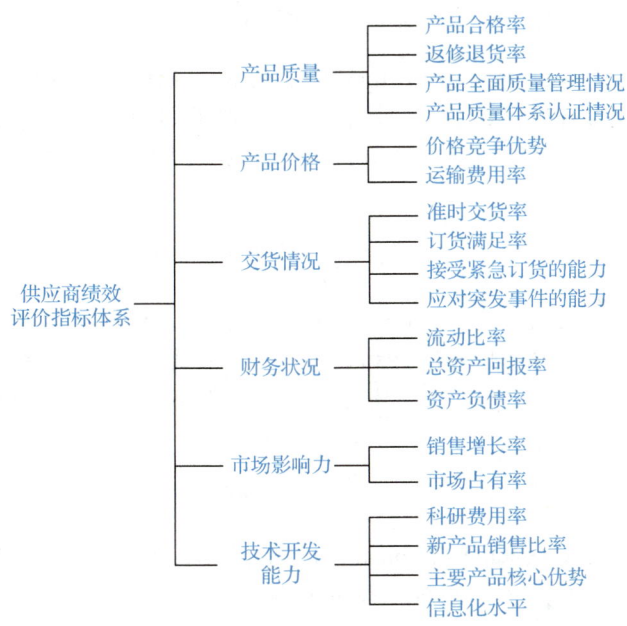

图 10.8　供应商绩效评价指标体系结构

四、销售商绩效评价指标

销售商连接供应链上游制造企业和最终用户，能把最终用户对产品的需求及时反馈给供应链上游的制造企业。通过销售商的有效运作，可以提升整个供应链的竞争力。销售商不直接使产品增值，而是通过提供物流配送、售后服务等创造价值。因此，分销过程有自身独有的特点。

（1）销售商与最终用户的联系最紧密，直接体现了供应链的服务水平，是影响客户满意度的核心因素，进而影响供应链价值的实现。

（2）销售商在供应链中起着市场信息搜集中心的作用，对信息的敏感程度及反应速度

会影响整个供应链对市场需求的响应速度，进而影响整个供应链的绩效水平。因此，销售商对市场信息的处理能力是评价销售商绩效的重要指标。

（3）销售商的财务状况对其销售的正常运转起着重要作用，因此，财务状况也是销售商绩效评价指标。

（4）销售商的信誉和形象会在很大程度上影响销售量，信誉高、形象好的销售商能拉动整个供应链的运营绩效。

销售商绩效评价指标体系包括服务可靠性、市场营销能力、财务状况、信息处理能力、企业信誉 5 个方面。

1. 服务可靠性

服务可靠性是从客户角度出发对销售商进行考察，但准时交货比率这一指标既是从客户角度出发，也是从流程角度出发对销售商的考察。

（1）准时交货率（percentage of on-time delivery，POTD）。准时交货率主要从时间角度考察销售商的送货能力，设一段时间内某销售商共发生 V 次交货，其中准时交货的次数为 S，则该段时间内销售商的准时交货率为

$$P_{\text{OTD}} = \frac{V}{S} \times 100\%$$

（2）销售损失率（percentage of losing sales，PLS）。销售损失率反映了销售商无法满足客户需求的情况。如果客户已经被承诺的需求经常得不到满足，就会使客户对销售商和产品失去信任。设一段时间内某销售商的总销售额为 S_{G}，失去销售额为 S_{L}，则该段时间内该销售商的销售损失率为

$$P_{\text{LS}} = \frac{S_{\text{L}}}{S_{\text{G}}} \times 100\%$$

（3）客户满意度（percentage of consumer satisfaction，PCS）。客户满意度是通过电话、邮件或调查问卷等方式获得客户对产品和服务的满意程度。设一段时间内对 N 个客户进行了客户满意度的回访，第 i 个客户对销售商的满意度得分为 K_i，则客户满意度为

$$P_{\text{CS}} = \frac{\sum_{i=1}^{N} K_i}{N} \times 100\%$$

（4）客户投诉率（percentage of consumer complain，PCC）。设一段时间内客户的总抱怨次数为 Q_{t}，总交易次数为 V_{t}，则客户投诉率为

$$P_{\text{CC}} = \frac{Q_{\text{t}}}{V_{\text{t}}} \times 100\%$$

2. 市场营销能力

（1）老客户保有率。老客户保有率指重复购买的客户数量与客户总数量的比值。

$$老客户保有率 = \frac{重复购买的客户数量}{客户总数量} \times 100\%$$

（2）新客户增长率。新客户增长率反映了产品吸引新客户的能力。

$$新客户增长率 = \frac{新客户数量}{客户总数量} \times 100\%$$

（3）市场份额。市场份额指产品销售量占市场需求量的比值。

$$市场份额=\frac{产品销售量}{市场需求量}\times100\%$$

3. 财务状况

（1）总资产回报率。总资产回报率是评价销售商资产运营绩效的指标，是指一段时间内获得的利润总额与平均资产总额的比率。

$$总资产回报率=\frac{利润总额}{平均资产总额}\times100\%$$

（2）总资产周转率。总资产周转率是综合评价销售商资产经营质量和利用效率的重要指标。计算公式为

$$总资产周转率=\frac{销售收入}{平均资产总额}\times100\%$$

（3）销售净利润率。销售净利润率是评价销售商盈利能力的重要指标。计算公式为

$$销售净利润率=\frac{利润总额}{销售收入}\times100\%$$

（4）销售增长率。销售增长率是评价销售商未来发展能力的指标。计算公式为

$$销售增长率=\frac{本期销售收入-上期销售收入}{上期销售收入}\times100\%$$

4. 信息处理能力

（1）信息实效性。信息实效性是信息及时传递的次数占总传递次数的百分比。设销售商每天向其供应链上游企业传递有效信息的次数为 N 次，其中及时传递的次数是 n_t 次，考察期为 T 天，则该时间段内销售商传递的信息实效性 P 为

$$P=\frac{\sum_{t=1}^{T}n_t}{NT}\times100\%$$

（2）信息失真率（定性指标），指在信息传递过程中，由于各种因素导致的原始信息与传递后的信息之间的差异程度。

5. 企业信誉

（1）还贷比率。还贷比率指企业到期偿还贷款的比率。设一段时间 T 内，销售商贷款到期数量为 N_{loan} 个，企业还清贷款数量为 N_{rloan}，则还贷比率 R_{LL} 为

$$R_{LL}=\frac{N_{loan}}{N_{rloan}}\times100\%$$

（2）履行合约率。履行合约率用于评价销售商对合约的执行、完成情况。设一段时间 T 内，销售商的合约数量为 N_c，违约次数为 N_{vc}，则履行合约率 R_{PC} 为

$$R_{PC}=\left(1-\frac{N_c}{N_{vc}}\right)\times100\%$$

（3）行业地位。行业地位用于评价销售商在行业内的影响度。该指标取决于企业规模、企业实力、销售连锁店的位置等因素，属于定性指标。

销售商绩效评价指标体系结构如图 10.9 所示。

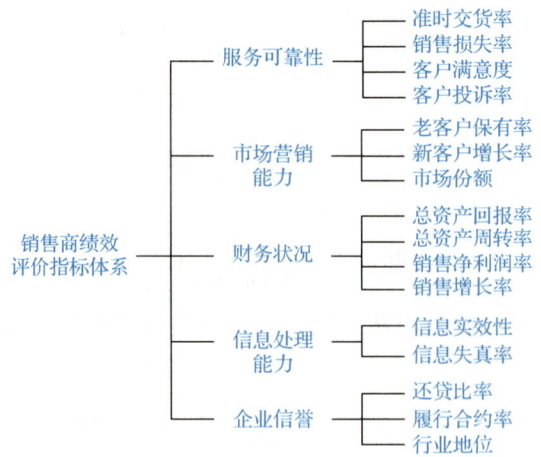

图 10.9　销售商绩效评价指标体系结构

五、核心企业绩效评价指标

核心企业是供应链的协调中心，对整个供应链起着主导、控制、组织和协调的作用。在这一系统中，供应商会根据核心企业的要求生产一定数量、质量的产品，并按规定的时间运送到规定的地点；销售商会根据核心企业提供的产品种类、特点制定相应的营销方案和营销手段；核心企业控制各方面的供货和销货的数量以及物流的速度，以保证各个节点都能在正确的时间、正确的地点得到正确的零配件或产成品，既不造成缺货，又不造成库存积压，把供应链总成本降至最低。良好的控制、组织和协调能力会使供应链的价值得到最大限度的体现。

核心企业绩效评价包括与供应商的合作关系、与销售商的合作关系及核心企业内部绩效 3 个方面。

1. 与供应商的合作关系

（1）订单变动率。核心企业与供应商合作的主要纽带是核心企业的订单。在供应链中信息流的传递过程中，供应商获取的信息主要来源于核心企业的传递。因此核心企业传递信息的准确性和及时性可以从订单上反映出来。在实际生产中，核心企业经常会因为计划的不确定性导致订单变动，而订单的变动会给供应商带来生产计划上的执行难度。因此订单准确性是衡量核心企业信息水平的一个重要指标。假设在一段时间内，核心企业共发出了 p_r 次订单，其中有 p_r' 次订单因为核心企业的原因产生变动，则订单变动率 r_{pc} 为

$$r_{pc} = \frac{p_r'}{p_r} \times 100\%$$

（2）应付账款周转期。应付账款周转期是衡量企业账款管理水平的财务指标。该指标反映了核心企业如期偿还供应商钱款的平均速度，核心企业的应付账款周期越长，对供应商的影响越大。

$$应付账款周转期=\frac{平均应付账款}{赊销账款}\times365$$

（3）信息共享程度。供应链合作者相互之间的信息交流和信息共享可以降低供应链管理中的牛鞭效应，有助于供应链内企业做出更好的预测，更快地对供应问题做出反应。缺乏有效的信息共享，供应链生产组织将处于混乱状态。信息共享程度可以通过供应商在一定时间内向核心企业提供的有效信息的次数来衡量。

$$I=\frac{m}{n}\times100\%$$

式中：I——信息共享程度；

　　　m——供应商提供有效信息的次数；

　　　n——供应商提供信息的总次数。

2. 与销售商的合作关系

（1）产品柔性。产品柔性指一定时期内新产品种类数占总产品种类数的比率。该指标反映了核心企业在产品需求发生变化时的反应能力。在供应链协调中，销售商根据市场的变化不断调整向核心企业订购的产品种类，如果核心企业能够根据销售商的需求快速调整供应的产品品种，则供应链的响应能力强，协调水平高。

$$F_P=\frac{P_n}{T_P}\times100\%$$

式中：F_P——产品柔性指标；

　　　P_n——一定时期内新产品种类数；

　　　T_P——一定时期内总产品种类数。

（2）信息共享程度（同与供应商的合作关系评价中的信息共享程度指标）。

3. 核心企业内部绩效

（1）产品。

产品是客户对企业评价的主要来源。无论对供应商还是对核心企业来讲，产品的质量都是至关重要的。与销售商主要通过服务创造价值不同，供应商和核心企业通过对原材料和半成品的加工、分装和包装等程序获得价值增值，产品质量的高低直接影响企业的利润。和供应商相比，核心企业更加注重先进技术、设备对产品的增值作用。对产品的评价指标主要有以下几个。

① 产品合格率。

② 返修退货率。

③ 产品全面质量管理情况。

④ 产品质量体系认证情况。

以上指标在供应商绩效评价指标中已经说明，在此不再赘述。

（2）财务状况。

企业的财务状况是衡量企业经济效益的客观数据和标准。核心企业的经营情况会对整条供应链产生重大影响。对财务状况的评价指标主要有以下几个。

① 总资产回报率。

② 总资产周转率。该指标反映了企业资产的周转速度。周转越快，说明资产利用效率越高；反之，说明企业存在资产闲置或现有设备老化、陈旧。

③ 存货周转率。该指标反映存货的周转速度。

④ 利润增长率。该指标反映企业净利润的增长速度。

$$利润增长率 = \frac{本期利润 - 上期利润}{上期利润} \times 100\%$$

⑤ 资产负债率。该指标反映了企业的负债水平。

（3）协调水平。

前面已经提到，核心企业不仅制造产品，还对供应链起组织和协调作用，以保证供应链高效运转。

① 资金周转时间。资金周转时间指在一定时期内，在供应链范围内从最初购买原材料，到最后将产品出售换回现金所用的时间。该指标反映了供应链资金的协调水平。资金周转时间越短，资金周转率越高，资金的利用价值越大。

$$T = \frac{1}{N} \sum_{i=1}^{N} (A_i + B_i - C_i)$$

式中：T——资金周转时间；

N——供应链节点企业数量；

A_i——第 i 个节点企业平均存货天数；

B_i——第 i 个节点企业平均应收账款天数；

C_i——第 i 个节点企业平均应付账款天数。

② 产需率。产需率指在一段时间内，核心企业已经生产的产品数量与下游企业对该产品的需求量的比值。该指标反映了核心企业与上下游企业之间的供需关系。产需率接近 1，说明企业之间的供需关系协调，准时供应率高；反之，说明企业之间的供需关系失调，准时供应率低或核心企业的综合管理水平低。

$$产需率 = \frac{一段时间内核心企业生产产品数量}{一段时间内用户对该产品的需求量} \times 100\%$$

③ 库存闲置率。库存闲置率指供应链中库存闲置时间占库存总时间的比率。库存总时间包括库存闲置时间和库存移动时间。该指标反映了供应链的库存效率。

$$库存闲置率 = \frac{库存闲置时间}{库存总时间} \times 100\%$$

④ 有效提前期率。有效提前期率指核心企业在完成客户订单过程中有效的增值活动时间占运作总时间的比率。有效提前期率越高，说明企业的运作、协调能力越强。

$$有效提前期率 = \frac{有效增值活动时间}{运作总时间} \times 100\%$$

（4）发展能力。

企业的未来发展取决于企业的学习和创新能力，只有不断推陈出新，才能满足不断变化的市场需求，在激烈的市场竞争中立于不败之地。

① 员工平均培训费用。

$$员工平均培训费用 = \frac{员工总培训费用}{员工总数} \times 100\%$$

② 新产品销售率。新产品销售率指在一段时间内新产品的销售额与产品总销售额的比值。该指标反映了核心企业对新产品的研发能力和对新产品的综合营销能力。

$$新产品销售率 = \frac{新产品销售额}{产品总销售额} \times 100\%$$

③ 研究开发投资率。研究开发投资率指企业投入的研究开发费用占总销售额的比率。该指标反映了企业对研究开发的投入程度。

$$研究开发投资率 = \frac{研究开发费用}{总销售额} \times 100\%$$

核心企业绩效评价指标体系结构如图 10.10 所示。

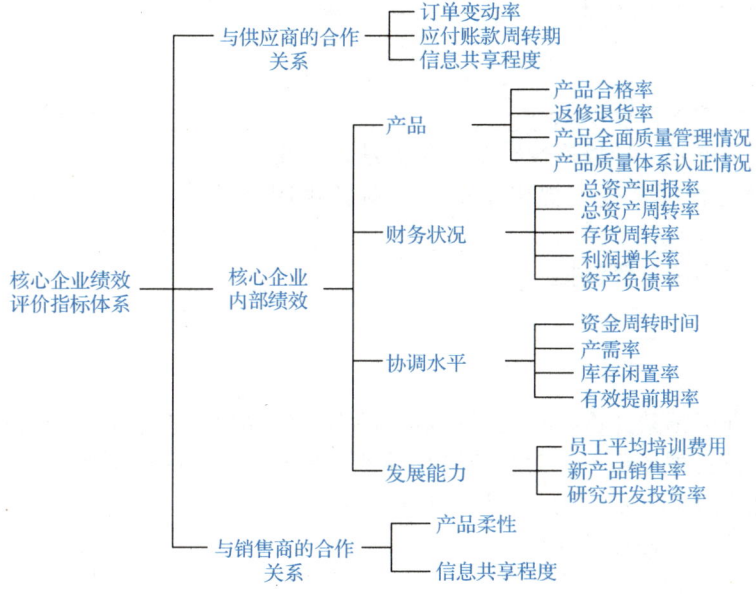

图 10.10　核心企业绩效评价指标体系结构

本 章 小 结

本章介绍了供应链绩效评价的概念、特点、作用、原则及内容，分析了供应链绩效评价的影响因素，总结了平衡计分卡、供应链运作参考模型、标杆法、物流计分卡 4 种评价模型的原理和特点，从供应商、销售商及核心企业的角度，分别归纳了供应链绩效评价指标体系。

关键术语

绩效评价 performance evaluation　　　　　平衡计分卡 balanced scorecard
标杆法 benchmarking　　　　　　　　　　物流计分卡 logistics scorecard

绩效评价指标体系 performance evaluation index system
供应链运作参考模型 supply chain operations reference model
供应链绩效评价 supply chain performance evaluation

习　题

一、选择题

下列关于平衡计分卡的描述，不正确的是（　　　）。
A．将财务评价与非财务评价结合
B．主要涉及财务、客户、内部流程、学习与发展 4 个方面
C．将长期目标与短期目标结合
D．是一种流程改进方法

二、填空题

1．供应链绩效评价可以从_____、_____、_____ 3 个层面评价。
2．平衡计分卡是一种战略性绩效评价方法，它将_____、_____方面评价相结合。
3．供应链运作参考模型提出了衡量和测评供应链绩效的 5 个维度，即_____、_____、_____、_____、_____。
4．财务评价指标一般包括_____、_____、_____、_____、_____ 5 个方面。

三、简答题

1．传统企业的绩效评价指标与供应链管理企业的绩效评价指标之间有哪些区别？
2．在供应链管理环境下，对企业进行绩效评价应该注意哪些原则？
3．如何建立供应链企业的绩效评价指标体系？
4．平衡计分卡的特点是什么？

 案例分析

E 公司服装生产供应链绩效评价指标体系构建与实施

1．E 公司现状

E 公司是一家经营运动服饰、户外装备及各种创意类运动品的零售企业，在全球多个城市设置生产供应中心，其位于上海的生产供应中心成立于 1995 年。近年来，E 公司的生产采购不断向我国中西部及东南亚国家转移，上海生产供应中心的绝对优势逐步丧失，急需寻找优化方案。

2．E 公司服装生产供应链绩效评价指标体系构建

首先，E 公司基于 SCOR 模型建立了服装生产供应链绩效评价指标体系，如表 10.1 所示。其中，目标层为 E 公司服装生产供应链绩效；准则层包括 6 个关键绩效考核指标，即可靠性水平、响应能力、柔性、信息化水平、成本和资产管理；指标层由对应关键绩效考

核指标的 24 项细分指标构成。然后，通过业务调查和专家经验，运用层次分析法确定了各指标的权重。最后，分别选取定量核算方法和专家定性打分方法完成指标评价。

3. E 公司服装生产供应链绩效评价与优化

通过评价发现，可靠性水平、响应能力和信息化水平指标得分比较低。E 公司对此制订了优化方案，并严格执行。一是加强供应商协同。成衣生产商是 E 公司的主要合作伙伴，对服装生产供应链可靠性水平及响应能力有重要影响。E 公司与成衣生产商共建项目合作小组，加强服装生产、包装和出库质量管理。二是缩短面辅料供应周期。在商品销售初期，运营部门应及时、定期收集销售数据，迅速反馈到生产供应链，以调整生产计划。若商品的市场反应良好，需立即向生产供应商进行追单补货；若商品的市场反应不佳，应立即减少或暂停成衣生产，避免造成更多的库存。三是加强面向供应链协同的信息服务优化。E 公司搭建了面向供应链增值服务的体系结构，将信息管理平台的不同功能单元封装成可共享服务，使得这些异构系统（如 ERP、CRM 和 HR 等）的数据信息能够以一种统一和通用的方式进行交互、重用和配置，从而消除"信息孤岛"，实现供应链上各个节点企业或部门的数据集成和异步调用，降低数据处理难度，提高信息精准与共享程度。

4. 实施效果

以服装返单为例，以往成衣环节国内返单的生产供应周期为 37 天，海外为 77 天。实施优化方案后，成衣订单信息审核与传递、生产计划安排为 2 天；成品生产与准备为 3 天；成品检验与包装出库 1 天；物流运输 1 天。

表 10.1　E 公司服装生产供应链绩效评价指标体系

目标层 A	准则层 B	指标层 C	指标计算与说明	绩效评价方式
服装生产供应链绩效	可靠性水平 B_1	面辅料准时交货率 C_{11}	面辅料准时交货量/面辅料总交货量×100%	定量核算
		成衣准时交货率 C_{12}	成衣准时交货量/成衣总交货量×100%	
		退货率 C_{13}	退货量/交货总量×100%	
		缺货率 C_{14}	缺货次数/订货总次数×100%	专家定性打分
		合作伙伴关系 C_{15}	生产供应链中企业与企业之间的合作关系	
		预测可靠性水平 C_{16}	预测销售量-实际出货量	
	响应能力 B_2	产品企划周期 C_{21}	企划开发新产品的时间，按天计算	专家定性打分
		面辅料供应周期 C_{22}	供应面辅料的时间，按天计算	
		首单供应周期 C_{23}	生产商首单供应时间，按天计算	
		翻单供应周期 C_{24}	生产商翻单供应时间，按天计算	
		运输周期 C_{25}	运输货品的时间，按天计算	
	柔性 B_3	时间柔性 C_{31}	当交货时间改变时,生产供应链的应对能力	专家定性打分
		数量柔性 C_{32}	当交货数量改变时,生产供应链的应对能力	
		产品柔性 C_{33}	一段时间内，新产品的供应比率	

续表

信息化水平 B_4	信息共享程度 C_{41}	信息在供应链各节点的传递反馈及共享程度	专家定性打分
	信息精确程度 C_{42}	关于生产供应链运营和管理等方面信息的精确化程度	
	信息处理能力 C_{43}	对信息数据的处理分析能力	
	信息覆盖程度 C_{44}	供应链管理体系对信息技术的应用水平	
成本 B_5	作业成本 C_{51}	与产品生产和交付直接或间接相关的成本构成，涉及产品企划、采购、生产、仓储、配送等环节的成本	定量核算
	交易成本 C_{52}	除交易对象成本外达成交易所花费的成本，如收集信息、协商与决策、契约、监督、执行与转换等各项成本	专家定性打分
	时间成本 C_{53}	为增强生产供应链响应能力在管理上花费的成本	
资产管理 B_6	销售额增长率 C_{61}	(当年销售额-上年销售额)/上年销售额×100%	定量核算
	销售量增长率 C_{62}	(当年销售量-上年销售量)/上年销售量×100%	
	库存周转时间 C_{63}	库存总金额/店铺日平均销售额	

资料来源：陈美，李敏，熊棕瑜，等，2018. 服装生产供应链绩效评价体系构建与案例探析[J]. 毛纺科技，46（12）：6-11.

讨论题：

本例中的供应链绩效评价指标体系具有什么特点？

第十一章 供应链风险管理

【学习目标】

➢ 理解供应链风险管理的有关概念、特征。
➢ 掌握供应链风险管理的主要内容。
➢ 掌握供应链风险识别、分析、评估及防控的步骤和方法。
➢ 能够应用供应链风险管理知识分析解决实际供应链管理中的风险问题。

【知识架构】

供应链风险定义

供应链风险特征

供应链风险
管理流程

供应链风险管理概述

供应链风险管理
与企业风险管理
之间的区别

供应链风险
评估概述

供应链
风险评估

供应链风险评估
要注意的问题

供应链风险管理

供应链风险辨析

供应链风险识别

供应链风险分析

供应链风险管控

供应链风险
处理方式

供应链风险的
具体应对措施

改善供应链风
险管理体系

导入案例

外企为何替一家污染企业"求情"?

　　舍弗勒集团是一家总部位于德国的知名汽车零部件供应商,于1995年开始在中国投资生产。界龙拉丝是舍弗勒的一级供应商,成立于1985年,为上海界龙集团有限公司全资子公司,专业生产钢丝拉拔、汽车特种用途钢丝等产品。界龙拉丝的生产工艺为"酸洗磷化—热处理—拉拔",无环评审批手续,在2016年12月中央环保督察期间,被列为环保违法违规建设项目"淘汰关闭类"。之后,当地政府先后三次告知界龙拉丝,最终商定在2017年9月10日关停。2017年9月11日,界龙拉丝自行组织停产和断水断电,并拆除相关生产设备。2017年9月18日,舍弗勒投资(中国)有限公司向上海市有关部门发函求助,请求允许界龙拉丝继续提供3个月的冷拔钢丝,理由是:"一旦界龙拉丝断货,将导致49家汽车整车厂的200多个车型从9月19日开始陆续停产""理论上这将造成中国汽车产量300多万辆的减产,相当于3000亿元人民币的产值损失",甚至"对中国汽车工业,乃至国民经济的影响实在太大"。该求助函在网上传播后,立即引起社会热议,尤其是其列出的300多万辆汽车减产和3000亿元人民币产值损失等数据,被外界认为有"用污染经济要挟绿色发展"之嫌。当晚,舍弗勒又在官方微博声明"现已调动全球资源妥善处理供应链事宜,目前对主机厂整车生产影响可控。"

资料来源:人民网。

第一节　供应链风险管理概述

一、供应链风险定义

　　供应链具有多主体、跨地域、多环节的特征,容易受到来自外部环境和链上各实体内部不利因素的影响,形成供应链风险。供应链风险是一种潜在威胁,会利用供应链系统中的脆弱环节,对供应链系统造成破坏。

　　目前学术界对供应链风险的定义还没有形成统一共识,主要有以下几种观点。

1. 风险是未来事件结果的不确定性

　　该观点认为风险是事物可能结果的不确定性,可由收益分布的方差测度;通过量化风险的影响改变人们对风险的认识。由于方差计算的方便性,风险的这种定义在实际中使用较为广泛。

2. 风险是损失发生的不确定性

　　该观点认为风险意味着未来损失的不确定性,又分为主观学说和客观学说两类。主观学说认为不确定性是主观的、个人的和心理上的一种观念,是个人对客观事物的主观估计,而不能以客观的尺度予以度量,不确定性的范围包括发生与否的不确定性、发生时间的不

确定性、发生状况的不确定性以及发生结果严重程度的不确定性。客观学说则是以风险客观存在为前提，以风险事故观察为基础，以数学和统计学观点加以定义，认为风险可用客观的尺度来度量。

3. 风险是可能发生损失的损害程度的大小

该观点认为风险可以引申定义为预期损失的不利偏差。马科维茨提出了下方风险（downside risk）的概念，即实现的收益率低于期望收益率的风险，并用半方差（semi-variance）来计量下方风险。

4. 风险是损失的大小和发生的可能性

该观点认为风险是在一定条件下和一定时期内，由于各种结果产生的不确定性而导致行为主体遭受损失以及这种损失发生的可能性，风险是一个二元概念，风险以损失发生的大小与损失的概率两个指标进行衡量。另外一些学者认为风险不仅包括损失的概率、可能损失的程度，还包括损失的易变性，其中可能损失的程度处于最重要的位置。

5. 风险是风险构成要素相互作用的结果

风险因素、风险事件和风险结果是风险基本构成要素。风险因素是风险形成的必要条件，是风险产生和存在的前提。风险事件是外界环境变量发生始料未及的变动从而导致风险结果的事件，是风险存在的充分条件。风险事件是连接风险因素与风险结果的桥梁，是风险由可能性转化为现实性的媒介。根据风险的形成机理，可以将风险定义为：风险是在一定时间内，以相应的风险因素为必要条件，以相应的风险事件为充分条件，有关行为主体承受相应风险结果的可能性。

6. 利用不确定性的特征来定义风险

风险的不确定性包括模糊性与随机性两类。模糊性的不确定性，主要取决于风险本身所固有的模糊属性，要采用模糊数学的方法来刻画与研究。而随机性的不确定性，主要是由于风险外部的多因性造成的必然反映，要采用概率论与数理统计的方法来刻画与研究。

借鉴以上定义，供应链风险可以定义为：在特定客观条件下，在特定期间内，由风险因素引起的风险事件的发生，影响了供应链预期的正常运行，使供应链面临损失的可能性。其中，风险因素是指风险形成的必要条件，是供应链风险产生和存在的前提；风险事件是指供应链内外变量发生变化导致供应链损失的事件，是供应链风险存在的充分条件，也是连接风险因素与损失的桥梁。

二、供应链风险特征

尽管供应链能带来诸多好处，供应链环节中的企业仍是市场中的独立经济实体，彼此之间仍存有潜在利益冲突和信息不对称。在这种不稳定的系统内，各节点企业通过不完全契约方式来实现企业之间的协调，因而供应链必然存在风险性，且这种风险与单个企业的风险有很大不同。与一般的企业风险相比，供应链风险有以下特征。

1. 传递性

传递性指供应链风险在供应链节点企业之间的传递。传递性使供应链风险成为一种潜

236

在的威胁，通过供应链系统联动，对供应链系统造成破坏，给上下游企业以及整个供应链带来损害和损失。需求变异放大效应便是由这种传递性引起的。实践中，供应链生产源头和终点需求之间总会存在时间上的延迟，这种延迟导致反馈误解。由于供应链上的企业多依据相邻企业的需求信息进行决策，而并不探求其他成员的信息，造成这种误解传递到源头时出现不可思议的放大。供应链越长，中间非价值生产过程越多，需求变异放大效应越严重，供应链效率越低下。

2. 复杂性

供应链中的企业相互之间是一种协作关系，企业对外部企业的依赖性比以前增加了，并且依赖关系本身也比以前复杂，增加了供应链风险管理的难度。例如，一家企业从国外购进的某一种零件可能会有五六种运输方式组合，而这种零件也可能会有多个供应商和多种运输方式。其中任何一个节点的失败都可能引起供应链中断，这就很难对风险进行分析与预防。

3. 可操作性

供应链风险在本质上是运作风险，因此供应链风险管理者必须熟悉供应链的构建原理与运作过程，应与运营人员深入交流，和他们一起发现供应链中的风险。

4. 多样性

供应链从构建之日起就面对许多风险，不仅要面对单个企业所面对的系统与非系统风险、实质资产风险、责任暴露风险、财务风险、人力资源风险等，还要面对企业之间的合作风险、技术与信息传递风险、利益分配风险、市场风险等。

5. 冲突性

供应链中很多风险是此消彼长的，一种风险的减少会引起另一种风险的增加。库存是防范供应链中断风险的一种手段，但是保持过多的库存会造成大量资金占用、货物陈旧损失，产生营运风险。因此，营运风险和中断风险是相互对立的。减少营运风险，中断风险相应增加；反之亦然。例如，我国的一些计算机厂商在 SARS 疫情时期，启动紧急应变措施，要求上游厂商提高库存，以确保供应链不会中断。但这样也提高了降价损失的风险。由于全球计算机市场需求疲软，国际大厂如戴尔、惠普等为刺激需求，不断以降价、快速推出新机型的方式来促销。在此情形下，我国计算机厂商的库存却不断升高，无疑增加了营运风险。因此，要充分考虑风险的相互影响性，对有冲突性的风险进行权衡以确保供应链整体风险最小。

三、供应链风险管理流程

供应链风险管理是指通过供应链成员之间的协作，识别和管理供应链内部风险和外部风险，以提高整体供应链的稳定性。

供应链风险管理流程与一般风险管理流程大体相似。借鉴世界通行的风险管理标准，结合供应链管理特点，归纳出供应链风险管理流程，如图 11.1 所示。

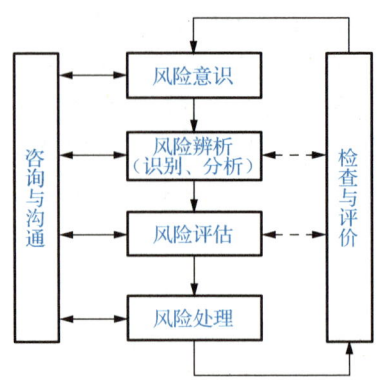

图 11.1　供应链风险管理流程

1．风险意识

在供应链活动中，风险并未得到人们充分的关注，忽视风险而产生的后果可能令人手忙脚乱。其实，有些后果是可以避免的，这就要求提前预测各种可能出现的风险，识别风险并能确定其影响范围。也就是说，供应链中的成员特别是企业管理者必须提高风险意识，对可能出现的风险要有计划、有预案、有措施。

2．风险辨析

风险辨析包括风险识别和风险分析两个过程。风险识别是指通过调查与分析来识别供应链中存在的风险。风险分析就是通过归类，掌握风险产生的原因和条件，以及风险的性质。

风险辨析的重要步骤是对风险归类。从不同的角度、按照不同的标准，供应链风险有不同的分类方式。根据供应链管理目标，供应链风险可以分为时间风险、质量风险和成本风险。按照供应链参与主体的不同，供应链风险又可分为供应商风险、制造商风险、批发商风险、零售商风险、物流服务商风险等。

通过风险辨析，供应链管理者可以对可能出现的风险有初步的了解。

3．风险评估

风险评估是指对可能引起风险的因素进行定性分析、定量计算，得出发生风险的概率，以及风险对供应链稳定性的影响程度。

4．风险处理

风险处理就是通过适当的措施把风险造成的后果控制在可承受的范围内。

5．检查与评价

风险管理是一个不断重复的过程，但随着供应链内外环境的变化，原来的管理方法可能不再适用于新的环境。在风险管理执行过程中，必须对执行情况不断进行检查、评价和协调，原因在于：其一，风险管理的过程是动态的，风险也是不断变化的，会有新的风险产生；其二，可通过检查和评估来发现风险管理决策中存在的问题。对每一次的供应链风险管理效果进行评价，并将评价的结果反馈到下一次的风险管理中，不断改进和提高供应链风险管理水平。

6. 咨询与沟通

咨询与沟通是风险信息和分析结果的双向交换和传达，以便供应链成员相互理解和采取有效的风险管理措施。所有的风险管理流程必须要有与内部及外部利益相关方的沟通。

四、供应链风险管理与企业风险管理之间的区别

供应链风险管理体系是在企业风险管理体系的基础上发展起来的，与企业风险管理体系有很多相同之处，但也有区别。

（1）管理对象不同。企业风险管理的对象是单个企业的风险，是由于企业内外部环境的不确定性、生产经营活动的复杂性和企业能力的有限性而导致企业的实际收益达不到预期收益，甚至导致生产经营活动失败的风险，侧重于企业内部的风险管理。供应链风险管理的对象则是整个供应链的风险，包括供应链的信息流、资金流和物流所产生的风险，侧重于各节点企业之间的风险管理。

（2）决策与执行方式不同。企业风险管理采用的风险决策方式是集中式，一般是企业管理者说了算，通过行政手段执行。供应链风险管理采用的风险决策方式包括集中式与分散式，既有统一协议，集中规范，共同决策，又有各节点企业的自主决策，风险管理执行方式灵活。

第二节　供应链风险辨析

风险辨析是指供应链风险管理主体在风险事件发生之前运用各种方法系统地认识所面临的风险以及分析风险发生的潜在原因。它分为风险识别和风险分析。风险识别是风险分析的前提。只有感知风险的存在，才能进行风险分析，而在进行风险分析的同时，又会进一步加深对风险的认识。

一、供应链风险识别

对于风险管理者来说，一般凭借其经验便可识别供应链面临的常见风险，但对于新的、潜在的风险，其识别难度较大，需要按照一定的方法，在必要时还要借助外部力量，来进行识别。供应链风险识别方法主要包括历史分析法、流程分析法、风险问卷法和财务报表法。

供应链风险识别、
评估和控制

1. 历史分析法

历史分析法通过分析历史风险事件来总结经验，进而识别可能发生的潜在风险。一般是先收集一些产生不良后果的历史事件，然后分析导致这些事件发生的风险因素。

利用失效模式与影响分析（failure models and effects analysis，FMEA）技术，可以识别导致供应链失效的风险因素，并分析供应链失效的概率和危害程度等，并提出适当的防范措施。通过风险优先数（risk priority number，RPN）进行评估，将失效因素予以量化，根据其重要程度来决定防范措施的实施顺序。

如果本供应链中没有足够的历史风险事例用来分析，则对历史风险事例的收集就要扩大到同行业的其他供应链，甚至其他行业的供应链。历史分析法只能识别那些已经发生过的事件的风险因素，无法识别没有发生过的事件的风险因素，特别是那些与技术更新、行业实践与产业动态相关的风险因素。

2. 流程分析法

供应链风险因素也可以通过分析供应链流程识别。首先绘制出详尽的供应链流程图。绘制好供应链流程图后，就可以用它来分析并发现流程缺陷、潜在失效环节及其他薄弱环节。

利用贝叶斯网络模型（Bayesian network model）可以估算供应链各环节发生风险的概率。考虑供应链中的各个环节及其相互作用关系，建立网络模型，再根据历史数据确定各风险因素对供应链的影响程度，从而确定各网络节点的条件概率。

流程分析法特别适合识别与流程执行相关的风险因素。与历史分析法不同，流程分析法可以识别出潜在的风险，还可以帮助弄清这些潜在风险对整个供应链可能会产生的影响大小。流程分析法和历史分析法可以用来识别操作层面的风险和与供应链整合相关的潜在风险。市场风险大多通过历史分析法识别。另外，虽然历史分析法可能难以识别像声誉风险这样的无形风险，但却可以估计出风险事件的频度和程度。

3. 风险问卷法

风险问卷又称风险因素调查表。风险问卷法是以系统论的观点和方法来设计问卷，并请供应链成员企业的内部员工填写，由他们回答本企业所面临的风险及风险因素。一般来说，供应链成员企业的基层员工亲自参与供应链运作，熟悉业务运作的细节，对供应链的影响因素和薄弱环节最为了解，可以为风险管理者提供许多有价值的信息，帮助风险管理者识别风险。

4. 财务报表法

财务报表法就是根据企业的财务资料来识别和分析企业财产和经营活动可能遭遇的风险。财务报表法是企业使用最普遍，也是最有效的风险识别方法，因为企业经营的好坏最终体现在企业资金流上，风险发生的损失以及企业进行风险管理的各种费用也会在财务报表上表现出来。

二、供应链风险分析

理论上说任何与供应链有关的因素都有可能影响供应链的绩效，进而导致供应链风险的发生。但是，并不是所有因素都会对供应链绩效产生影响。因此，风险因素识别的关键是识别那些对供应链持续稳定运作和绩效有影响，即可能导致达不到供应链管理目标乃至造成供应链解体的关键风险因素。

按供应链所处的内外部环境可以将供应链风险分为内生风险和外生风险。外生风险是指和供应链的外部宏观环境有关的风险，包括自然灾害风险、政治法律风险、宏观经济风险和市场环境风险等；内生风险则和供应链的内部环境有关，包括内部控制风险、组织合作风险、供应风险和需求风险等，如图11.2所示。

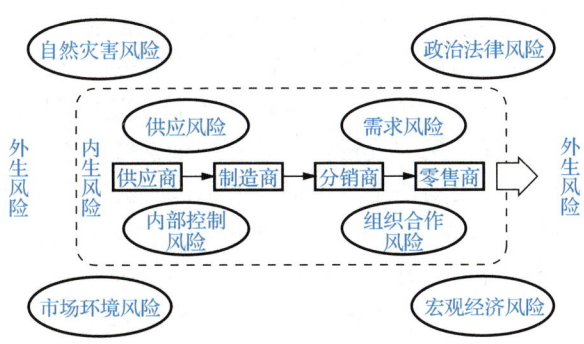

图 11.2 供应链风险

1. 供应链外生风险分析

1）自然灾害风险

自然灾害风险包括水灾、火灾、地震、台风等直接造成破坏的风险，以及疾病、瘟疫等间接导致供应链经济损失的风险。供应链一端连接着资源，另一端连接着消费者，从供应商、制造商、分销商、零售商直到最终用户，一般地域分布是非常广的，有些大的供应链甚至遍及全球，这样一个庞大的机构受自然环境的影响是非常大的，如果其中一环受到影响则整条供应链都将受到影响。例如，2000 年美国新墨西哥州飞利浦公司第 22 号芯片厂发生火灾，爱立信为此损失了 4 亿美元的销售额，市场份额也由之前的 12%降至 9%，以至于最后不得不将业务外包。自然灾害影响供应链中各个节点企业的经营活动，可能导致供应链中企业的资金流受阻或中断，使既定的经营目标、财务目标无法实现。

2）政治法律风险

国际政治格局的变化常常因为各种利益的重新布局和资源的重新分配，导致各产业供应链的经营目标发生变化，那些不适应这种变化的供应链将面临巨大的风险。另外，政局不稳、政府换届及战争爆发也会对供应链产生重大影响。

法律环境的变化也会导致供应链风险。为使市场经济有序进行，国家颁布和实施一系列法律法规，如企业组织法、税收法规、金融法规、财务法规和其他法规等，但是，法律都有一个逐渐完善的过程，法律法规的调整、修订等不确定性，对经营活动有重大影响，成为供应链风险的外在来源。另外，政府对行业及关于产品和工艺质量、环境及安全标准等方面的管制也是供应链的一个重要风险因素。

3）宏观经济风险

宏观经济风险来自国际经济环境和国内经济环境两个方面。

（1）国际经济环境。国际金融秩序的动荡及汇率的波动会给供应链特别是跨国供应链带来风险。国际金融秩序的动荡往往会对供应链的资金筹集、投资及其他经营管理活动产生重大影响，使供应链的经营风险增加。汇率的波动会影响跨国供应链成员企业的利润分配，使得某些成员企业蒙受损失，最终影响整条供应链的运行。采取什么币种付款、付款期限多长、合约中汇率条款的有效期多久等都是预防汇率风险时要考虑的问题。

（2）国内经济环境。国内经济环境指经济体制、经济周期和通货膨胀等给供应链带来的风险。

① 经济体制的变革会对供应链成员企业经营管理的目标、内容等产生巨大的影响，从

而引发更大的风险。为了在激烈的市场竞争中求得生存和发展，供应链各成员企业必须面向市场独立决策，自主筹资，强化财务控制，保持合理的资金结构。

② 经济周期对经营活动也会产生重大影响。在经济衰退时期，供应链销售额下降，现金流入量减少，而未完成的固定资产投资仍需大量资金继续投入。此时市场筹资环境不理想，筹资成本加大。这种资金流动性差的状况增大了供应链的经营风险。

③ 通货膨胀会使供应链理财出现风险。通货膨胀发生后，往往出现社会商品物价水平的持续性上涨。由于原材料价格上升，保持存货所需的资金增加，人力成本和其他费用支出也会上升，加大了供应链成本控制难度。同时，通货膨胀也会在一定程度上引起供应链会计信息失真，增加供应链预测和决策的难度。

4）市场环境风险

市场需求的变化和波动使得企业难以精确预测客户需求，可能导致生产计划与实际需求不匹配，造成库存堆积或产能过剩，影响资金周转和资源浪费。

供应链之间的竞争形势也会对供应链的运行产生极大的影响。供应链之间的竞争包括产品的竞争和供应链管理能力的竞争。在竞争中掌握新技术的供应链占有利地位，而竞争对手经营风险增加。另外，核心企业管理供应链的能力（如生产管理、库存管理、信息管理、快速反应等）也会对供应链的竞争优势产生关键的影响。

2. 供应链内生风险分析

1）内部控制风险

供应链的有效运行首先要有一个好的运行机制，反映在物流、资金流和信息流各个方面。但仅此不能保证供应链的有效运行，还要看运行机制是否得到有效的实施。内部控制就是要尽量保证供应链不仅有良好的控制政策和程序，也有良好的执行。内部控制风险包括库存控制风险、财务控制风险、信息控制风险、法律履行风险、作业安全风险、风险响应和应急处置风险等方面。内部控制风险的存在将使供应链管理达不到预期目标。

（1）库存控制风险，指库存管理流程设计及实施控制不当而产生的风险。库存控制的合理性和有效性不仅直接影响企业的运营成本和效率，而且还影响与上下游企业的合作效率。

（2）财务控制风险，指财务制度不健全，以及企业没有按规定缴纳税款所导致的风险。财务制度的合理性直接影响供应链的资金流及资本运作成本。供应链中的上下游企业之间互相提供信用，各企业都需要在反应速度和效率之间进行权衡，一旦某一家企业出现资金危机，可能导致整个供应链中断。

（3）信息控制风险，指信息在传播过程中出现信息失真、机密信息外泄和数据丢失的风险。有时即使供应链管理系统非常先进，也不能完全避免信息控制风险。原因可能是企业本身的信息控制制度不健全，也有可能是好的制度并没有得到有力的执行。

（4）法律履行风险，指由于内部控制不力可能导致企业没有有效履行法律义务，可能导致大量的罚金、企业名誉受损，甚至经营权利的终止等风险。

（5）作业安全风险，指安全制度及运行规章制度没有得到有效的贯彻，而发生作业安全事故的风险。其风险后果包括赔款、完工时间延误及企业名誉受损等。

（6）风险响应和应急处置风险，指对风险的预测和监控无效，以及发生紧急事件后反应迟缓、控制不力而引发的风险。对风险的响应及应急处置关键是要有一套合理的风险管理计划，能正常识别供应链运作发生的风险，并有正确的措施应对。

2）组织合作风险

供应链中的成员企业大多是独立的、自主经营的企业，其经营目标可能不同甚至相互冲突。例如，供应商希望制造商的采购是大量而稳定的，而制造商为了实现柔性生产，又希望供应商能够保持灵活的供应和高水平的服务。供应链管理强调的是系统优化，但是由于供应链中各成员企业之间利益上的矛盾可能导致组织合作风险。组织合作风险主要包括组织结构风险、成员战略偏差风险、合作关系风险和道德风险。

（1）组织结构风险。供应链组织结构设计的缺陷将带来巨大的供应链运营风险，如企业间交接程序不合理、配送中心布局不合理、信息系统设计不合理所导致的风险等。

（2）成员战略偏差风险。供应链管理的目标是成员利益共享，风险共担。当供应链成员企业为各自的利益目标努力，就不能形成统一的供应链总体战略目标。各成员企业之间的目标偏离得越多，供应链管理成本越高，供应链协作风险越大。

（3）合作关系风险。核心企业具有关键资源和关键技术，在供应链中居于主导地位。然而，核心企业的主导地位也可能使其他供应链成员企业处于不平等的地位。核心企业在追求自身利益的同时可能会损害其他成员企业的利益，影响成员企业参与的积极性，严重时甚至导致成员企业退出。

（4）道德风险。根据委托-代理理论，道德风险主要来源于委托人的逆向选择和代理人的败德行为。制造商在选择供应商时，制造商相当于委托人，供应商相当于代理人。如果供应商掌握了一些制造商所不知道的信息，而这些信息可能是对制造商不利的，供应商借此与制造商签订了对自己有利的契约，致使制造商利益受到损害。这种信息不对称的决策导致了"逆向选择"——制造商误选了不适合自身实际情况的供应商。而当双方签约后，制造商无法观察到供应商的某些行为，或者是由于外部环境的变化仅为供应商所观察到，供应商可能采取不利于制造商的一些行为，进而损害制造商的利益。这种隐藏行为导致了"败德行为"——供应商降低了服务水准，增加了制造商的潜在成本。

3）供应风险

供应风险主要来自供应商的不确定性及物流配送的不确定性，包括供应商生产能力风险、供货质量风险、采购成本风险、物流配送风险和关键供应商失效风险。

（1）供应商生产能力风险。在需求拉动型供应链中，因为上游需求的不稳定，将导致对供应商订单量的波动，而供应商为了节约管理成本，在生产能力上会有一定的限制。这样当订单量的波动幅度超过一定水平时，就可能出现供应商生产能力不足的风险。

（2）供货质量风险。供应商的供货质量出现问题将使风险沿着供应链下游方向不断放大。例如，下游电脑生产商发现因为供应商提供的晶体管有质量问题导致整块电路板质量不合格，造成的损失就不仅是晶体管的采购成本，还包括误工成本和返修成本。

（3）采购成本风险。采购成本风险指由于供应商的生产技术、管理水平不足导致生产成本高，也可能由于地域的限制而使运输成本增高，从而使下游企业的采购成本变高的风险。

（4）物流配送风险。生产过程和运输过程中的不稳定因素会造成物流配送的延迟，其至导致物流中断，从而影响供应链上下游企业的运营。物流配送风险可能来自供应链中上下游企业的合作缝隙（如发货延迟、收货不及时等），也有可能来自外部环境。例如，2002年，美国西海岸发生"罢工潮"，港口关闭两周，大量集装箱船无法卸货返航，委托航运的供应链企业因此损失惨重。

（5）关键供应商失效风险。关键供应商在供应链中的地位非常重要。其之所以关键往往由于持有关键资源。供应链核心企业从降低管理成本而不是长期利益考虑，会选择少数供应商制度。但这样，一旦关键供应商出现问题，带来的损失是不可估量的。

4）需求风险

在拉式供应链中，需求决定着生产，需求过大或过小都会对整条供应链的运行产生重要的影响，如何解决供应链需求的不稳定所带来的影响也是供应链管理的重要内容。需求风险可分为市场预测风险、分销商选择风险和关键客户失败风险。

（1）市场预测风险。由于全球化、政府管制和技术更新等因素，市场变得更复杂，同行竞争更激烈，人们对替代产品的选择不断增多，市场预测难度越来越大。同时，需求的波动也给市场预测带来困难。市场需求预测不准就可能导致产品供大于求或供不应求，而这两种现象都会给供应链带来直接损失和潜在损失。

（2）分销商选择风险。分销商选择是形成供应链需求风险的一个重要环节。分销商作为一个独立的经济实体，有自己的经营目标和经营策略，一旦发生严重问题，必然影响供应链核心企业利益，甚至危及整个供应链。在将分销商纳入供应链时，供应链核心企业需要考虑未来的不确定性，评估与分销商长期合作的条件与可能性。

（3）关键客户失败风险。当供应链核心企业只依赖少数几个关键客户时，就可能面临关键客户失败风险。其中任何一个关键客户的离开或其自身经营不善都可能给整条供应链带来严重的影响。

第三节　供应链风险评估

在风险辨析的基础上，风险管理者应使用各种可能的技术和方法评估这些风险因素对供应链稳定性的影响程度，并采用有效措施来应对这些风险。

一、供应链风险评估概述

1. 风险偏好

不同的企业有不同的风险偏好。同样的风险对风险偏好不同的企业来说，风险等级是不一样的。根据风险偏好不同，可将企业分为以下 3 种类型。

（1）风险爱好型。风险爱好型企业不顾可能发生的风险，仍会实施某项行动。这种类型的企业获得收益的风险很大，而机会很小，但一旦成功，收益也很大。

（2）风险厌恶型，也称风险规避型。风险厌恶型企业较保守，尽可能回避风险。这种类型的企业宁愿获取较少但确定的收益，而不愿冒风险获取较大但不确定的收益。

（3）风险中性型。风险中性型企业介于风险爱好型与风险厌恶型之间。

同样的风险，对风险爱好型企业来说是可以接受的，而对风险厌恶型企业来说则是不可接受的。因为风险偏好的存在，所以在进行供应链风险评估时，其评估结果会有不同。

2. 供应链风险的评估指标体系

供应链风险具有多样性和复杂性，下面给出一个供应链风险评估指标体系，如表 11.1 所示。

表 11.1　供应链风险评估指标体系

一级风险因素		二级风险因素	发生概率估计指标
外生风险	自然灾害风险 E1	地震、火灾等	e11 发生可能性
		疾病、瘟疫等	e12 发生可能性
	政治法律风险 E2	社会动荡风险	e21 发生可能性
		政局稳定性	e22 稳定性
		新法律实施	e23 亲和度
		行业政策变动	e24 亲和度
	宏观经济风险 E3	汇率变动风险	e31 变动幅度
		经济周期	e32 变动幅度
		经济政策	e33 亲和度
		通货膨胀	e34 通胀指数
	市场环境风险 E4	行业风险	e41 变动幅度
		竞争风险	e42 替代可能性
内生风险	内部控制风险 E5	库存控制风险	e51 控制有效性
		财务控制风险	e52 控制有效性
		信息控制风险	e53 控制有效性
		法律履行风险	e54 违规可能性
		作业安全风险	e55 安全有效性
		风险响应和应急处置风险	e56 控制有效性
	组织合作风险 E6	组织结构风险	e61 结构合理性
		成员战略偏差风险	e62 战略偏差度
		合作关系风险	e63 满意度
		道德风险	e64 诚信度
	供应风险 E7	供应商生产能力风险	e71 稳定性
		供货质量风险	e72 合格率
		采购成本风险	e73 成本领先性
		物流配送风险	e74 准时性
		关键供应商失效风险	e75 经营稳定性
	需求风险 E8	市场预测风险	e81 准确性
		分销商选择风险	e82 综合评价
		关键客户失败风险	e83 业务份额

3. 供应链风险评估指标分析

根据供应链风险评估指标，将供应链风险划分为 5 个等级：低、较低、中等、较高和高。表 11.2 中给出了供应链风险评估指标与风险等级的对应关系，可作为风险评估的参考。

表 11.2　供应链风险评估指标与风险等级的对应关系

风险因素	评估指标	风险等级				
		低	较低	中等	较高	很高
自然灾害风险 E1	e11	低可能	较低可能	中等可能	较高可能	很大可能
	e12	低可能	较低可能	中等可能	较大可能	很大可能
政治法律风险 E2	e21	低可能	较低可能	中等可能	较大可能	很大可能
	e22	很稳定	较稳定	一般稳定	不太稳定	很不稳定
	e23	高亲和	较高亲和	一般亲和	较相斥	很相斥
	e24	高亲和	较高亲和	一般亲和	较相斥	很相斥
宏观经济风险 E3	e31	稳定	变动较小	变动小	变动较大	变动很大
	e32	稳定	变动较小	变动小	变动较大	变动很大
	e33	高亲和	较高亲和	一般亲和	较相斥	很相斥
	e34	指数很低	指数较低	指数中等	指数较高	指数很高
市场环境风险 E4	e41	稳定	变动较小	变动小	变动较大	变动很大
	e42	低可能	较低可能	一般可能	较大可能	很大可能
内部控制风险 E5	e51	很有效	较有效	一般有效	效果较低	效果很低
	e52	很有效	较有效	一般有效	效果较低	效果很低
	e53	很有效	较有效	一般有效	效果较低	效果很低
	e54	低可能	较低可能	中等可能	较大可能	很大可能
	e55	很有效	较有效	一般有效	效果较低	效果很低
	e56	很有效	较有效	一般有效	效果较低	效果很低
组织合作风险 E6	e61	很合理	较合理	一般合理	较不合理	很不合理
	e62	无偏差	偏差不大	一般偏差	偏差较大	偏差很大
	e63	很满意	较满意	一般满意	不满意	很不满意
	e64	很高	较高	一般	较低	很低
供应风险 E7	e71	很稳定	较稳定	一般稳定	较不稳定	很不稳定
	e72	很高	较高	一般	较低	很低
	e73	低于行情	略低行情	相同行情	略高于行情	高于行情
	e74	很准时	较准时	一般准时	较不准时	很不准时
	e75	很稳定	较稳定	一般稳定	较不稳定	很不稳定
需求风险 E8	e81	很准确	较准确	一般准确	较不准确	很不准确
	e82	评分很高	评分较高	评分中等	评分较低	评分很低
	e83	很大	较大	平均水平	较低	很低

表 11.2 中所列的评估指标是相互关联、相互影响的。它们从各个方面反映供应链的期

望收益与潜在风险，从而影响供应链的决策。另外，评估指标又是动态变化的，大多数难以准确描述，具有极大的模糊性，这是因为：首先，人们对风险发生的概率、可能的损失和投资收益变动等很难做出确切估计；其次，供应链所处的环境及各节点企业的风险偏好不同，评估标准会有所不同；最后，供应链管理中对各类风险的评估是在一种信息残缺的条件下进行的，使得难以定量评估风险的大小，而主要靠描述性语言来表达。

二、供应链风险评估要注意的问题

1. 建立一个供应链风险管理委员会

调查发现，很少有企业设有一个类似风险管理的部门，也很少有企业将风险管理置于战略地位，虽然企业的部分高层领导有较强的风险意识，但大多数员工风险意识淡薄。因此，应该由各成员企业协商，根据自己的地位，共同派员，建立一个供应链风险管理委员会。其主要承担以下职责。

（1）风险评估。各成员企业应将风险管理置于战略地位，以对供应链风险产生的原因及其影响进行周期性预计，设置一套统一的风险评估标准，对风险进行评级。它主要包括两方面内容：一是对影响供应链运营的主要因素及其后果进行预测，如评估经济波动和产业政策调整对供应链的影响；二是对供应链的能力进行评估，如供应商的供应能力、物流企业的运输能力、生产和销售企业的库存能力等。应该指出的是，风险评估是一个需要不断进行的过程，当出现薄弱环节，应该及时进行协调改进。

（2）风险信息传递。风险评估后，供应链风险管理委员会应及时地将风险信息传递给供应链各成员企业，以使企业做好风险防范准备。各成员企业也要及时地将有关准备情况反馈给供应链风险管理委员会，使供应链能够协调一致地行动。

（3）供应链流程分析。供应链风险管理委员会要对供应链流程进行分析，考察商品流通过程中的物流时间和滞留时间、在途库存、仓库配置等情况。识别出最容易中断的供应链环节，并及时通知相关企业采取措施。当遇到问题的企业由于能力限制或其他原因无法采取有效措施时，供应链风险管理委员会应协调其他企业给予帮助。

2. 建立供应链风险管理信息系统

供应链风险的来源之一是信息传递不透明、信息不对称。在供应链运营中，各种信息都是在相邻环节之间传递的。这种链式的信息传递容易导致信息扭曲，使整个供应链系统的信息误差大大增加。

建立统一的供应链风险管理信息系统可以有效连接销售商、制造商、供应商和第三方物流服务商，可以随时监控库存周转情况、配送状态和需求变化。一旦发生风险，可以在第一时间作出协调反应。

3. 保持供应链的弹性

供应链的弹性是指供应链对客户需求变化的适应程度。一般来说，增加供应链弹性与降低供应链成本是负相关的，关键的问题是如何在两者之间取得平衡。富有弹性的供应链是降低供应链风险的有效手段。供应链的弹性一般包括以下几个方面。

（1）合理的库存。合理的库存是防止短缺风险最简单有效的办法。尽管供应链上的每个企业在成本的压力下都在追求"零"库存，但如果因为个别企业库存短缺而造成整个供应链的中断，所有企业都将蒙受损失。因此建立合理的库存必不可少。合理库存的前提是首先制定一个适当的客户服务水平。制定客户服务水平需要综合考虑存储成本和缺货成本。一旦确定了客户服务水平，就可以综合供应链成员企业的特点，在供应链风险管理委员会的影响下，将供应链的客户服务水平分解为各成员企业的客户服务水平。然后各成员企业按照自己应达到的客户服务水平，综合考虑经济批量、工艺特点、生产周期等因素，确定各自的库存，并根据运行的统计结果不断加以调整。

（2）保持一定的生产能力冗余。供应链上的企业保持协调一致的生产能力冗余（包括运输能力等），一方面可降低设施满负荷运转引起的可靠性风险，另一方面可提高对客户需求变化的适应性。因此，供应链风险管理委员会应不断评价合作伙伴，审视供应链的薄弱环节，通过向合作企业施加压力，要么加以改进，要么取消合作关系。

（3）提高供应链成员企业的柔性。供应链应该能够为客户提供多种产品或服务的选择，而且能随客户需求的变化进行快速调整。因此，供应链成员企业应尽可能地提高自身的柔性，对产品或服务变化、工程变更等作出快速反应，缩短新产品投放市场的时间，避免因反复选择供应商带来的风险和低效率，从而提高供应链的整体竞争力。

4. 建立和发展信任

供应链成员企业之间建立良好的信任，可以方便地利用外部资源，共同解决问题，从而提高效率，获得竞争优势，降低企业失败的风险。建立信任也可避免企业管理僵化，有利于形成稳定的合作伙伴关系。一般地，建立信任主要应采取以下措施。

（1）保持相互沟通。合作伙伴间建立畅通的沟通渠道，保持联系，可以增进对彼此的了解和信任程度。此外，企业在制定与合作伙伴有关的政策时，要先和合作伙伴商讨，让合作伙伴了解己方的战略意图，能促进双方合作，有利于实现战略。

（2）充分了解合作伙伴的背景。如果一家企业对供应链核心企业的目标、政策等了解得较清楚，知道供应链核心企业正在寻求与外部企业的合作以实现战略目标，并且有能力通过合作来促进双方的绩效，那么供应链核心企业自然而然就会对这家企业产生信任感。反过来说，供应链核心企业要获得合作伙伴的信任，除了制定合作战略，还必须想办法让合作伙伴了解自己的合作战略，以为实现战略目标共同努力。

（3）建立信誉机制。依靠信誉机制可以建立和维护供应链成员企业之间的信任关系。而建立信誉机制需要社会和企业的共同努力，可从以下3方面着手：建立社会信誉机制，包括政府建立的信誉保障制度、法律体系，以及社会中介机构的信息机制，后者包括企业的身份认证、信誉评价与咨询、质量认证、安全认证等；建立企业自身信誉机制，包括正确运用合作策略建立信誉，并长期"投资"，保持良好的信誉记录；建设供应链企业文化，并使之成为供应链合作伙伴的共同价值观。

5. 重视社会制度对供应链成员企业合作的调节作用

所谓社会制度，是指正式及非正式的维护社会环境的规则。正式的社会制度就是法律体系，包括立法机构、执法机构，以及各个层次的法律条文。非正式的社会制度是指除法律体系之外的一些维护商业关系的因素，如社会风俗、伦理道德、商业协会、标准组织等。

社会制度对供应链成员企业合作关系的促进作用是通过法律法规的惩治和声誉机制来

实现的。例如，供应链成员企业出于自身发展的需要和社会制度的外在压力，会尽可能地努力合作，其诚实守信的声誉会不断提高，这种良好的声誉将在未来为其赢得更多的市场机会，这些市场机会又为供应链成员企业提供了拓展合作的可能。

案例 11-1

基于可拓物元评价的汽车制造供应链风险评估

1. 汽车制造供应链风险综合评价指标体系

在汽车制造企业风险分析的基础上，根据客观、科学和可操作性的原则，从汽车制造核心企业内部运作风险、外部环境风险及合作伙伴风险 3 个方面，建立汽车制造供应链风险综合评价指标体系，如表 11.3 所示。

表 11.3 汽车制造供应链风险综合评价指标体系

项 目	风险范围	风险因素及权重		风险因素指标及权重		评价值
汽车制造供应链风险因素	核心企业内部运作风险 B_1（0.5400）	技术风险 C_1	0.1064	研发费用投入 D_1	0.0498	2.432
				技术先进性 D_2	0.0240	1.826
				技术成熟度 D_3	0.0326	1.415
		财务风险 C_2	0.1784	资本效益状况 D_4	0.0344	2.856
				资本运营状况 D_5	0.0492	2.421
				偿债能力 D_6	0.0659	3.426
				发展能力 D_7	0.0289	1.312
		人力资源风险 C_3	0.1038	人工成本 D_8	0.0156	0.623
				员工素质 D_9	0.0330	1.426
				人才流失率 D_{10}	0.0552	3.276
		生产能力风险 C_4	0.1514	生产厂布局 D_{11}	0.0365	2.183
				生产节拍 D_{12}	0.0174	0.523
				生产柔性 D_{13}	0.0258	1.226
				库存水平 D_{14}	0.0547	3.268
				设备故障率 D_{15}	0.0170	0.547
	外部环境风险 B_2（0.2329）	自然灾害风险 C_5	0.0248	自然地理条件 D_{16}	0.0121	0.18
				历史状况 D_{17}	0.0127	0.216
		经济风险 C_6	0.0730	经济形势 D_{18}	0.0420	2.286
				产业政策 D_{19}	0.0310	1.631
		政治风险 C_7	0.0389	政治局势 D_{20}	0.0118	0.165
				法规限制 D_{21}	0.0271	1.262
		市场风险 C_8	0.0962	需求预测 D_{22}	0.0255	1.216
				需求波动 D_{23}	0.0359	2.827
				客户满意度 D_{24}	0.0227	1.138
				产品柔性 D_{25}	0.0121	0.822

续表

项　　目	风险范围	风险因素及权重		风险因素指标及权重		评价值
合作伙伴风险 B_3(0.2271)	合作关系风险 C_9	0.1376	文化冲突 D_{26}	0.0271	1.262
			利益分配冲突 D_{27}	0.0366	2.185
			供应源选择 D_{28}	0.0274	1.272
			合作伙伴变动率 D_{29}	0.0291	1.318
			不良订单执行率 D_{30}	0.0174	0.525
	信息风险 C_{10}	0.0895	信息不对称 D_{31}	0.0455	2.352
			知识产权风险 D_{32}	0.0440	2.675

2. 汽车制造供应链风险物元评价模型

（1）物元定义。

将所研究的事物记作 N，N 的特征记作 C，N 关于 C 的量值记作 V，则称三元有序数组 $R=(N,C,V)$ 为物元。若事物有 n 个特征，即为 $C_1, C_2, \cdots, C_n$，对应的量值为 $V_1, V_2, \cdots, V_n$，则该事物可表示为 n 维物元矩阵，即

$$\boldsymbol{R}_j = \begin{bmatrix} N_j & C_1 & V_{1j} \\ & C_2 & V_{2j} \\ & \vdots & \vdots \\ & C_n & V_{nj} \end{bmatrix} = \begin{bmatrix} N_j & C_1 & <a_{1j}, b_{1j}> \\ & C_2 & <a_{2j}, b_{2j}> \\ & \vdots & \vdots \\ & C_n & <a_{nj}, b_{nj}> \end{bmatrix} \tag{1}$$

（2）确定经典域和节域。

由事物特征及其标准量值范围组成的物元矩阵称为经典域，记为 $\boldsymbol{R}_0$。

$$\boldsymbol{R}_0 = \begin{bmatrix} N & N_1 & N_2 & \cdots & N_m \\ C_1 & V_1 & V_2 & \cdots & V_m \end{bmatrix} = \begin{bmatrix} N & N_1 & N_2 & \cdots & N_m \\ C_1 & V_{11} & V_{12} & \cdots & V_{1m} \\ C_2 & V_{21} & V_{22} & \cdots & V_{2m} \\ \vdots & \vdots & \vdots & & \vdots \\ C_n & V_{n1} & V_{n2} & \cdots & V_{nm} \end{bmatrix} \tag{2}$$

式中：$C_i(i=1, \cdots, n)$ 表示第 i 个汽车制造供应链风险因素指标；

$N_j(j=1, \cdots, m)$ 表示汽车制造供应链的风险等级 j；

$V_{ij}=<a_{ij}, b_{ij}>$ 表示汽车制造供应链风险等级为 j 时风险因素指标 C_i 的取值范围。

令

$$\boldsymbol{R}_P = \begin{bmatrix} P & C_1 & V_{1P} \\ & C_2 & V_{2P} \\ & \vdots & \vdots \\ & C_n & V_{nP} \end{bmatrix} = \begin{bmatrix} P & C_1 & <a_{1P}, b_{1P}> \\ & C_2 & <a_{2P}, b_{2P}> \\ & \vdots & \vdots \\ & C_n & <a_{nP}, b_{nP}> \end{bmatrix} \tag{3}$$

式中：P——风险评价等级全体；

$V_{iP}=<a_{iP}, b_{iP}>$——P 关于 C_i 的量值范围，即 P 的节域，且有 $V_{ij} \subset V_{iP}$（$i=1, \cdots, n$；$j=1, \cdots, m$）。

（3）确定待评价物元。

待评价供应链风险物元矩阵可以表示为

$$\boldsymbol{R}_G = \begin{bmatrix} G & C_1 & V_1 \\ & C_2 & V_2 \\ & \vdots & \vdots \\ & C_n & V_n \end{bmatrix} \tag{4}$$

式中: G——待评估汽车制造供应链风险;

$V_i (i=1, \cdots, n)$——G 关于 C_i 的评价值。

（4）确定评价指标权重。

为使风险因素指标权重更具有客观性，根据风险因素指标评价量值所处风险级别大小赋以合适的权重。利用简单关联函数方法确定各风险因素指标的权重 w_i，有 $\sum_{i=1}^{n} w_i = 1$。

（5）关联度计算。

对 $\boldsymbol{R}_0$ 和 $\boldsymbol{R}_G$ 进行规格化，有

$$\boldsymbol{R}_0' = \begin{bmatrix} N & N_1 & N_2 & \cdots & N_m \\ C_1 & V_{11}' & V_{12}' & \cdots & V_{1m}' \\ C_2 & V_{21}' & V_{22}' & \cdots & V_{2m}' \\ \vdots & \vdots & \vdots & & \vdots \\ C_n & V_{n1}' & V_{n2}' & \cdots & V_{nm}' \end{bmatrix} \tag{5}$$

其中，$V_{ij}' = V_{ij} / b_{ip} (i=1,2,\cdots,n; j=1,2,\cdots,m)$。

$$\boldsymbol{R}_G' = \begin{bmatrix} G & C_1 & V_1' \\ & C_2 & V_2' \\ & \vdots & \vdots \\ & C_n & V_n' \end{bmatrix} \tag{6}$$

其中，$V_i' = V_i / b_{ip} (i=1,2,\cdots,n)$。

令

$$D_j(V_i') = \rho(V_i', V_{ij}') \tag{7}$$

$$D_j(G) = \sum_{i=1}^{n} w_i D_j(V_i') \tag{8}$$

$$N_j(G) = 1 - D_j(G) = 1 - \sum_{i=1}^{n} w_i D_j(V_i') \quad (j=1,2,\cdots,m) \tag{9}$$

其中，$\rho(V_i', V_{ij}') = \left| V_i' - \dfrac{a_{ij}' + b_{ij}'}{2} \right| - \dfrac{b_{ij}' - a_{ij}'}{2}$，$a_{ij}' = a_{ij} / b_{ip}$，$b_{ij}' = b_{ij} / b_{ip}$。

（6）风险等级评价。

如果 $N_{j0}(G) = \max_j N_j(G)$，则可评价汽车制造供应链风险等级为 j_0。令

$$\bar{N}_j(G) = \frac{K_j(G_j) - \min_j K_j(G_j)}{\max_j K_j(G_j) - \min_j K_j(G_j)} \tag{10}$$

$$J^* = \frac{\sum_{j=1}^{m} j \bar{K}_j(G)}{\sum_{j=1}^{m} \bar{K}_j(G)} \tag{11}$$

则称 J^* 为级别变量特征值，从其大小可以判断出汽车制造供应链风险级别偏向相邻级别的程度。

3. 实例分析

AA 是一家重卡制造企业，主要从事载重汽车、专用汽车、重型专用车底盘、客车底盘、汽车配件制造、销售等，产销规模已进入世界重卡行业前列。利用本文所述风险评价指标体系和物元评价模型对以该企业为核心的卡车制造供应链进行风险评价。

假定汽车制造企业供应链不存在零风险，令每个风险因素指标的取值范围为（0，5]。为了更好地描述风险严重性程度，定义 5 个区间，即（0，1]、[1，2)、[2，3)、[3，4)、[4，5]，分别对应 5 个等级，即{轻微风险, 低风险, 一般风险, 较高风险, 高风险}。由来自企业和学者组成的风险评价专家组，根据 AA 企业的供应链数据，对每一个风险因素指标 D_i 进行风险度评分，取其平均值作为该风险因素指标评价的量值，然后利用简单关联函数方法确定各风险因素指标的权重，如表 11.3 所示。

根据前面式（1）～式（11），可计算出该供应链整体风险关联度及级别变量特征值，有

$$N(G)=(0.7924, 0.9258, 0.9320, 0.8031, 0.6031)，j_0=3，j^*=2.518$$

因此，可以判定该供应链整体风险等级已从低风险进入一般风险范围。类似地，可以计算出各风险因素的风险等级情况，如表 11.4 所示。

表 11.4　AA 汽车制造供应链风险等级

风险因素	风险等级
核心企业内部风险 B_1	一般风险
技术风险 C_1	一般风险
财务风险 C_2	一般风险
人力风险 C_3	一般风险
生产风险 C_4	一般风险
外部环境风险 B_2	低风险
自然灾害 C_5	轻微风险
经济风险 C_6	一般风险
政治风险 C_7	低风险
市场风险 C_8	低风险
合作伙伴风险 B_3	低风险
合作关系风险 C_9	低风险
信息风险 C_{10}	一般风险

该企业内部风险处于一般风险级别，主要原因在于：企业研发费用投入比例、技术水平相对于竞争对手还有待于提高；企业负债率高达 77%，同时受经济下滑影响销售收入下降；新入职员工流失比例较高；产能过剩，产品库存积压较多。外部环境处于低风险状态，但经济形势和市场需求波动的影响需要谨慎对待。合作伙伴风险处于低风险，但需要重视由于信息共享而造成的知识产权或核心能力泄露风险。基于上述分析，AA 企业应建立人

才激励机制，加大研发投入，增强技术创新能力，根据市场需求实施产品柔性策略，与供应商建立战略合作伙伴关系，为客户提供高质量的产品和服务，提高所在汽车制造供应链的竞争力。

资料来源：陈建岭，赵颖，2013. 汽车制造供应链风险可拓物元评价[J]. 物流技术，32（5）：410-412.

第四节　供应链风险管控

一、供应链风险处理方式

识别供应链风险是为了有效处理供应链风险，减少供应链风险发生的概率和风险造成的损失。供应链风险控制应该是多层次、多渠道的。通常对供应链风险的处理方式有以下几种。

1. 规避风险

有效的风险规避措施可以完全避免特定风险可能造成的损失。但是，风险规避措施在实际实施中会受到一定的限制，因为它往往涉及放弃经营活动，从而失去与这种活动相伴随的利益。

2. 减少风险

减少风险包括两方面的内容：一是减少风险因素，降低风险发生的可能性；二是降低风险发生时的损失程度。

（1）减少风险因素。

减少风险因素，一般采取以下措施。

① 预防性措施。例如，对管理人员及操作人员进行培训，增强其工作责任心，提高操作熟练度；对机器设备配备安全保护装置，消除潜在的安全隐患；加强道路交通管理等。

② 保护性或半预防性措施。例如，保护在风险中可能受到伤害的人和物。

（2）降低损失程度。

当风险发生时应采取一切可能的措施使损失降到最低，一般采取以下措施。

① 抢救措施。尽可能抢救物资，如从洪水中抢运受灾物资，为减少火灾蔓延而拆除连带部分等。

② 清理整顿措施。对损余物资进行及时整理，如对浸水物资进行晾晒等。

3. 接受风险

当风险不可避免时，企业应坦然接受风险。风险的接受，有主动与被动之分。不知风险的存在而不加处理，或者明知风险存在而疏忽怠慢，都是被动接受。知道存在风险但因无适当处理方法，或者因自己承担风险比其他处理方法更经济，或者因为风险较小企业足以接受，都是主动接受风险。

接受风险通常在下列情况下采用。

（1）处理风险的成本大于承担风险所需付出的代价。

（2）预计某一风险发生可能造成的最大损失，企业本身可以安全承担。如在企业经营中某种过小的风险，其发生时造成的损失可以从风险基金中支付。

（3）不可能转移出去的风险，或者不可能防止的损失，即面临风险没有适当的处理方法，如战争。

（4）缺乏处理风险的技术知识，或者疏忽处理，或者没有觉察到风险的存在，以至于自己承担风险所造成的损失。

（5）自保。大企业对所有风险性质相同的大量财产，按照以往的记录或资料预计发生损失的大小，衡量自己的承担能力，提取风险基金，在遭遇损失时，用该基金进行补偿。自保是接受风险的特殊情况。

4. 共担风险

供应链的优势之一就是成员企业之间可以合作，所以在利益共享的同时也共担风险。供应链风险管理的重点是设计合理的风险共担机制。

在供应链网络中，风险会从一个企业向另一个企业传递，并且具有放大效应，因此供应链企业对风险进行协作管理是非常必要的。有些风险只能控制减少，不能消除，系统内部接受风险是很有必要的。选择处理供应链风险方法是一种科学决策，要对供应链的企业内部情况、外部环境有充分的了解，同时还要注意方法的适用性和效果。

5. 保险转移风险

以合同形式将自然灾害、意外事故可能造成的损失、人身伤亡及对他人的经济赔偿责任造成的经济损失转移给保险公司。

6. 非保险转移风险

转移产生风险的活动，企业采取承包或雇佣形式，将具有特殊危险的工作让具有特殊技能的专业人员来承担。

二、供应链风险的具体应对措施

1. 利用先进的供应链技术

很多供应链风险是由于技术落后造成的，所以企业一方面要重视技术研发投入，另一方面也要进行行业整合，加强先进技术使用来减少风险。

2. 优化供应链结构

主要从以下几个方面优化供应链结构。
（1）选择合适的供应链结构。
（2）确定合作伙伴的数量。
（3）评价和选择合作伙伴。
（4）增大供应链的柔性。
（5）充分发挥核心企业的作用。

以生鲜供应链为例，新鲜度和食用安全性是生鲜商品的价值所在，为达到保鲜的目的，必须快速进入消费环节，流通中的环节越少越好。因此，合作伙伴数量越少越好，供应链越短越好。

3. 构建健全的供应链风险预警体系

风险预警是指利用一定的监管工具作为媒介，采用科学的方法对有关指标进行分析，获得风险警示信号，促使决策者采取适当措施把风险扼杀在萌芽状态的一种信息系统。供应链所面临的环境复杂而不确定，企业为达到生存、发展和获利的目标，减少决策失误带来的影响，客观上要求建立风险预警体系，做到及时有效地预告、防范和控制各种风险，为供应链决策提供可靠依据。

建立风险预警体系包括以下几个步骤。

（1）编制预警方案，确定预警目标。首先，应充分考虑经济总体发展形势及本行业的总体经营状态等因素，构建预警指标体系；其次，预警指标体系中的临界值并不是一成不变的确定值，在不同的时期，不同的企业，其临界值有可能不同。因此，应据本行业、本企业的具体情况，确定适当的临界值；最后，依据预警指标体系对企业的经营状况进行监测预警。

（2）由企业相关部门负责具体的风险预测预报工作。企业相关部门通过运用计算机设备，采用科学的风险预测方法，对获取的财务数据和信息进行加工和分析，向风险管理指挥中心及时提供风险预报。

（3）健全企业数据资料库。必须建立、健全企业资料数据库，向预警系统提供全面的、准确的、客观的、及时的数据资料，以便企业风险预警系统生成更有价值的信息。

（4）数据共享。供应链是一个有机的整体，应当考虑不同企业间的数据传递和各企业对数据的不同要求，实现企业数据共享，使合作关系变得更加和谐。

4. 增强企业处理供应链突发事件的能力

对供应链中难以避免的风险，供应链成员企业要对风险事件的发生有充分的准备，提早预测各种风险的损失程度，制定应变措施和应对风险事件的工作流程，运用各种风险控制工具，对损失的后果及时进行补偿，以求尽快恢复。供应链成员企业应做好以下准备工作。

（1）供应链各成员企业应保持适当的安全库存，避免缺货风险。

（2）供应链各成员企业应保持协调一致的生产能力冗余（广义的生产能力，包括运输能力、库存能力等）。

（3）设计柔性的多条供应链与多地域的供应渠道。供应链各成员企业加入多个供应链，以保证在其中一条供应链出现问题的情况下，企业不会陷入危机。

（4）与合作伙伴签订柔性的契约。选择和合作伙伴共担风险，合理的分配风险，使整体供应链风险降到最低。

5. 搭建安全、有效的信息共享平台

（1）完善供应链通信系统。完善的通信系统是保证供应链成员企业之间运作协调的重要条件。从安全性和经济性考虑，通过虚拟专用网建立供应链成员企业之间的通信系统是一个合适的方案。供应链成员企业利用 EDI 模式和数据接口模式分享销售和库存等信息。信息直接从提供方传递给需求方，需求方直接把对方传递来的信息保存在自己的数据库中。

（2）架构第三方信息系统平台。由第三方企业建立公共数据库，收集外部信息，加工

处理与供应链相关的信息，向供应链成员企业提供额外的信息服务，供应链成员企业通过信息平台共享信息，如电子公告系统、网上库存查询系统等。

（3）建设公共信息平台。公共信息平台能够实现企业内部信息数据库和信息平台数据库之间的数据传输和处理，信息平台服务商只对平台运行进行维护或根据用户的需求开发新的功能模块，不提供具体的信息服务，共享信息的种类和要求由供应链相关企业商定。

在实现信息共享的过程中，不仅企业要从自身出发选择适合本企业的信息共享模式，而且行业组织和政府应在新的环境下发挥自身的作用，推动企业供应链的整合。行业组织应整合本行业的资源，协调制定行业标准，努力促进行业内的信息共享。政府应制定有关信息安全方面的法律法规，为信息共享创造一个良好的环境，鼓励企业信息化建设，推进供应链信息共享、资源整合。

6. 合理的利益共享、风险共担机制

供应链核心企业应积极建立利益共享、风险共担机制，提高供应链整体的绩效。例如，对于制造商而言，一方面，可以对上游供应商实行价格激励，从而获得稳定的原料来源；另一方面，鼓励销售商共享需求信息和库存信息，缩短销售商的订货提前期，这样可使制造商和销售商的平均库存降低，使销售商订单预测更准确，更有利于制造商生产决策。

7. 促进供应链标准化

供应链的标准化主要包括供应链成员企业生产标准化，以及成员企业之间的物流标准化与信息技术标准化。

（1）供应链成员企业生产标准化，指按照国家标准、行业标准和地方标准，制定供应链成员企业的产品标准、生产经营活动中的管理标准和工作标准。

（2）物流标准化，主要包括制定物流设施、物流设备和专用工具等的物流技术标准，制定包装、装卸、运输等物流流程标准。

（3）信息技术标准化，主要包括数据库、网络通信、电子数据交换、办公自动化等方面的标准化。

8. 减少员工流动率

很多供应链成员企业的员工流动率达到30%，如此高的流动率必然带来高的风险。出现这种现象的主要原因是人才市场的信息不对称和企业激励机制的不完善。人才市场的信息不对称使企业难以找到合适的员工；而企业激励机制的不完善使员工对企业没有足够的忠诚度。要改变这种情况，应从以下两方面入手。

（1）规范人才市场信息。供应链成员企业和员工可以容易、低成本地获得对方真实信息，可以有效减少因为信息不对称带来的错误选择。

（2）建立有效的员工激励机制。供应链成员企业要转变管理理念，建立企业文化，加强薪资福利，提高员工归属感和积极性。

三、改善供应链风险管理体系

在供应链风险的识别、度量和控制执行之后，就必须对风险管理效果进行评估，并改善原来的管理体系。这是一个供应链风险管理周期的结束，也是下一个周期的开始。

1. 评估风险管理效果的必要性

供应链风险管理的目的是以最小的成本获取最大的安全保障，而实施效果并不能直观地反映这一点，所以必须做一些后期的工作，评估实施效果，了解决策的结果是否与预期的相一致；更重要的是为下一个供应链风险管理周期做准备，这是因为供应链本身是一个复杂的系统，任何一个系统外部或内部因素的变化都会给风险管理带来变化。例如，相关法律法规变更、企业可用的资源发生变化等，都可能使风险管理的成本和效益发生变化。由此可见，定期评估风险管理效果，进而调整既定的方法以适应新的环境，是相当重要且必要的工作。

2. 评估风险管理效果的主要内容

（1）建立风险管理评估的标准。风险管理评估的标准有两个：一是行动标准，如每个月召开一次汇报会，一年检查一次消防系统等；二是效果标准，如火灾损失金额今年应缩小为 50 万元等。所有的评估标准应具有客观性、弹性、经济效益性，能显示异常性，能引导改善行动。制定风险管理评估标准还要考虑以下因素。

① 外部支持，如保险经纪人、原料供应商和风险管理顾问公司等。对这些外界服务品质，应设定年度目标，未达年度目标的服务合约，应考虑到期予以更换。

② 法律环境、产业环境、企业整体目标、管理人员及员工态度等因素。

（2）衡量实际效果与评估标准的差距，应注意以下几点。

① 实际效果本身应能客观的测度。

② 测度出来的实际效果，应能被人所接受。

③ 衡量的尺度标准应具代表性。

④ 差异程度应具显著性。

（3）调整差距。衡量出实际效果与评估标准的差距之后，应设法调整差距，否则就失去风险管理的意义。一般调整差距包括以下几个步骤。

① 正确地识别发生差距的原因。

② 了解差距的根源。

③ 与相关人员进行讨论。

④ 执行调整计划。

⑤ 继续评估所采取的调整行动。

3. 改善供应链风险管理体系

回到供应链风险管理周期的起点，按照供应链风险管理的评估结果，对整个供应链风险管理过程进行调整。调整方式主要有两种：一是根据供应链外部或内部环境的变化，调整风险管理的目标；二是纠正原来不合理的风险管理流程或措施。

本 章 小 结

本章主要介绍了供应链风险管理的基本概念、特征及内容；归纳了供应链风险识别的常用方法，并从系统角度界定了供应链风险的类型；介绍了供应链风险评估指标体系和评估过程应注意的问题；介绍了供应链风险处理的方式和应对措施。

关键术语

供应链风险管理 supply chain risk management　　　风险识别 risk identification
风险分析 risk analysis　　　　　　　　　　　　　风险评估 risk evaluation

习　题

一、选择题

1. （　　）是一个或多个供应链成员产生不利影响或破坏供应链运行，使其达不到预期目标甚至导致供应链失败的不确定性因素或意外事件。
　　A．供应链风险　　　　　　　　B．风险
　　C．突发事件　　　　　　　　　D．供应链系统风险

2. 由于自然灾害给供应链运作带来中断的风险为（　　）。
　　A．延误风险　　　　　　　　　B．中断风险
　　C．系统风险　　　　　　　　　D．预测风险

3. （　　）是指对风险发生的可能性或者损失的范围与程度进行估计与度量。
　　A．供应链风险识别　　　　　　B．供应链风险处理
　　C．供应链风险度量　　　　　　D．供应链风险监控

4. 供应链风险管理的主要目标是（　　）。
　　A．增加供应链柔性　　　　　　B．减小牛鞭效应
　　C．消除风险　　　　　　　　　D．规避和弱化供应链风险

5. （　　）就是在风险发生之前运用各种方法系统地认识所面临的各种风险以及风险事件发生的潜在原因。
　　A．供应链风险度量　　　　　　B．供应链风险识别
　　C．供应链风险处理　　　　　　D．供应链风险监控

6. 下列导致供应链风险的因素中不属于社会环境因素的是（　　）。
　　A．经济政策变化　　　　　　　B．政治事变
　　C．公共紧急事件　　　　　　　D．地震

7. （　　）是由客户的财务问题带来的供应链应收账款回收风险。
　　A．知识产权风险　　　　　　　B．采购风险
　　C．应收账款风险　　　　　　　D．库存风险

8. 由于供应链结构本身的原因造成的供应链风险为（　　）。
　　A．组织结构风险　　　　　　　B．预测风险
　　C．生产能力风险　　　　　　　D．延误风险

9. 通过购买保险使得风险由保险公司来承担的风险处理方式为（　　）。
　　A．供应链风险自担　　　　　　B．供应链风险转移
　　C．供应链风险控制　　　　　　D．供应链风险识别

10. （　　）是供应链日常风险预警的首要环节。

    A．预测　　　　　　　　　　B．预审

    C．预报　　　　　　　　　　D．预控

二、简答题

1．如何理解供应链风险的含义及其存在的原因？

2．供应链识别的一般程序是怎样的？

3．如何选择合适的供应链风险应对策略和措施？

4．举例说明如何构建弹性供应链。

 案例分析

宝供物流在降低供应链风险方面的措施

宝供物流企业集团有限公司（简称宝供物流）创建于1994年，总部设于广州，1999年经国家工商总局批准，成为国内第一家以物流名称注册的企业集团。宝供物流拥有先进的物流信息平台，为全球500强中40多家大型跨国企业及国内一批大型制造企业提供物流服务，并与其结成了密不可分的战略合作伙伴关系，是当今国内领先的第三方物流企业，也是我国现代物流示范基地之一。宝供物流在降低风险方面采取了以下措施。

1. 购买物流保险

（1）货损带来的赔偿风险、延时配送带来的责任风险、串货带来的责任风险可以通过投保物流责任险解决。除此之外，还可以根据自身风险情况，附加盗窃责任险、提货不着责任险、冷藏货物责任险、串货费用损失险、流通加工和包装责任险等。

（2）传递性风险，在签订分包合同时尽量保持责任限额的一致性。另外，通过选择分包商以及加强管理等措施降低这类风险的出险概率。

（3）诈骗风险，可以投保信用保证险，即保险公司对分包商的信用承担保险责任。一旦发生诈骗风险，第三方物流企业可以从保险公司受偿。

（4）道路交通肇事风险，可以投保机动车第三者责任险，转嫁因交通事故需向第三者承担的民事赔偿责任。

（5）危险品责任风险，可以单独投保道路危险货物承运人责任险，也可以投保物流责任险附加危险货物第三者责任险。

2. 专业的物流信息管理系统

1996年夏天，宝供物流有近30万平方米的仓库。随着发运量的增大，宝供物流每天不得不花很多时间了解货物的运输情况：货物是否已经发出，是否能在保证时间内到达，破损率能否在控制范围之内，签收情况如何等。一个月后，问题凸现：宝供物流不能准确、及时地获得信息，导致到货时间延迟，货损率上升。1997年，宝供物流建成基于Internet/Intranet的全国联网的物流信息管理系统，使宝供物流总部、六大分公司、40多个运作点实现内部办公网络化、外部业务运作信息化，并实现仓储、运输等关键物流信息的网上实时跟踪。到2000年，宝供物流已经构筑了基于联盟化、集成化、网络化的虚拟专用网（virtual private network，VPN）物流综合服务信息平台，在通过XML技术与客户进行

电子数据交换方面取得重大突破，使宝供物流的信息服务和业务运作向自动化、智能化方向迈出重要一步。

信息系统为宝供物流带来了一个新的营运模式，摆脱了过去传统的手工操作，通过数据库网络、网络传递等手段实现对数据的核对和整理，宝供物流的营运质量有了很大提高。

3. 遍布全国的物流网络

宝供物流构筑的覆盖全国的物流运作网络，从根本上改变了传统储运在存货、接货、发货、送货等方面存在多头负责、责任相互推诿的情况，以及多环节、高费用、低效率、难以监控的被动局面，向客户提供"门到门"的全过程的服务；提供快速反应的服务，实现快速的市场反应，抢夺市场先机。

宝供物流还不断完善干线运输网络、配送网络及物流基地网络的建设。2004年起，宝供物流与中铁行包联手打造了铁路运输新产品——行邮专列。同时，宝供物流还与大连港合作开通了广州—大连的南北航线。

4. 管理体系规范化、标准化

宝供物流建立了规范的业务运作管理系统，明确规定了业务运作管理机构的设置及职能、操作岗位及职责、作业分类及运作流程、各项作业的标准操作程序以及各项作业的考核办法。而各项作业的标准操作程序非常具体，包括仓储、铁路发运、铁路到达、公路运输、空运、海运等。对于新开发业务，则严格按客户的要求制定相应的新业务运作流程和规定。这些流程和规定规范了业务运作，确保了物流服务的可靠性、稳定性，减少了因操作不当而带来的风险。几年来，通过标准操作程序的正确执行，宝供物流的铁路运输货物缺损率控制在万分之一左右，公路运输和仓储缺损率为零，铁路运输时间达标率在95%以上。

资料来源：百度文库。

讨论题：

1. 供应链风险管理与企业风险管理之间的区别有哪些？

2. 党的二十大报告中明确提出"着力提升产业链供应链韧性和安全水平"，请简述我国先进制造业应该如何应对供应链风险。

参 考 文 献

兰伯特，2012. 供应链管理：流程、伙伴和业绩[M]. 3 版. 王平，译. 北京：电子工业出版社.

马士华，林勇，等，2020. 供应链管理[M]. 6 版. 北京：机械工业出版社.

乔普拉，迈因德尔，2014. 供应链管理：战略、计划和运作[M]. 5 版. 刘曙光，吴秀云，等译. 北京：清华大学出版社.

马士华，2014. 供应链管理[M]. 2 版. 武汉：华中科技大学出版社.

辛奇-利维 D，卡明斯基，辛奇-利维 E，2010. 供应链设计与管理：概念、战略与案例研究[M]. 3 版. 季建华，邵晓峰，译. 北京：中国人民大学出版社.

斯塔特勒，基尔戈，2005. 供应链管理与高级规划：概念、模型、软件与案例分析[M]. 王晓东，胡瑞娟，等译. 北京：机械工业出版社.

马金麟，孟祥茹，2008. 供应链管理[M]. 南京：东南大学出版社.

董千里，等，2009. 供应链管理[M]. 大连：东北财经大学出版社.

刘莉，罗定提，2009. 供应链协调契约设计及实证研究[M]. 北京：中国经济出版社.

罗鸿，王忠民，2003. ERP 原理·设计·实施[M]. 2 版. 北京：电子工业出版社.

肖旭，赵宏，梁莉丹，2007. 现代企业组织管理创新[M]. 广州：中山大学出版社.

白世贞，张鹤冰，2014. 供应链复杂系统建模与仿真[M]. 北京：科学出版社.

王道平，李淼，2012. 供应链设计理论与方法[M]. 北京：北京大学出版社.

赵道致，2007. 供应链管理[M]. 北京：中国水利水电出版社.

林榕航，2003. 供应链管理（SCM）教程[M]. 上册. 厦门：厦门大学出版社.

林榕航，2003. 供应链管理（SCM）教程[M]. 下册. 厦门：厦门大学出版社.

泰勒，2003. 全球物流与供应链管理案例[M]. 胡克，程亮，译. 北京：中信出版社.

克诺尔迈尔，默滕斯，泽埃尔，2004. 供应链管理与 SAP 系统实现[M]. 王天扬，周越亭，陈小军，等，译. 北京：机械工业出版社.

巴罗，2002. 企业物流管理：供应链的规划、组织和控制[M]. 王晓东，胡瑞娟，等译. 北京：机械工业出版社.

蒋长兵，吴承健，2006. 现代物流理论与供应链管理实践[M]. 杭州：浙江大学出版社.

赵林度，王海燕，2011. 供应链与物流管理[M]. 北京：科学出版社.

李志远，金梅，李焱，2005. 库存物流管理[M]. 北京：中国社会科学出版社.

朱道立，龚国华，罗齐，2001. 物流和供应链管理[M]. 上海：复旦大学出版社.

宋华，2002. 物流供应链管理机制与发展[M]. 北京：经济管理出版社.

施先亮，李伊松，2006. 供应链管理原理及应用[M]. 北京：清华大学出版社.

王昭凤，2012. 供应链管理[M]. 2 版. 北京：电子工业出版社.

王忠敏，2004. EPC 与物联网[M]. 北京：中国标准出版社.

陈建岭，赵颖，2013. 汽车制造供应链风险可拓物元评价[J]. 物流技术，32（5）：410-412.

卫忠，徐晓飞，战德臣，等，2007. 协同供应链多级库存控制的多目标优化模型及其求解方法[J]. 自动化学报，33（2）：181-187.

耿少辉，曾敏刚，2008. 东风日产的入厂物流运作[J]. 物流技术与应用，13（10）：42-48.